중용

21세기 시선으로 읽는 동양고전

중용

中庸

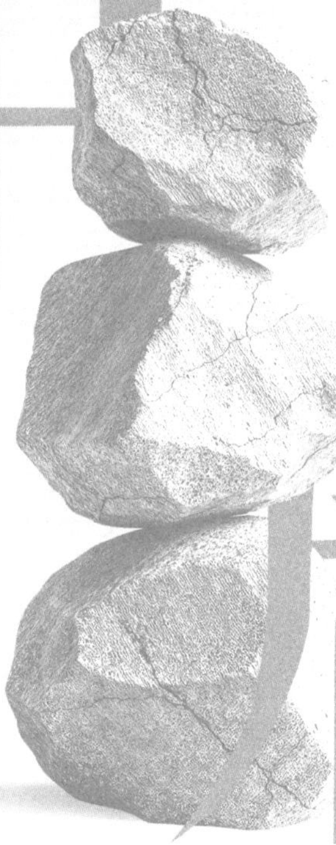

박찬근 지음

청년정신

| 프롤로그 |

혼돈 속에서 나를 찾는 이들에게

혹시 지금, 당신의 삶이 흔들린다고 느끼시나요?

넘쳐나는 정보와 수많은 선택지 속에서 무엇이 진정으로 옳은지, 어디로 가야 할지 막막한가요? 타인의 시선과 사회의 기준에 나를 맞추려다 보니, 정작 '진정한 나는 무엇인지' 잊어버린 것 같지는 않나요? 불안과 피로가 일상이 되어버린 이 시대, 우리는 끊임없이 외부의 자극에 반응하며 내면의 중심을 잃어가고 있습니다. 겉으로는 화려해 보여도 속으로는 공허한, 소인의 길을 걷고 있지는 않은지 자문하게 됩니다.

2025년을 살아가고 있는 우리는 역사상 가장 풍요롭고 동시에 가장 복잡한 시대의 한가운데 있습니다. 인공지능이 인간의 영역을 넘보고, 기후변화는 우리의 생존을 위협하며, 끊임없는 사회적 갈등은 공동체의 균열을 부추깁니다. '정답'은 사라지고 '정해진 길'도 없습니다. 이 혼돈 속에서 우리는 어떻게 스스로를 지키고, 올바른 방향으로 나아가며, 진정한 행복을 찾을 수 있을까요?

 이 책은 바로 이와 같은 현실의 질문에 대한 답을 찾아가는 여정입니다. 동양 고전의 정수라고 불리는 『중용』은 지금으로부터 2500년 전, 혼란스러웠던 춘추전국시대에 공자의 손자 자사子思가 '도학道學'의 맥이 끊어질까 염려하여 집필한 책입니다. '중용中庸'이라는 단순한 단어를 넘어, 인간 본성의 깊은 이해(天命之謂性)에서 시작하여, 일상의 모든 순간마다 올바르게 행동하는 길(率性之謂道), 그리고 꾸준한 자기 수양과 배움의 중요성(修道之謂敎)을 강조합니다.

 어렵고 고리타분한 옛이야기라고요? 아닙니다. 『중용』은 시대를 초월하여 우리의 삶과 마음을 꿰뚫는 지극히 현대적인 통찰을 담고 있습니다.
 '보이지 않는 곳에서 스스로를 삼가는 신독愼獨'의 지혜는 디지털 시대의 익명성 뒤에 숨는 우리의 이중성을 성찰하게 하고, '감정이 발현되기 전의 고요함(中)'과 '절도에 맞는 조화로움(和)'은 감정 조절의 중요성을 일깨웁니다. "큰 덕을 지닌 사람이 하늘의 명을 얻고 세상에 영향을 미친다"는 가르침은 리더의 인격과 윤리적 책임이 얼마나 중요한지를 보여줍니다. 무엇보다 '지극한 성실함(至誠)'이라는 핵심가치는 불안정한 세상 속에서 흔들리지 않고 나만의 길을 걷게 하는 강력한 '내면의 나침반'이 되어줄 것입니다.

 이 책은 고전의 깊이를 훼손하지 않으면서도, 21세기를 살아가고 있는 독자의 언어와 고민에 맞춰 중용의 지혜를 재해석했습니다. 각 구절마다 주자의 원문 해석을 통해 깊이를 더하고, 현대적인 개념과 실생활 예시를 통해 현실의 일상에 쉽게 적용할 수 있도록 했습니다. 마지막 '독자 참여형 구성' 질문들을 통해서 잠시 멈춰 서서 스스로를 돌아보고, 중용의 가르침을 자신의 삶에 직접 대입해 볼 수 있는 기회를 제공할 것입니다.

　우리는 '타고난 대로' 살아가는 데 익숙하지만, 『중용』은 '기질의 한계를 극복하고 스스로를 변화시켜(變化氣質)' 지극한 성실함에 이를 수 있다고 말합니다. 그 길은 '천하를 다스리거나 죽음을 무릅쓰는 것'보다 어렵지만, '작은 것에서 시작하여 끊임없이 노력하면(行遠必自邇, 登高必自卑)' 누구나 도달할 수 있는 평범한 진리입니다.
　이 책을 통해 당신의 내면 깊숙이 잠들어 있는 '나침반'을 발견하고, 혼돈 속에서도 흔들리지 않는 '중용의 길'을 찾아 당신의 삶을 스스로 빛내는 여정을 시작하시기를 진심으로 바랍니다.
　이 작은 책이 당신의 삶에 지극히 큰 변화를 가져올 씨앗이 되기를 기원합니다.

차례

프롤로그   혼돈 속에서 나를 찾는 이들에게   004

CHAPTER 1   신독과 중화의 힘, 실천의 여정

성性, 도道, 교敎의 관계   013
도道는 떠날 수 없다   019
신독: 은밀한 곳의 진실   024
중·화: 감정과 삶의 조화   030
치중화와 수양의 궁극   036

CHAPTER 2   삶의 혼란 속에서 도를 묻다

군자는 때에 맞게 중용을 지키고, 소인은 거리낌이 없다   045
중용의 극치와 실천의 어려움   051
도가 행해지지 않음과 밝게 드러나지 않는 이유   056
도道가 행해지지 않는 시대   062
질문하고 경청하며 중용을 찾다 : 순임금의 '대지大知'   067
앎을 자처하지만 함정에 빠지는 역설   073
안연의 득일선得—善과 권권복응拳拳服膺   078
천하를 다스리고 죽음을 무릅쓰는 것보다 어렵다   083
유연함과 인내, 그리고 흔들림 없는 원칙   089

CHAPTER 3 지금, 여기서 실천하는 중용

헛된 명예를 좇는 위선과 중용의 진정한 실천   099
군자의 도는 넓게 쓰이지만   106
도는 멀리 있지 않다   113
처한 위치에 따라 행동하고, 외부의 것을 바라지 않음   122
먼 길도 가까운 곳에서부터 높은 곳도 낮은 곳에서부터   129
귀신의 덕은 성대하다   135
지극한 효孝와 덕德이 가져오는 하늘의 보답   142
아버지의 덕을 잇고 아들이 공을 이루다   149
천하에 두루 통하는 지극한 효   155
정치의 핵심은 사람   163
인·의·효의 본질   170

CHAPTER 4 덕의 실천에서 통치까지 지혜를 넓히다

인간관계의 다섯 가지 길과 세 가지 덕   179
앎과 행함   185
지, 인, 용에 가까워지는 길   192
수신修身을 위한 아홉 가지 큰 강령   198
아홉 가지 강령의 실제 효과   205
'구경'의 구체적인 실천 방법   213
아홉 가지 강령을 실천하는 근본   221
덕치의 지침과 변화   227
성誠의 단계와 본질   234
성誠을 이루는 다섯 단계   240
성誠의 궁극적 효과   247
성인의 경지와 현인의 배움   253
천인합일의 완성   259
지극한 성誠에 이르는 길   265

CHAPTER 5　중용의 궁극과 인간의 완성

지극한 성誠과 예지력	275
리더십의 사다리	281
지극한 성誠의 무궁한 영향력	287
무궁한 성誠	295
작음에서 시작되어 광대함으로	301
지극한 성실함의 영원성	308
도는 은미하며 날마다 빛난다	313
중용의 완성	319
어리석음과 비천함의 폐해	327
시대의 정신과 실용적 지혜	333
이상적인 통치 원리	338
중용의 궁극	346
지극한 성인의 덕성	353
지극한 성誠의 통치력	360
은미함 속의 빛	368
내성불구와 성찰	375
무언의 덕과 공경	380
성인의 드러남과 은미함 속의 빛	386

에필로그　나의 중용은 지금 어디에 있는가　393

CHAPTER 1

신독과 중화의 힘, 실천의 여정

성性, 도道, 교教의 관계

天命之謂性, 率性之謂道, 修道之謂敎.
천명지위성, 솔성지위도, 수도지위교.

"하늘이 명한 것을 성性이라 하고, 그 성을 따르는 것을 도道라 하며,
그 도를 닦는 것을 교教라 한다."

주자의 주석으로 읽는
중용

주자는 먼저 '명命'을 '명령(令)'과 같다고 설명하며, '성性'은 곧 '이치(理)'라고 정의한다. 하늘(天)이 음양오행으로 만물을 생성(化生萬物)할 때, 기氣로 형체를 이루게 하고(氣以成形), 동시에 이치 또한 부여하는데(理亦賦焉), 이것이 마치 명령과 같다는 것이다.

이에 인간과 만물(人物)이 태어날 때, 각기 부여받은 이치를 얻어 강건함, 유순함, 그리고 오상(五常: 인, 의, 예, 지, 신)의 덕德을 갖추게 되는데, 이것을 바로 '성性', 즉 본성이라고 말한다. 인간의 본성이 하늘로부터 부여받은 보편적이고 선한 이치임을 강조하고 있음이다.

다음으로 '솔率'은 '따르다(循)'의 의미로 '도道'는 '길(路)'과 같다.

인간과 만물이 각자 본성(性)의 자연스러움을 따르면(循其性之自然), 일상생활 속에서 마땅히 행해야 할 길(當行之路)이 있게 되는데, 이것이 곧 '도道'라는 것이다. 즉 '도'는 본성을 따를 때 자연스럽게 드러나는 삶의 올바른 방식이자 경로를 의미한다.

마지막으로 '수修'는 "조절하다, 다듬다(品節之)"의 의미로 보았다. 본성과 도는 모든 인간에게 동일하게 존재하지만, 사람들이 타고난 기질이 다르기 때문에(氣稟或異), 행동에 있어 지나치거나 미치지 못하는(不及) 차이가 생길 수밖에 없다. 이에 성인聖人이 인간과 만물이 마땅히 행해야 할 바(所當行者)를 기준으로 삼아 이를 조절하고 다듬어서(品節之) 천하의 법도로 삼으니, 이것을 '교敎', 즉 가르침이라고 부른다고 설명하며 그 예시로 예禮, 악樂, 형刑, 정政 등이 바로 이 '교'에 해당한다고 하였다.

주자는 이 구절에 대한 주석을 달면서 서문의 첫 구절을 다음과 같이 다시 한 번 강조하며 마무리하고 있다.

"사람들은 자신이 본성을 가지고 있음을 알지만 그것이 하늘에서 비롯되었음을 알지 못하고, 일에 도道가 있음을 알지만 그것이 본성에서 비롯되었음을 알지 못하며, 성인의 가르침이 있음을 알지만 그것이 우리가 본래 가지고 있는 것을 바탕으로 만들어진 것임을 알지 못한다."

주자는 자사子思가 바로 이 첫 구절에서 이 모든 이치를 밝히고자 했으며, 동중서(董子)가 말한 "도의 큰 근원은 하늘에서 나온다(道之大源出於天)"는 것도 이와 같은 뜻이라고 결론짓고 있다.

현대적 해석
내면의 나침반과 삶의 설계도

이 구절은 현대인의 삶에서 '내면의 나침반'으로서의 본성과 그 본성을 따라 삶을 살아가기 위한 '삶의 설계도'로서의 도덕 교육의 중요성을 역설하고 있다.

'천명지위성天命之謂性'은 우리가 태어날 때부터 지니고 있는 '잠재력'과 '핵심가치'를 의미한다. 이는 '하늘이 준 명령'처럼 우리 안에 이미 선하고 올바른 방향을 지향하는 본질이 있음을 일깨운다. '인의예지신'과 같은 오상五常의 덕은 오늘날 '인간으로서 갖춰야 할 보편적인 윤리의식'과 연결된다.

'솔성지위도率性之謂道'는 이 본성을 '자연스럽게 따르는 삶의 방식'을 의미한다. 즉 억지로 꾸미거나 가면을 쓰는 것이 아니라 내면의 양심과 선한 의지에 따라 행동하는 것이 진정한 행복과 의미 있는 삶으로 가는 길이라는 것이다. 이는 우리가 자신의 재능과 소질, 그리고 진정한 열정을 발견하고 그것을 따라 삶의 방향을 설정할 때 얻을 수 있는 '자기실현'의 과정과 유사하다.

그러나 '수도지위교修道之謂敎'는 인간의 '기질적 차이(氣稟或異)' 때문에 본성을 따르는 데 어려움이 있음을 인정하고, 이를 보완하기 위한 '교육'의 역할을 강조한다. 아무리 좋은 본성을 타고났더라도 교육과 훈련 없이는 '지나치거나 미치지 못하는(過不及)' 오류를 범할 수 있다는 통찰이다. 여기서 성인聖人이 제시한 '예, 악, 형, 정'과 같은 가르침은 오늘날 '가이드라인, 규범, 바람직한 행동 양식'과 연결된다. 이는 개인의 본성을 올바른 방향으로 이끌고, 사회 전체의 조화를 위한 필수적인 요소가 된다.

결론적으로, 우리는 자신이 어떤 본성을 지녔는지 이해하고, 그 본성을 따라 삶의 길을 찾아가며, 그 과정에서 발생하는 부족한 부분을 교육과 훈련을 통해 끊임없이 다듬어야 한다는 메시지를 얻을 수 있다. 이는 자기이해, 자기주도 학습, 그리고 지속적인 자기계발의 중요성을 강조하는 현대적 의미를 담고 있다고 할 수 있다.

일상의 중용 실천
재능의 발견과 교육을 통한 성장

대학생 산수몽山水蒙은 어릴 때부터 남을 돕는 일에 큰 기쁨을 느끼는 아이였다. 친구들이 어려움에 처하면 자연스럽게 다가가 위로하고 도와주고자 하였으니 이것이 바로 산수몽에게 부여된 '인仁'이라는 본성의 발현이었다. 산수몽은 고등학교 때부터 꾸준히 사회봉사 활동에 참여했고, 대학에서는 사회복지학을 전공하며 자신의 본성이 이끄는 길을 따랐다.(率性之謂道)

하지만 산수몽에게도 어려움은 있었다. 남을 지나치게 배려하다 보니 자신의 일을 뒷전으로 미루거나, 타인의 요구를 거절하지 못해 스트레스를 받는 경우가 많았다. 남을 돕는다는 '선한 본성'이 때로는 '과도한 배려'로 이어져 '지나치거나 미치지 못하는' 상황이 발생했던 것이다. 이때 산수몽은 대학에서 수강한 '상담 심리학' 수업에서 큰 도움을 받았으며, 이 수업은 '수도지위교修道之謂敎'의 좋은 예시가 되었다.

교수님은 산수몽에게 '건강한 경계 설정'과 '자기 돌봄'의 중요성을 가르쳤는데, 산수몽은 상담 기술을 배우면서 자신의 선한 본성을 유지하면서도, 합리적이고 효과적인 방식으로 타인을 돕는 방법을 익힐 수 있었다. 즉 성인聖人이 '예, 악, 형, 정'을 통해 사람들을 조절하고 다듬듯이, 산수몽은 교육을 통해 자신의 타고난 본성을 올바른 도道로 이끌 수 있도록 다듬었던 것이다.

이제 산수몽은 자신의 따뜻한 마음을 잃지 않으면서도, 자신을 돌보면서 상황에 맞추어 현명하게 도움을 줄 수 있는 사회복지 전문가로 성장하고 있다. 이는 '본성'을 이해하고 '도'를 따르되, '가르침'을 통해 부족한 점을 보완하며 완성해나가는 중용의 과정을 보여준다.

나를 바꾸는 질문
자신의 '성性, 도道, 교敎' 발견하기

Q1 : '타고난 본성(性)'이라고 생각하는 나만의 강점이나 특징은 무엇인가? (예: 공감능력, 분석적 사고, 예술적 감각, 끈기 등) 그것이 나에게 어떤 영향을 주었는가?

Q2 : 나의 '본성'이 이끄는 대로 '삶의 길(道)'을 걸었던 경험이 있다면 무엇이었던가? 그때 나는 어떤 깨달음이나 만족감을 얻었던가?

Q3 : 내가 가진 좋은 본성이나 재능이 혹시 지나치거나 미치지 못하는 부분은 없는가? 이를 보완하고 더욱 발전시키기 위해 어떤 종류의 교육, 경험, 훈련이 필요한가?

도道는 떠날 수 없다

道也者, 不可須臾離也, 可離非道也.
도야자, 불가수유리야, 가리비도야.
是故君子戒愼乎其所不睹, 恐懼乎其所不聞.
시고군자계신호기소불도, 공구호기소불문

"도道라는 것은 잠시도 떠날 수 없는 것이다. 떠날 수 있다면,
그것은 도가 아니다. 그러므로 군자는 보지 않는 곳에서도 삼가고,
듣지 않는 곳에서도 두려워한다."

주자의 주석으로 읽는
중용

주자는 먼저 '도道'에 대해 "일상생활과 모든 일에서 마땅히 행해야 할 이치"라고 정의한다. "이 도는 모두 본성(性)의 덕으로 마음에 갖추어져 있으며, 모든 사물에 존재하고, 어느 때에도 그렇지 않은 때가 없으므로 잠시라도 떠날 수 없다"고 강조하면서 "만약 도가 잠시라도 떠날 수 있다면, 그것은 어찌 본성을 따르는 것이라 할 수 있겠느냐?"고 반문하였다. 도가 곧 본성에서 비롯된 것이기에 분리

될 수 없다는 것이다.

이어서 주자는 "是故君子戒愼乎其所不睹, 恐懼乎其所不聞 시고군자계신호기소불도, 공구호기소불문"이라는 구절의 의미를 심화시킨다.

"군자의 마음속에는 항상 경외하는 마음이 존재하여(常存敬畏), 비록 보이지 않고, 들리지 않는 곳이라 할지라도 감히 소홀히 하지 않는다"(不敢忽)고 강조한 것이다.

이렇게 하는 이유는 "하늘의 이치(天理)가 본래 그러함을 보존하여, 잠시라도 도에서 벗어나지 않게 하기 위함"이며, 이는 바로 '신독愼獨'의 정신을 강조하며, 외적인 감시가 없는 상황에서도 스스로의 내면을 다잡아 도리에 어긋나지 않도록 노력하는 군자의 깊은 자기수양의 자세를 강조하고 있음이다.

현대적 해석
나만의 윤리기준과 내면의 나침반 지키기

이 단락은 현대사회에서 살아감에 있어 '나만의 윤리기준'을 확립해야 하고, 그것을 일관되게 지켜나가는 '내면의 나침반'이 매우 중요함을 강조한다. "도道는 일상의 모든 순간에 존재하며 잠시도 떠날 수 없다"는 주자의 설명은, 우리가 살아가는 모든 순간이 도덕적 선택과 연결되어 있음을 일깨운다.

이는 단순히 직업적인 윤리나 법적인 규제를 넘어, 개인의 가치관과 행동이 일관성을 가져야 한다는 메시지다. 즉 도道는 특정한 순간이나 장소에서만 존재하는 게 아니라 늘 우리 안에 있고, 삶 전체를 지배하는 근본 원리임을 말하는 것이다.

예를 들어, 친한 친구와 있을 때의 모습과 낯선 사람들 앞에서의 모습, 온라인과 오프라인에서의 모습이 다르다면, 그것은 진정한 '도'를 따르지 않는 모습일 수 있다. '도'는 상황에 따라 변하는 것이 아니라 어떤 상황에서든 일관되게 지켜져야 할 '삶의 원칙'이기 때문이다.

특히, "군자는 보지 않는 곳에서도 삼가고, 듣지 않는 곳에서도 두려워한다"는 말은 현대인의 '디지털 자아'와 '오프라인 자아' 사이의 간극에 대한 깊은 통찰을 제공한다. 온라인공간에서는 익명성 뒤에 숨어 무책임한 발언을 하거나 비윤리적인 행동을 하는 경우를 많이 볼 수 있다.

'보이지 않고 들리지 않는' 곳에서 우리는 쉽게 방심하고 자신만의 원칙을 벗어나기 쉽다. 그러나 중용은 "아무도 보지 않는 곳에서 오히려 더 신중하고 조심해야 한다"고 말한다. 이는 곧 '자기 책임감(Accountability)과 내면의 진정성(Authenticity)'을 강조한다. 겉으로 보이는 이미지나 타인의 평가에만 신경을 쓰는 것이 아니라 내면의 양심과 도덕적 기준을 견고히 지켜야 한다는 것이다. 진정한 성숙은 외적인 통제가 없을 때도 스스로 올바른 길을 가는 데서 비롯된다.

일상의 중용 실천
온라인 에티켓과 진정한 인격

대학생 수천수水天需는 SNS에서 매우 활발하게 활동하고 있다. 평소 예의가 바르고 배려심 있는 성격으로 친구들 사이에서도 평판이 좋았으나 온라인 익명 커뮤니티에서는 종종 공격적인 댓글을 달거나 타인을 비난하는 글을 쓰는 자신을 발견했다. 아무도 자신이 누구인지 모른다는 생각에 '불견불문不見不聞'의 상황에서 감정적으로 행동했던 것이다.

수천수는 자신의 이중적인 모습에 괴리감을 느끼기 시작했고, 그러던 어느 날, 『중용』을 읽다가 "도道는 잠시도 떠날 수 없다"는 구절과 "군자는 보이지 않는 곳에서도 삼간다"는 가르침을 접하게 되었다. 이는 그에게 큰 깨달음을 주었다. 온라인이든 오프라인이든 자신의 행동은 결국 '도道', 즉 마땅히 지켜야 할 이치에서 벗어나서는 안 된다는 것을 깨달았던 것이다. 마치 본성(性)에서 비롯된 도道가 우리에게서 잠시도 떨어질 수 없듯이, 자신의 인격과 윤리적 기준도 공간과 시간에 관계없이 일관되어야 한다고 생각하게 되었다.

그는 '경외하는 마음(常存敬畏)'으로 온라인에서의 자신의 언행을 돌아보기 시작했다. 익명 커뮤니티에서 댓글을 달기 전에 한 번 더 생각하고, 혹시라도 타인에게 상처를 줄 수 있는 말은 하지 않으려 노력했다. 때로는 논쟁이 격해지더라도 감정적으로 대응하기보다 이성적으로 자신의 의견을 표현하거나, 아예 논쟁에서 벗어나기도 했다. 이러한 '신독愼獨'의 실천을 통해 그는 온라인에서도 자신의 인격을 지킬 수 있었고, 내면의 평온함과 진정성을 회복할 수 있었다.

그의 경험은 '도'가 삶의 모든 영역에 적용되는 보편적 원리이며, 보이지 않는 곳에서의 자기 통제가 진정한 인격 완성에 얼마나 중요한지 보여준다.

나를 바꾸는 질문
나의 '신독'실천 영역

Q1 : 나의 삶에서 "도道는 잠시도 떠날 수 없다"는 말처럼, 어떤 상황에서도 흔들림 없이 지키고 싶은 '나만의 원칙'이나 '가치관'은 무엇인가?

Q2 : '보이지 않고 들리지 않는' SNS나 익명 커뮤니티 등에서 나는 어떻게 행동하고 있는가? 그곳에서 '신독愼獨'을 실천하기 위해 어떤 노력을 해볼 수 있을까?

Q3 : 내가 '내면의 나침반'을 견고히 하고, '진정성 있는 삶'을 꾸준히 살아간다면, 나의 삶과 주변 사람들에게 어떤 긍정적인 변화가 나타나게 될까?

신독 : 은밀한 곳의 진실

莫見乎隱, 莫顯乎微, 故 君子愼其獨也.
막현호은, 막현호미, 고 군자신기독야.
是以 君子旣常戒懼, 而於此尤加謹焉, 所以遏人欲於將萌,
시이 군자기상계구, 이어차우가근언, 소이알인욕어장맹,
而不使其潛滋暗長於隱微之中, 以至離道之遠也.
이불사기잠자암장어은미지중, 이지리도지원야.

"가장 잘 드러나는 것은 감추어진 것이요,
가장 분명히 나타나는 것은 미세한 것이다.
그러므로 군자는 홀로 있을 때를 삼간다.

그러므로 군자는 평소에도 늘 경계하고 두려워하지만 특히,
이러한 점(숨은 것과 미세한 것)에 있어 더욱 조심한다.

이는 사람의 욕망이 막 싹트려 할 때에 그것을 억제하여,
그것이 보이지 않는 미세한 가운데서 은밀히 자라나
마침내 도道에서 멀어지게 하지 않고자 함이다."

주자의 주석으로 읽는
중용

주자는 먼저 '은隱'을 '어두운 곳(暗處)'으로, '미微'를 '세밀한 일(細事)'로 정의한다. 그리고 '독獨'은 "남이 알지 못하고 자신만이 홀로 아는 곳"이라고 설명한다. 이는 외부의 시선이나 감시가 없는, 오직 자신만이 아는 내면의 세계 또는 은밀한 상황을 의미한다.

이어서 주자는 "아무리 은밀하고 어두운 곳에서 일어나는 일이라 하더라도, 아무리 사소하고 미세한 일이라 하더라도, 그 흔적이 아직 겉으로 드러나지 않았을 뿐 그 기미(幾)는 이미 움직인 것"이라고 했다. 또한, 다른 사람들은 알지 못해도(人雖不知) 자신은 홀로 알고 있으니(己獨知之), 천하의 어떤 일도 이보다 더 뚜렷하고 명백하게 드러나는 것은 없다고 강조한다.

주자는 여기서 '기(幾)'의 중요성을 역설하는데, 이는 마음속에서 어떤 의지나 생각이 아주 미미하게 움직이기 시작하는 순간을 의미하며, 그 작은 기미가 결국 외부로 드러나게 된다는 것이다. 따라서 진정으로 도를 실천하는 사람은 이 미미한 기미를 놓치지 않고 살핀다.

이러한 이유로 군자는 이미 항상 경계하고 두려워하지만(既常戒懼) 특히, '홀로 아는 곳(獨)'에서는 더욱 삼간다.(尤加謹焉) 이렇게 하는 이유는 인간의 욕심이 막 생겨나려 할 때 그것을 막아서, 은밀한 곳에서(隱微之中) 잠재적으로 자라나지 않게 하여(不使其潛滋暗長) 결국 도에서 멀어지는 지경에 이르지 않도록 하기 위함이다.

이는 '신독'이 단순히 은밀한 곳에서 조심하는 것을 넘어, 마음속에서 생겨나는 아주 작은 부정적인 생각이나 욕망의 싹을 사전에 차단함으로써, 도덕적 타락을 예방하고 도를 온전히 지키려는 적극적인 자기 수양의 태도임을 보여준다.

현대적 해석
자기 양심과 '초기 신호 감지'의 힘

이 단락은 현대인에게 '자기 양심(conscience)'의 중요성과 함께 문제의 초기신호 감지 능력의 필요성을 강조한다. 오늘날의 언어로 해석하자면 "작은 습관이 인생을 결정한다." "보이지 않는 순간의 선택이 결국 큰 차이를 만든다."라는 메시지와도 이어진다고 할 수 있다.

'莫見乎隱, 莫顯乎微. 막현호은, 막현호미.'이라는 구절은 "아무리 작은 생각이나 행동이라도 결국은 큰 영향을 미치며, 그 진실은 외부 시선이 없는 '은미하고 미세한 곳'에서 가장 잘 드러난다"는 통찰을 전한다. 이는 마치 빙산의 일각처럼 겉으로 보이는 모습보다 물밑의 내면이 훨씬 크고 중요하며, 모든 결과는 보이지 않는 곳에서부터 시작된다는 점을 상기시킨다. 특히, '독獨'이라는 개념은 현대인의 '개인적인 공간과 내면세계'에 대한 성찰을 요구한다.

스마트폰, 인터넷, 소셜 미디어는 우리에게 '혼자 있는 시간'을 주지만, 동시에 타인의 시선과 끊임없는 연결 속에서 진정한 '홀로 있음'을 방해하기도 한다. 중용은 이런 외부의 영향이 없는 '온전한 홀로 있음'의 순간이야말로 자신의 진정한 양심과 마주하고, 내면의 미미한 움직임(幾)까지도 살필 수 있는 귀한 시간임을 강조하고 있다.

군자가 '인간의 욕심이 막 생겨나려 할 때 그것을 막아서' 도道에서 멀어지지 않게 한다는 것은, '충동 통제(impulse control)'와 '자기관리' 역량의 중요성을 보여주고 있다. 작은 거짓말, 한 번의 게으름, 순간적인 분노 등 우리 마음속에 막 움트기 시작하는 부정적인 '기미'를 제때 알아차리고 차단하는 것이 중요하다. 이는 큰 문제가 되기 전에 미리 예방하고, 지속적으로 자신을 돌아보며 성장해나가는 '지속 가능한 자기계발'의 핵심이다. '신독'은 겉치레가 아닌, 진정으로 도덕적이고 성숙한 인격을 형성하기 위한 근본적인 실천 방식이다.

"혼자 있을 때 무엇을 하느냐, 그것이 곧 나의 진짜 모습이다. 군자는 작은 습관, 작은 순간을 지킨다. 지금, 여기에서 '중용'이 시작된다."

일상의 중용 실천
온라인에서의 비윤리적 행동과 양심의 가책

직장인 천수송天水訟은 온라인 커뮤니티에서 익명으로 회사 동료에 대한 불만이 담긴 글을 올렸다. "아무도 내가 쓴 글인 줄 모를 거야."라는 생각에 감정적인 비난과 과장된 내용을 담았다. 겉으로는 아무런 문제도 없었고, 다른 사람들은 그녀가 그 글을 썼다는 것을 알지 못했다.

그러나 그녀의 마음속에서는 불편함과 죄책감이 계속해서 피어났다. 글을 쓰고 난 후에도 마음이 편치 않았고, 사소한 일에도 불안감을 느끼게 되었다. 이것이 바로 '독獨'의 공간에서 '인욕人欲'의 기미가 자라나 '도道'에서 멀어지려는 신호였다.

그녀는 밤늦게 혼자 있을 때(獨), 자신의 행동이 옳지 않았음을 깊이 자각했다. 아무도 보지 않고 들리지 않는 곳에서 터져 나온 그녀의 글이 결국 그녀 자신의 양심을 괴롭히고, 동료와의 관계를 망칠 수 있는 '미세하지만 명백한(微顯)' 문제의 시작임을 깨달았다. 그녀는 "君子愼其獨也 군자신기독야, 군자는 홀로 있을 때 삼간다"는 가르침을 떠올리며, 마음속에서 막 피어나는 동료에 대한 부정적인 감정(人欲之將萌)을 막아야 한다고 생각했다.

그녀는 용기를 내어 그 글을 삭제하고, 다음 날 동료에게 찾아가 자신의 마음속 불편함을 솔직하게 이야기하며 오해를 풀었다. 처음에는 망설였지만, '은미한 곳에서 자라나는 욕심'을 막으려 노력하자 마음의 평온을 되찾을 수 있었다.

이 경험을 통해 그녀는 아무리 은밀한 곳에서 행한 일이라도 결국은 자신에게 가장 명백하게 드러나며, '자기 양심'에 따라 행동하는 것이 진정한 평화와 성장을 가져온다는 중요한 교훈을 얻었다. 이는 보이지 않는 곳에서 자신을 삼가고 욕망의 싹을 잘라내는 '신독'의 중요성을 보여주는 사례라고 할 수 있다.

나를 바꾸는 질문
나의 '양심 필터' 작동하기

Q1 : '아무도 모르는 나만의 공간(獨)'에서 마음속으로, 또는 온라인에서 했던 행동 중 나중에 후회했거나 양심의 가책을 느꼈던 경험이 있다면 무엇이었는가?

Q2 : '작은 생각이나 감정의 '기미(幾)'가 결국 큰 행동이나 결과로 이어졌던 경험이 있는가?

Q3 : 앞으로 '신독愼獨'을 실천하기 위해 어떤 노력을 해볼 수 있을까? 특히, '욕심이 막 생겨나려 할 때 그것을 막아서' 올바른 길을 유지하기 위해 어떤 '양심 필터'를 적용할 수 있을지 구체적으로 생각해 보자.

중 · 화 : 감정과 삶의 조화

喜怒哀樂之未發, 謂之中; 發而皆中節, 謂之和.
희로애락지미발, 위지중; 발이개중절, 위지화.

中也者, 天下之大本也; 和也者, 天下之達道也.
중야자, 천하지대본야; 화야자, 천하지달도야.

"희로애락의 감정이 아직 발하지 않은 상태를 '중中'이라 하고,
이미 발했으되 모두 절도에 맞는 것을 '화和'라 한다.
'중中'이란 것은 천하의 큰 근본이며, '화和'란 것은
천하가 나아가는 큰 길이다."

주자의 주석으로 읽는
중용

 주자는 먼저 '희로애락喜怒哀樂'을 인간의 '정情', 즉 감정이라고 정의했다. 이 감정들이 아직 밖으로 드러나지 않은 상태가 '성性', 즉 본성 자체이며, 이때는 어떠한 치우침이 없으므로 '중中'이라고 부른다.
 '중'은 감정이 생기기 이전의 순수하고 공정한 마음의 본체이다.

감정들이 밖으로 드러났을 때 모두 마땅한 절도(節)에 맞으면, 그것은 감정의 올바른 발현(情之正)이며 어긋남이 없으므로(無所乖戾) '화和'라고 부른다.

'화'는 감정을 억누르거나 폭발시키는 것이 아니라 상황과 이치에 맞게 적절히 조절하고 표현하는 조화로운 상태를 의미한다.

주자는 '중'과 '화'의 중요성을 더욱 강조했다. '대본大本'인 '중'은 하늘이 부여한 본성(天命之性)이며, 천하의 모든 이치(理)가 여기서 비롯되니, 이는 곧 도道의 본체(體)라고 설명한다. '중'이 모든 것의 근원적 바탕이자 존재의 핵심 원리임을 밝힘이다. 그리고 '달도達道'인 '화'는 본성을 따르는 것(循性之謂)이므로, 천하의 모든 사람과 고금古今을 막론하고 함께 따라야 할 길(共由)이니, 이는 곧 도道의 작용(用)이며, '화'는 '중'이라는 본체를 바탕으로 현실 세계에서 도가 구현되고 실천되는 양상임을 의미한다.

마지막으로 주자는 이 단락 전체가 '본성(性)과 감정(情)의 덕德을 설명함으로써 도道는 잠시도 우리를 떠날 수 없음(不可離)을 다시 한번 명확히 하려는 의도'임을 밝히고 있다. 즉 우리의 감정 상태와 그 조절이 곧 도를 떠나지 않는 실천의 핵심임을 강조하는 것이다.

현대적 해석
정서 지능(EQ)과 '자기조절 능력'의 심화

'정서 지능(EQ)'과 '자기조절 능력(Self-regulation)'의 중요성을 깊이 있게 다루고 있는 단락이다. 이 단락을 간략하게 풀어서 정리하자면, "희로애락의 감정이 일어나지 않은 고요한 상태가 '중'이고, 감정이 일어나더라도 절도 있게 조화를 이룬 것이 '화'다. '중'은 세상의 근본이며, '화'는 세상을 살아가는 길"이라는 것이다.

'喜怒哀樂之未發, 謂之中. 희로애락지미발, 위지중.'은 감정이 폭발하기 전, 즉 자극에 대한 즉각적인 반응에 앞서 '자신의 감정을 인식하고 알아차리는 단계'를 의미한다.

이는 '마음 챙김'에서 강조하는 '감정적 간격'을 두는 것과 유사하다. 바쁘게 살아가는 현대인들은 자신의 감정을 제대로 인지하지 못한 채 외부 자극에 끌려다니거나 쌓인 감정을 부적절하게 표출하는 경우가 많다. '중'의 상태는 이런 감정의 소용돌이 속에서 자신을 객관적으로 바라보는 '내면의 고요함'을 의미하며, 이는 진정한 자기 이해의 출발점이다.

'發而皆中節, 謂之和. 발이개중절, 위지화.'는 이렇게 알아차린 감정을 '상황과 맥락에 맞게 적절히 표현하고 조절하는 능력'을 강조한다. 감정을 억압하거나 회피하는 것이 아니라 건강하게 표출하고 관리하는 것이 '화'의 핵심이다. 이는 타인과의 관계에서 공감하고 배려하며, 갈등 상황을 지혜롭게 해결하는 데 필수적인 '사회적 기술'과도 직결된다.

'중'이 '천하의 대본大本'이라는 것은, 우리의 내면적 평온과 균형이 개인의 행복을 넘어 사회 전체의 안정과 조화의 근본적인 토대가 됨을 의미한다. 그리고 '화'가 '천하의 달도(天下之達道)'라는 것은, 이러한 내면의 조화가 현실에서 관계, 소통, 리더십 등 다양한 형태로 보편적으로 적용되는 실천적인 지혜임을 보여준다.

결국, 이 구절은 감정을 다스리는 것이 개인의 덕성 함양을 넘어 사회적 존재로서 조화로운 관계를 맺고, 더 나은 세상을 만들어가는 근본적인 길임을 역설한다. "도道는 떠날 수 없다"는 것은 우리가 모든 순간 감정과 상호작용하며 살아가므로, 그 감정을 어떻게 다스리는지가 우리의 삶의 질을 결정한다는 깊은 통찰을 제공하고 있다.

일상의 중용 실천
감정노동자의 '번아웃' 극복과 감정 조절

콜센터 상담원인 지수사地水師 씨는 매일 고객들의 다양한 감정(분노, 불만, 슬픔 등)과 마주하며 '감정 노동'에 시달렸다. 처음에는 고객이 함부로 내뱉는 거친 말들에 화가 나거나, 슬픔에 공감하며 자신도 힘들어져 '번아웃' 직전 상태에 내몰렸다. 그녀는 자신의 감정(희로애락)이 통제되지 않고 고객의 감정에 '편향'되거나 '과도하게' 반응하는 것을 느꼈다. '중中'의 상태를 잃고 있었던 것이다.

그녀는 이런 어려움을 극복하기 위해 '감정 조절' 훈련을 시작했다. 고객의 거친 항의를 들었을 때, 즉각적으로 화를 내거나 감정적으로 동요하기 전에 잠시 멈춰 서서 "내가 지금 분노 감정을 느끼고 있구나."라고 자신의 감정(情)을 알아차리는 연습을 했다. 이것이

'미발未發'의 '중中'을 찾는 과정이었다.

그리고 감정을 알아차린 후, '發而皆中節 발이개중절'처럼 자신의 감정을 상황에 맞게 '조절'하여 '화和'의 상태를 만들고자 노력했다.

예를 들어, 고객의 감정은 충분히 공감하되, 자신의 감정은 업무적인 틀 안에서 유지하고, 해결책을 제시하는 데 집중했다. 불필요한 감정 소모를 줄이고, 감정이 이끄는 대로 행동하는 대신 이성적으로 대처하는 훈련을 했던 것이다.

이러한 노력은 그녀가 감정 노동으로 인한 스트레스를 줄이고, 더욱 침착하고 전문적으로 업무에 임할 수 있도록 도왔다. 결과적으로 그녀는 고객 만족도를 높이는 동시에 자신의 정신 건강까지 지킬 수 있었다.

이는 자신의 감정 본성(性)을 이해하고, 그것을 조화롭게(和) 발현함으로써 '중中'이라는 삶의 근본을 지켜나가는 현대인의 지혜를 보여준다.

나를 바꾸는 질문
나의 '감정의 중심' 찾기

Q1 : '희로애락'의 감정을 강하게 느끼는 순간, 그 감정이 '발현되기 전의 고요한 상태'를 잠시라도 인식했던 경험이 있는가? 그때는 어떤 느낌이었는가?

Q2 : 나의 감정이 '發而皆中節 발이개중절', 즉 상황에 맞게 조절되

고 조화롭게 표현되었다고 생각되는 경험이 있는가? 어떤 노력을 통해 그렇게 할 수 있었는가?

Q3 : '중中은 천하의 대본大本, 화和는 천하의 달도達道'라는 의미를 바탕으로, 나의 감정을 잘 다스리고 조화로운 삶을 살아간다면, 개인적인 행복뿐만 아니라 내 주변 사람들과 사회에도 어떤 긍정적인 영향을 미칠 수 있을 것이라고 생각하는가?

치중화와 수양의 궁극

致中和, 天地位焉, 萬物育焉.
치중화, 천지위언, 만물육언.

"중中과 화和를 지극히 이루면 천지가 제자리를 잡게 되고,
만물이 제 역할을 하며 자라게 된다."

주자의 주석으로 읽는
중용

주자는 먼저 '치致'를 "밀어붙여서 지극히 하다.(推而極之也)"라고 풀이한다. 즉 단순히 도달하는 것을 넘어, '중中'과 '화和'의 경지를 극대화하여 완성하는 것을 말한다. 그리고 '위位'는 제자리에 편안히 있는 것(安其所也)을, '육育'은 그 생명을 온전히 이루는 것(遂其生也)을 뜻한다고 설명한다.

주자는 '중中'과 '화和'에 이르는 구체적인 수양 방법을 제시했다. '중中'에 이르는 방법은 "스스로 경계하고 두려워하며(戒懼) 마음을 단속하고(約之), 지극히 고요한 상태(至靜之中)에 이르러 조금도 치우침이 없고(無所偏倚) 그 지킴을 잃지 않으면, '중'을 지극히 하여 천

지가 제자리를 잡게 된다.(天地位矣)"고 설명했다. 이는 '신독愼獨'과 연결되는 내면의 고요함과 중심 잡기의 중요성을 말함이다.

'화和'에 이르는 방법은 "스스로 홀로 있을 때 삼가는 마음(謹獨)으로 마음을 정밀하게 다스려(精之), 외부 사물에 응대하는(應物之處) 모든 상황에서 조금의 어긋남도 없고(無少差謬), 어느 곳에서나 그러하지 않음이 없으면(無適不然), '화'를 지극히 하여 만물이 잘 길러지게 된다.(萬物育矣)"라고 하였다.

이는 외부와 소통하고 상호 작용하는 모든 순간에 적절성과 조화를 유지하는 실천의 중요성을 강조함이다.

이어서 주자는 "천지만물이 본래 나와 한 몸이니, 내 마음이 바르면 천지의 마음 또한 바르고, 내 기운이 순조로우면 천지의 기운 또한 순조로워진다."라고 하여 '天人合一 천인합일' 사상을 명확히 드러낸다. 그러므로 그 효험이 이처럼 지극하다(效驗至於如此)는 것이다. 이는 인간의 내면 수양이 단순히 개인적인 차원에 머무르지 않고, 자연 및 우주 전체의 조화와 연결되어 있음을 보여주는 유교의 심오한 세계관이라고 할 수 있다.

주자는 이러한 '중화'의 경지가 "학문의 지극한 성과이자 성인이 해낼 수 있는 일(聖人之能事)이며, 처음부터 외부의 어떤 것에 의존하는 것이 아니라, 도를 닦는 가르침(修道之敎) 또한 그 안에 이미 갖추어져 있다"고 강조한다. 이는 모든 진리와 수양의 길이 우리 내면에 이미 존재하며, 밖에서 구하는 것이 아님을 역설함이다.

마지막으로 '중中과 화和'가 비록 본체와 작용, 고요함과 움직임의 차이가 있지만(動靜之殊), 반드시 본체(中)가 확립된 후에야 작용(和)이 제대로 발현될 수 있으므로, 사실은 별개의 일이 아니라고 설명하고 있다.

현대적 해석
웰빙과 사회적 책임의 통합

이 단락은 현대사회에서 "개인의 웰빙Well-being이 어떻게 '사회적 책임(social Responsibility)'으로 확장되는가?"에 대한 깊은 통찰을 제공한다. '치중화致中和'는 단순히 개인의 심리적 안정이나 행복을 넘어, 그 상태가 최고조에 달했을 때 주변 환경과 세상에 긍정적인 영향을 미친다는 '파급 효과(Ripple Effect)'를 강조한다. '天地位焉, 萬物育焉 천지위언, 만물육언'이라는 구절은 건강하고 조화로운 개인의 에너지가 가족, 공동체, 나아가 자연환경에까지 영향을 미쳐 질서와 번영을 가져올 수 있음을 암시한다.

'경계하고 두려워하며 고요히 중심을 잡는(戒懼而約之, 至於至靜之中)' 수양은 오늘날 '정신건강 관리'의 핵심이다. 스트레스와 불안이 만연한 시대상에서 외부의 자극에 흔들리지 않고 내면의 평온함을 유지하려는 노력은 개인의 '중'을 지키는 행위다. 이는 명상, 마음 챙김, 자기성찰 등을 통해 자신의 감정과 생각을 조절하고, 과도한 욕망을 억제하며, '인간 욕심이 막 생겨나려고 할 때 막아서는' 것과 연결된다.

또한 '홀로 삼가며 정밀하게 다스려 모든 일에 어긋남 없이 응대하는(愼獨而精之, 應物之處無少差謬)' 수양은 '자기관리'와 '대인관계 능력'의 중요성을 역설한다. 아무도 보지 않는 곳에서 자신의 원칙을 지키는 것뿐만 아니라 다른 사람들과의 상호작용 속에서도 자신의 감정과 행동을 적절히 조절하여 '화和'를 이루어야 한다는 것이다. 이는 곧 리더십, 소통능력, 갈등해결 능력 등 사회적 역량으로 이어진다.

'천지만물은 본래 나와 한 몸(天地萬物 本吾一體)'이라는 관점은 현대의 '생태학적 사고(Ecological thinking)'와 '상호연결성'을 강조한다. 우리의 작은 행동 하나하나가 주변 환경과 사회에 영향을 미친다는 인식은 '지속 가능한 발전(sustainable development)'과 '공동체 의식'을 함양하는 데 필수적이다.

이처럼 『중용』은 개인의 내면 수양이 곧 사회적, 환경적 책임으로 이어진다는 통합적이고 실천적인 삶의 지혜를 제시하며, 궁극적으로 외부에서 정답을 찾기보다 우리 안에 있는 본래의 선함을 깨닫고 그것을 충만하게 하는 것이 진정한 자기완성임을 말한다.

일상의 중용 실천
미니멀리즘과 환경 보호 실천

직장인 수지비水地比는 오랫동안 물질적인 성공만을 쫓으며 살았다. 무엇이든 늘 더 소유하고 싶어 했다. 하지만 그럴수록 마음은 점점 더 공허해지고 스트레스에 시달렸다.

그러던 어느 날 그는 '인심'에 휘둘려 '도'에서 멀어지는 삶을 살고 있음을 깨닫고 '중中'을 찾기 위해 미니멀리즘 라이프스타일을 실천하기 시작했다. 불필요한 물건을 정리하고, 소비를 줄이며, 명상과 자연 활동을 통해 내면의 고요함을 찾고자 노력했다. 이는 주자가 말한 "경계하고 두려워하며 고요히 중심을 잡는(戒懼而約之, 以至於至靜之中)" 수양과 유사했다.

점차 그의 마음이 평온해지고 '중'의 경지에 가까워지자, 그의 삶은 '화和'를 향해 나아갔다. 그는 불필요한 물건을 사는 대신 꼭 필요한 것만 구매하는 습관을 들이면서, 과소비로 인한 환경문제에도 관심을 갖게 되었다. 쓰레기를 줄이고 재활용을 생활화하며, 일상 속에서 에너지 절약을 실천했다. 아무도 그를 지켜보지 않아도(愼獨), 지구 환경을 위하는 마음이 자연스럽게 우러나온 것이다.

이는 "천지만물이 본래 나와 한 몸이니 내 마음이 바르면 천지의 마음 또한 바르다.(天地萬物 本吾一體, 吾之心正則 天地之心亦正矣)"라는 『중용』의 가르침이 현실에 적용된 모습이었다.

수지비의 이러한 변화는 개인적인 만족을 넘어 동료들과 친구들에게도 긍정적인 영향을 미쳤다. 그의 삶의 방식은 환경보호에 대한 중요성을 자연스럽게 전파했고, 주변 사람들도 미니멀리즘과 친환경적인 삶에 관심을 갖게 되었다. '중화'를 지극히 이룬 그의 삶은 마치 '천지위언, 만물육언'처럼 개인의 변화가 사회와 환경에까지 긍정적인 파급력을 미치는 사례가 되었다. 이는 "내면의 성숙이 곧 외부 세계의 조화로움으로 이어진다"는 중용의 깊은 통찰을 보여준다.

나를 바꾸는 질문
나의 '중화' 실천 로드맵

Q1 : '중中'의 경지에 이르기 위해(내면의 고요함과 중심 잡기) '경계하고 두려워하며 마음을 단속하는' 어떤 노력을 하고 있는가? (예: 디지털 디톡스, 명상, 감정일기 쓰기 등)

Q2 : '화和'의 경지에 이르기 위해(외부와 조화롭게 상호작용하기) '홀로 삼가며 정밀하게 다스리는' 어떤 노력을 해볼 수 있을까? (예: 비판적인 사고로 정보 걸러내기, 공감대화 연습, 윤리적 소비 실천 등)

Q3 : 나의 삶에서 '치중화'를 지극히 실천한다면, '천지위언, 만물육언'처럼 나의 주변 환경, 공동체, 나아가 사회에 어떤 긍정적인 변화를 가져올 수 있을 것이라고 예상하는가?

CHAPTER 2

삶의 혼란 속에서, 도를 묻다

군자는 때에 맞게 중용을 지키고, 소인은 거리낌이 없다

子曰 君子中庸, 小人反中庸.

자왈 군자중용, 소인반중용.

君子之中庸也, 君子而時中.

군자지중용야, 군자이시중.

小人之反中庸也, 小人而無忌憚也.

소인지반중용야, 소인이무기탄야.

"공자가 말씀하시기를, 군자는 중용을 지키지만, 소인은 중용을 거스른다. 군자가 중용을 지킨다는 것은, 때에 맞게 적절함을 잃지 않는 것이다. 소인이 중용을 거스른다는 것은, 거리낌 없이 제멋대로 행동하는 것이다."

주자의 주석으로 읽는
중용

주자는 공자의 말을 인용한 "**君子中庸, 小人反中庸** 군자중용, 소인반중용"이라는 명제를 해설한다. 이는 군자는 중용을 실천하지만, 소인은 중용에 반대되는 행동을 한다는 대조적인 인식을 분명히 하는 것이다.

여기서 중용中庸은 '한쪽으로 치우치거나 기대지 않음'과 '無過不及 무과불급, 지나치거나 미치지 못함이 없음'의 상태로 정의된다. 주자는 이러한 중용의 이치를 '平常之理 평상지리'이자 '天命所當然 천명소당연'이며, '精微之極致 정미지극치'라 하였다. 즉 언제나 변하지 않는 보편적인 이치'이자, 하늘이 명한 당연한 도리'이며, 지극히 정미한 경지'라는 말이다.

군자와 소인의 근본적인 차이는 이러한 중용의 도를 '체득'할 수 있는지 여부에 있다. 오직 군자만이 중용을 체득할 수 있으며, 소인은 그 반대라고 말한다.

군자의 '중용中庸'은 '君子而時中 군자이시중, 때에 맞게 중용을 실천함'을 의미한다. '시중時中'은 중용이 고정된 하나의 규칙이 아니라 시시각각 변화하는 상황과 조건에 따라 가장 적절한 균형점을 찾아내는 유연하고 역동적인 지혜임을 강조하는 것이다.

반면 소인의 '중용中庸'은 '아무런 거리낌이나 두려움 없이 행동함'을 의미한다. 이는 소인이 도덕적 기준이나 타인의 시선을 의식하지 않고 자신의 욕망대로 무절제하게 행동하는 태도를 비판하는 것이다.

주자는 다시 한 번 군자가 중용을 실천하는 이유를 '군자의 덕을 가지고 있고, 또한 때에 따라 중도에 처할 수 있기 때문'이라고 설명한다. 또한 소인이 중용에 반대되는 것은 '소인의 마음을 가지고 있고, 또한 아무런 거리낌이 없기 때문'이라고 명확히 한다.

핵심은 '중中이란 정해진 형태가 없고, 때에 따라 존재하며, 이것이 바로 평범한 이치'라는 점이다. 군자는 이 중용의 이치가 자신에게 내재되어 있음을 알기 때문에, "보이지 않는 곳에서 경계하고 두려워하며 들리지 않는 곳에서도 삼가(戒愼不睹, 恐懼不聞)" 항상 중용을 지키려 노력한다. 이는 곧 '신독愼獨'의 실천을 통해 언제나 중용을 벗어나지 않고자 한다는 의미다. 그러나 소인은 이러한 사실을 알지 못하기 때문에 욕심대로 함부로 행동하며 아무런 거리낌이 없다고 주자는 비판하는 것이다.

주자는 이 단락이 제2장의 시작임을 명시하고, 이 아래로 열 장에 걸쳐 '중용'을 논하며 첫 번째 장의 의미를 풀이할 것이라고 밝히면서 비록 문맥이 직접적으로 이어지지 않는 것처럼 보일지라도, 그 의미는 실질적으로 서로 연결되어 있다고 덧붙였다. 또한 '화和'라는 말을 '용庸'으로 바꾼 이유에 대해 유씨(游氏, 북송의 학자 유준)의 말을 인용하여, "성정性情으로 말하면 '중화中和'라 하고, 덕행德行으로 말하면 '중용中庸'이라 한다."라고 설명했다. 하지만 결국 '중용'이라는 말 속에 '중화'의 의미가 실제로 포함되어 있다고 결론짓는다.

현대적 해석
정의로운 유연성과 '무책임한 즉흥성'의 대비

이 단락은 '정의로운 유연성(principled flexibility)'을 갖춘 리더십과 '무책임한 즉흥성'에 기반한 행동의 차이를 극명하게 보여준다.

'不偏不倚, 無過不及 불편불의, 무과불급'이라는 중용의 정의는 오늘날 극단적인 이념 대립과 성과 지상주의 속에서 '치우치지 않는 균형감각'과 '지나치거나 부족함이 없는 적정성'을 추구하는 지혜의 중요성을 역설한다. 이는 단순히 중간을 선택하는 것이 아니라 상황의 본질을 꿰뚫어 가장 합리적이고 윤리적인 최적의 해법을 찾는 것이다.

군자의 '시중時中'은 변화하는 환경 속에서 '원칙을 지키면서도 유연하게 대응하는 능력'을 의미한다. 빠르게 변화하는 시장이나 예측 불가능한 사회적 이슈에 직면했을 때, 군자적 리더는 고정된 틀에 갇히지 않고 끊임없이 학습하고 성찰하며 가장 적절한 의사결정을 내린다. 이는 문제해결 능력과 적응력을 동시에 갖추는 것이다.

반면 소인의 '무기탄無忌憚'은 책임감 없이 자신의 감정이나 단기적 이익에 따라 행동하는 모습과 연결된다. 이는 사회적 규범이나 윤리를 무시하고, 타인에게 피해를 주면서까지 자신의 욕망을 충족시키려는 '도덕적 해이'로 이어질 수 있다.

특히, "중中은 정해진 형태가 없고 때에 따라 존재한다"는 설명은 중용이 고정된 이론이 아닌, 끊임없는 자기 성찰과 실천을 통해 완성되는 '지속적인 과정'임을 강조한다.

군자가 '신독愼獨'을 통해 보이지 않는 곳에서도 스스로를 다스리며 항상 중용을 지키려 노력하듯이, 현대인도 외부의 감시가 없더라도 자신의 양심과 가치관에 따라 행동하는 '내면의 강인함'을 길러야 한다. 이는 겉으로만 번지르르한 '페르소나'를 넘어, 어떤 상황에서든 일관된 윤리적 태도를 유지하는 '진정한 인격'을 형성하는 핵심이다.

일상의 중용 실천
위기관리에서의 리더십과 책임감

최근 한 기업이 심각한 제품 결함 문제로 위기에 처했다. 경영진은 두 가지 태도로 나뉘었다. 한쪽은 당장 눈앞의 손해를 줄이기 위해 결함을 은폐하거나 책임을 회피하려는 태도를 보였으며(소인의 '반중용', '무기탄'에 가까움), 반면에 CEO 풍천소축風天小畜씨는 '군자의 중용'을 택했다. 그는 '불편불의, 무과불급'의 원칙에 따라 감정적으로 격분하거나 책임을 회피하려 하지 않았다. 또한 당장의 이익만을 쫓아 결함을 은폐하는 '과過'한 행동이나 문제를 방치하여 '불급不及'하게 대처하지도 않았다.

그는 오히려 '시중時中'의 지혜를 발휘하여, 즉시 대국민 사과를 하고 제품 리콜을 결정하였으며, 근본적인 원인 규명과 재발 방지 대책을 투명하게 공개했다. 이는 순간적인 이익보다 장기적인 신뢰와 기업의 윤리를 지키는 최적의 선택이었다.

풍천소축風天小畜씨는 누구도 보지 않는 밤늦은 시간까지 문제 해결을 위해 고민하고, 자신의 책임을 다하기 위해 혼자서도 끊임없이 노력했다.(군자의 '신독') 그의 이러한 행동은 직원들로부터 강한 신뢰를 얻었고, 비록 어려움은 있었지만 소비자들로부터도 진정성 있는 기업이라는 평가를 받게 되었다.

결과적으로 이 기업은 위기를 성공적으로 극복하고 오히려 더욱 단단한 신뢰를 얻었다. 이처럼 '군자의 중용'은 단순히 상황을 모면하는 기술이 아니라 변치 않는 윤리적 기준과 상황에 맞는 유연한 대응을 통해 위기를 기회로 바꾸는 진정한 리더십을 보여준다.

나를 바꾸는 질문
나의 '중용적 선택' 연습

Q1 : 지금까지 경험했던 상황 중에서 '不偏不倚 불편불의하고 無過不及 무과불급'하는 중용을 선택을 하는 데 가장 어려웠던 순간은 언제였던가? 그 어려움은 무엇이었는가?

Q2 : '군자의 시중時中'처럼 나는 변화하는 상황 속에서 '때에 맞게 가장 적절한' 행동이나 결정을 내리기 위해 어떤 노력을 하고 있는가? 혹은 어떤 노력이 더 필요하다고 느끼는가?

Q3 : 만약 나의 삶에서 '신독愼獨'을 통해 외부의 시선과 상관없이 내면의 원칙을 지키며 '중용'을 꾸준히 실천한다면, 개인적인 성장과 주변 관계에 있어서 어떤 긍정적인 변화가 나타날 것이라고 예상하는가?

중용의 극치와 실천의 어려움

子曰 中庸其至矣乎! 民鮮能久矣! 자왈 중용기지의호! 민선능구의!

공자가 말씀하시기를, "중용은 참으로 지극한 도道로다! 그러나 백성 가운데 오래도록 그것을 행할 수 있는 이는 드물다."

주자의 주석으로 읽는
중용

주자는 "중용의 덕이 지극히 높음에도 사람들이 오랫동안 중용을 실천하기 어려워 행하는 이가 드물다"고 한탄하는 공자의 말씀을 더욱 상세히 풀이하였다.

"과過하면 중도(中)를 잃게 되고, 미치지 못하면(不及) 도달하지 못한 것이므로 오직 중용의 덕만이 지극하다.(過則失中, 不及則未至, 故惟中庸之德爲至)"라고 설명한 것이다.

이는 중용이 단순히 중간이 아니라 어떤 상황에서도 가장 적절한 균형과 조화를 이루는 최고의 덕목임을 다시 한 번 강조한다.

하지만 주자는 이러한 중용이 본래부터 어려운 것은 아니라고 말한다. "중용은 또한 사람들이 모두 지닐 수 있는 것이고, 처음부터 어려운 일은 아니다."라고 한 것이다. 이는 중용이 특정한 성인이나 뛰어난 사람만이 실천할 수 있는 특별한 덕목이 아니라 모든 사람이 본성적으로 가지고 있으며 노력하면 누구나 실천할 수 있는 보편적인 이치임을 역설한다.

그럼에도 불구하고 사람들이 중용을 오랫동안 실천하기 어려운 이유에 대해 주자는 "다만 세상의 가르침이 쇠퇴하여, 백성들이 이를 힘써 행하지 않았기 때문에 능히 실천하는 자가 드물어졌고, 이제 그렇게 된 지가 오래되었다"고 진단한다.

주자는 도덕교육의 부재와 사회적 분위기가 중용 실천을 어렵게 만드는 주요 원인이라고 보았다. 이는 공자의 시대뿐만 아니라 주자가 살았던 송나라 시대에도, 그리고 오늘날에도 여전히 유효한 통찰이다.

현대적 해석
정신근육과 꾸준함의 가치

현대인에게 '정신근육(mental toughness)과 꾸준함(consistency)'의 가치를 강조하는 단락이다.

"중용은 지극하다! 그러나 실천하기 어렵도다!"라는 공자의 탄식은, 우리가 이상적으로 생각하는 '균형 잡힌 삶'이나 '현명한 판단'이 이론적으로는 쉽지만, 실제 현실에서는 끊임없는 노력과 인내가 필요함을 보여준다. 특히, "과하면 중도를 잃고, 부족하면 도달하지 못한다"는 말은 현대인의 '극단적 사고'와 '완벽주의' 혹은 '무관심'이라는 양극단을 경계하며, 모든 것에서 '적절함'을 추구하는 지혜가 가장 중요하다는 메시지를 던지고 있다.

중용이 본래 '사람이 모두 지니고 행할 수 있는 쉬운 일'임에도 불구하고 "세상의 가르침이 쇠퇴하여 드물어졌다"는 주자의 진단은 오늘날의 '가치 교육 부재'와 '자극적인 사회 환경'을 비추어볼 때 큰 울림을 준다.

우리는 정보의 홍수 속에서 즉각적인 만족과 자극을 추구하며, 진득하게 자신을 돌아보고 꾸준히 옳은 것을 실천하는 훈련이 부족하다. '정신근육'을 기르지 않으면 작은 유혹에도 쉽게 흔들리고, 장기적인 목표를 향한 꾸준한 노력을 지속하기 어렵다.

따라서 이 구절은 '꾸준한 자기 수양'의 중요성을 역설한다. 중용은 단 한 번의 깨달음으로 완성되는 것이 아니라 매일매일의 작은 선택과 행동을 통해 반복적으로 실천해야 하는 덕목이다. 이는 마치 매일 꾸준히 운동을 하여 몸의 근육을 키우듯이, 정신과 마음의 근육인 '정신근육'을 훈련하여 어떤 상황에서도 흔들리지 않는 '내면의 힘'을 길러야 함을 의미한다.

'民鮮能久矣 민선능구의'는 결코 어려우니 포기하라는 말이 아니라 그 어려운 길을 꾸준히 걷는 소수의 가치와 노력이 더욱 빛난다는 격려로 해석될 수 있을 것이다.

일상의 중용 실천
꾸준한 운동과 건강한 습관 형성

대학생 천택리天澤履는 건강을 위해 운동을 시작했다가도 며칠 해내지 못하고 그만두기를 반복했다. "매일 꾸준히 운동해야 건강해진다"는 것은 너무나도 당연한 '중용의 덕(惟中庸之德爲至)'이지만 실천은 어려웠다.

운동을 너무 과하게 하면(過則失中) 몸에 무리가 와서 지쳤고, 너무 적게 하면(不及則未至) 효과가 없어 금방 포기하게 되었다. 주변 친구들도 대부분 운동을 꾸준히 하지 못했다. 마치 공자가 "民鮮能久矣민선능구의!"라고 한탄했던 것처럼, 그 역시 꾸준함을 유지하는 것이 쉽지 않았다.

천택리는 '중용'의 가르침을 떠올리며 자신의 운동 습관을 돌아보았다. 그리고 "중용은 본래 어려운 일이 아니다.(初無難事)"라는 깨달음을 얻고, 문제의 원인이 '세상의 가르침이 쇠퇴(世敎衰)'한 것처럼 주변에 퍼져 있는 게으름의 분위기와 스스로의 의지 부족에 있음을 인정했다.

그는 무리하게 하루에 많은 운동을 하려 하지 않고, '적절한 강도(中)'로 '매일 꾸준히(庸)' 운동을 하는 목표로 삼았다. 처음에는 짧게 10분이라도 매일 운동하고, 일주일 중 하루는 쉬는 '시중時中'의 지혜를 발휘했다. 피곤한 날에는 가볍게 스트레칭만 하고, 컨디션이 좋은 날에는 좀 더 강도 높은 운동을 했다. 이렇게 '꾸준함'을 유지하자, 점차 그의 몸은 건강해지고 정신적으로도 활력이 넘치게 되었다.

이제 천택리는 운동이 '일상의 평범한 이치(平常之理)'가 되어 습관으로 자리 잡았고, 더 이상 운동이 '어려운 일'이 아니게 되었다.

천택리의 경험은 '중용'이 결코 이상적인 개념이 아니라 일상의 작은 실천과 꾸준함을 통해 누구나 얻을 수 있는 지극히 현실적인 덕목임을 보여준다.

나를 바꾸는 질문
나의 '꾸준함' 도전

Q1 "중용은 지극히 높지만, 사람들이 오랫동안 실천하기 어렵다"는 공자의 말씀에 공감하는 내 삶의 영역은 어디인가? (예: 꾸준한 공부, 자기관리, 인간관계, 습관 형성 등)

Q2 : 어떤 일에서 '과過하거나 불급不及하여 중도를 잃었던' 경험이 있다면 무엇이었는가? 어떻게 하면 그 '중中'을 찾을 수 있었을까?

Q3 : "중용은 본래 어려운 일이 아니다."라는 가르침을 바탕으로, 나의 삶에서 '꾸준함'을 통해 이루고 싶은 한 가지 목표를 정하고, 그것을 위해 오늘부터 어떤 '작고 쉬운' 실천을 시작해볼 수 있을까?

도가 행해지지 않음과 밝게 드러나지 않는 이유

子曰 道之不行也, 我知之矣, 知者過之,

자왈 도지불행야, 아지지의, 지자과지,

愚者不及也; 道之不明也, 我知之矣, 賢者過之, 不肖者不及也.

우자불급야; 도지불명야, 아지지의, 현자과지, 불초자불급야.

人莫不飮食也, 鮮能知味也.

인막불음식야, 선능지미야.

공자께서 말씀하시기를,
"도道가 세상에서 제대로 행해지지 않는 까닭을 나는 알겠다.
총명한 자는 그것을 지나쳐 버리고,
어리석은 자는 그것에 미치지 못하기 때문이다.
도道가 세상에서 뚜렷하게 드러나지 못하는 까닭도 나는 알겠다.
어진 자는 그것을 지나치고,
불초한 자는 그것에 미치지 못하기 때문이다."

"사람은 누구나 음식을 먹지 않는 이가 없지만,
맛을 참되게 아는 자는 드물다."

주자의 주석으로 읽는
중용

　주자는 이 구절을 두고, "공자는 도가 행해지지 않는 이유(不行)를 아는데, 이는 '지혜로운 자(知者)는 지나치고, 어리석은 자(愚者)는 미치지 못하기 때문"이라고 하였다. 또한, "도가 밝게 드러나지 않는 이유(不明)를 아는데, 이는 '현명한 자(賢者)는 지나치고, 불초한 자(不肖者)는 미치지 못하기 때문"이라고 설명한다.

　주자는 여기서 '도道'를 "하늘의 이치는 당연함이며, 오직 중中일 뿐이다.(天理之當然, 中而已矣천리지당연, 중이이의)"라고 정의한다. 즉 도는 특별한 것이 아니라 모든 것이 마땅히 그래야 할 본연의 상태이자 중용의 이치라는 것이다. '지혜로운 자, 어리석은 자, 현명한 자, 불초한 자가 지나치거나 미치지 못하는(過不及)' 이유는, 그들이 타고난 기질生稟이 다르기 때문에 중용을 잃게 되는 것(失其中也)이라고 분석한다.

　주자는 도가 '행해지지 않는' 이유를 더욱 구체적으로 설명한다.
　'지혜로운 자'가 지나치는 것(知者知之過)은 "이미 도를 행할 가치가 없다고 여기기 때문"이다. 이들은 스스로 너무 뛰어나다고 생각하여 평범한 도의 가치를 낮게 보고 실천하려 하지 않는다.
　'어리석은 자'가 미치지 못하는 것(愚者不及知)은 "또한 도를 어떻게 행해야 할지 모르기 때문"이다. 이들은 도를 이해할 능력이나 의지가 없어 실천에 이르지 못한다. 이것이 "도가 항상 행해지지 않는 이유"라고 주자는 말한다.

다음으로 주자는 도가 '밝게 드러나지 않는' 이유를 설명한다.

'현명한 자'가 지나치는 것(賢者行之過)은 "이미 도를 알 필요가 없다고 여기기 때문"이다. 이들은 스스로 이미 충분히 알고 있다고 자만하여 더 이상 도를 탐구하려 하지 않는다. '불초한 자'가 미치지 못하는 것(不肖者不及行)은 "도를 어떻게 알아야 할지 찾으려 하지 않기 때문"이다. 이들은 도를 이해하려는 노력 자체를 하지 않는다.

이것이 "도가 항상 밝게 드러나지 않는 이유"라고 주자는 말한다.

마지막으로 공자께서 말씀하시기를 "人莫不飮食也, 鮮能知味也 인막불음식야, 선능지미야, 사람이 모두 먹고 마시지만, 그 맛을 제대로 아는 이는 드물다."라고 비유하였는데, 주자는 이 비유를 통해 "도는 잠시도 떠날 수 없지만, 사람들이 스스로 살피지 않기 때문에 지나치거나 미치지 못하는 폐단이 생긴다"고 설명한다. 즉 도는 우리 삶에 늘 존재하고 보편적인 것이지만, 사람들이 무관심하거나 제대로 이해하지 못해 중용을 잃게 된다는 것이다.

현대적 해석
나르시시즘과 무관심의 역설

이 단락은 현대사회에 만연한 '나르시시즘Narcissism과 무관심'이라는 양극단이 어떻게 개인의 성장과 사회의 발전을 저해하는지에 대한 깊은 통찰을 제공한다.

'지혜로운 자의 지나침(知者過之)과 현명한 자의 지나침(賢者過之)'은 오늘날 '엘리트주의나 오만'으로 해석될 수 있다. 이들은 자신의 지식이나 능력을 과신하여 새로운 지식을 배우려 하지 않거나 보편적인 가치(道)를 무시하고 자신만의 방식을 고집한다. '내가 최고'라는 생각에 갇혀 타인의 의견을 무시하고, 사회의 중요한 문제에도 '이미 다 아는 것'이라며 심드렁하게 반응한다. 이는 결국 혁신과 성장을 가로막는 오만이 된다.

반대로 '어리석은 자의 미치지 못함(愚者不及也)'과 '불초한 자의 미치지 못함(不肖者不及也)'은 '무관심, 무기력, 게으름'과 연결된다. 이들은 배우고 실천하려는 의지 자체가 부족하여, 도의 존재조차 알지 못하거나 알려고 하지 않는다. 심각한 사회문제에도 '나와는 상관없는 일'이라며 외면하거나 자신의 삶에 대해서조차 책임감을 느끼지 못한다. 이는 개인의 발전을 저해할 뿐만 아니라 공동체의 퇴보를 불러오는 원인이 된다.

결국 "도道는 하늘 이치의 당연함이며 중용일 뿐이다."라는 주자의 설명처럼, 도는 결코 특별하거나 어려운 것이 아니다. 그러나 사람들이 '스스로 살피지 않기 때문에(人自不察) 지나치거나 미치지 못하는 폐단'이 생긴다는 주자의 통찰은, '자기 인식(Self-awareness)과 성찰(Reflection)'의 부재가 얼마나 큰 문제를 가져오는지 보여준다.

마치 "모두 먹고 마시지만 맛을 아는 이는 드물다"는 공자의 비유처럼, 우리는 삶을 살아가지만 그 본질적인 의미와 가치를 제대로 파악하지 못하고 표면적인 현상에만 집착하며 살아가는 경우가 많다. 이는 '겉만 아는 삶'의 비극을 경고하며, 본질을 탐구하고 중용의 도를 실천하려는 꾸준한 노력을 촉구함이다.

일상의 중용 실천
정보의 바다에서 '과하게 아는 척함'과 무관심

정보기술 분야의 박사 과정을 밟고 있는 지천태地天泰 씨는 최신 기술 동향에 대해 누구보다 잘 안다고 자부했고, 그래서 다른 사람들의 의견이나 기초 지식의 중요성을 낮게 평가하는 경향이 있었다. "이미 다 아는 것", "나보다 모르는 사람들이나 배우는 것"이라고 생각하며 자신의 지식에 대한 '과도한 자신감(知者過之)'에 빠져 있었고, 이는 새로운 아이디어를 받아들이고 협업하는 데 방해가 되었다.

반면, 그의 동료 중 일부는 새로운 기술을 배우는 것을 아예 포기했다. "어차피 어려워서 못해.", "나랑 상관없는 일이야."라며 '무관심하거나 배우려 하지 않는(不肖者不及行)' 태도를 보였고, 이들은 기술의 변화 속도를 따라가지 못해 결국, 자신의 업무 역량이 뒤처지는 결과를 초래했다.

이러한 모습은 '도道가 행해지지 않고 밝게 드러나지 않는' 현대 사회의 단면을 보여준다. 즉 지식인들은 아는 것이 많아 도를 '지나치게' 여기고 실천하지 않으며, 평범한 사람들은 '미치지 못해' 도를 이해하거나 행하려 하지 않는 것이다.

지천태地天泰 씨는 어느 날 자신의 오만함이 새로운 학습을 방해하고 있음을 깨달았다. 그는 "사람은 모두 먹고 마시지만 맛을 아는 이는 드물다"는 비유처럼, 자신이 기술의 겉모습만 쫓았을 뿐 그 근본적인 '맛(道)'을 제대로 알지 못했음을 인정했다. 이후 그는 겸손한 자세로 다른 사람들의 의견을 경청하고, 기초 지식을 다시 다지며 '중용'적인 학습 태도를 갖추려 노력했다. 그리고 그의 이러한 변화는 팀 내 협업을 강화하고 더 나은 연구 성과를 내는 데 기여했다.

나를 바꾸는 질문
나의 '지나침'과 '미치지 못함' 분석

Q1. 그동안의 삶의 과정에서 '지나쳤던(過)' 부분(예: 과도한 자신감, 특정 분야에 대한 편견, 남의 의견 무시 등)과 '미치지 못했던(不及)' 부분(예: 새로운 것을 배우는 데 게으름, 중요한 문제에 대한 무관심, 도전 회피 등)은 각각 무엇이었는가?

Q2 : "사람은 모두 먹고 마시지만 그 맛을 아는 이는 드물다"는 비유처럼, 나는 일상생활 속에서 당연하게 여기는 것들(관계, 일, 여가 등)의 '진정한 맛(본질)'을 얼마나 깊이 이해하고 있는가?

Q3 : 앞으로 '지나침과 미치지 못함'의 폐단을 극복하고, 삶의 모든 영역에서 '중용'의 도를 행하고 밝히기 위해 어떤 구체적인 노력을 해볼 수 있을까?

도道가 행해지지 않는 시대

子曰 道其不行矣夫!

자왈 도기불행의부!

공자께서 말씀하셨다.

"도道가 아마도 행해지지 못할 것이로다!"

주자의 주석으로 읽는
중용

공자는 감탄사 '夫부'를 사용하여, "도道가 아마도 행해지지 않을 것이다!"라고 탄식하고 있다. 이는 단순한 예측이 아니라 세상에서 도의 가르침과 실천이 점차 사라져가는 현실에 대한 깊은 안타까움과 우려를 담고 있다.

주자는 이 탄식의 이유를 "도가 밝게 드러나지 않기 때문에 행해지지 않는다."라고 간결하게 설명한다. 이는 도의 존재와 가치를 사람들이 제대로 인식하지 못하고, 그 이치가 명확하게 알려지지 않았기 때문에 실천 또한 이루어지지 않는다는 점을 지적한다. 즉 사람들이 '도道'를 이해하지 못하고 중요하게 여기지 않는다면, 아무리 좋은 '도道'라도 현실에서는 실천될 수 없다는 것이다.

주자는 이 단락이 앞 단락을 이어받아 도가 행해지지 않는 단서(실마리)를 들어 다음 장의 의미를 일으키는 것이라고 설명했다. 이는 짧은 구절이지만, 앞선 장에서 언급된 '지자知者의 과過'와 '우자愚者의 불급不及'으로 인해 도가 행해지지 못하는 현실을 다시금 강조하고, 이제부터 구체적으로 어떤 사람들이 도를 실천할 수 있고, 없는지에 대한 논의로 넘어가는 연결 고리 역할을 하는 단락이다.

현대적 해석
'가치 불감증' 시대의 탄식

이 단락은 현대사회의 '가치 불감증'에 대한 공자의 탄식으로 해석될 수 있다. "도道가 행해지지 않을 것이다!"라는 공자의 깊은 한숨은, 오늘날 우리 사회가 겪는 '공동체 가치 약화'와 '도덕적 혼란'에 대한 우려와 맞닿아 있다. 물질적 풍요와 기술 발전에도 불구하고, 사회 곳곳에서 이기주의, 무책임, 편법이 만연하다. 사람들은 진정한 행복과 의미를 잃은 채 방황한다. 이는 '도', 즉 인간으로서 마땅히 지켜야 할 보편적인 가치와 윤리적 기준이 더 이상 '밝게 드러나지 않고(不明)' 그로 인해 '실천되지 않는(不行)' 현실을 반영한다.

주자가 지적했듯이, "도가 밝지 않기 때문에 행해지지 않는다"는 것은 '가치의 희석과 지식의 단절'을 의미한다. 사람들은 무엇이 옳고 그른지, 무엇이 진정으로 가치 있는 일인지 명확히 알지 못하거나, 알아도 깊이 공감하지 못한다. 이는 교육 시스템이 단편적인 지식 전달에만 치중하고 삶의 본질적인 가치 교육을 소홀히 할 때 더욱 심화된다. 또한 도덕적 리더십이 부재하고, 진정한 모범이 될 만한 인물이 드물어질 때, 사람들은 도를 따를 동기를 잃게 된다.

따라서 이 단락은 우리에게 "무엇이 진정한 도道인가?"라는 근본적인 질문을 던지며, 그것을 '밝게 드러내고(明) 적극적으로 실천(行)'하려는 노력의 필요성 을 일깨운다. 이는 단순히 개인의 문제가 아니라 사회 구성원 전체가 함께 고민하고 실천해야 할 공동의 과제다.

공자의 탄식이 비극적인 절망이 아니라 현 상황을 정확히 인지하고 더 나은 미래를 향해 나아가기 위한 '경각심(sense of urgency)'을 주는 메시지로 받아들여져야 한다.

일상의 중용 실천
환경문제에 대한 무지와 무행

최근 심각해지는 기후 변화와 환경오염 문제에 대해 많은 사람이 우려를 표한다. '환경보호'라는 것은 인류가 함께 살아가야 할 이 지구라는 공간을 지켜야 할 보편적인 '도道' 중 하나다. 그러나 여전히 일상생활에서는 무분별한 일회용품 사용, 쓰레기 무단투기, 에너지 낭비와 같은 환경 파괴적인 행동이 만연하다. 이는 마치 공자가 탄식한 "道其不行矣夫도기불행의부!" 즉 "군자의 도는 크고 깊지만, 세상에서는 아마도 실천되기 어려울 것이다."라는 말의 현대적 예시와 같다.

　많은 사람들이 '환경보호의 중요성'에 대해 피상적으로는 알고 있지만, 그 원리와 자신의 행동이 미치는 영향을 깊이 이해하지 못한다. 예를 들어, 플라스틱 사용이 해양 생태계에 미치는 영향이나 탄소 배출이 기후 변화에 어떻게 연결되는지 '밝게 알지 못한다.(不明)' 단순히 '불편해서' 혹은 '귀찮아서' 친환경적인 생활방식을 '실천하지 않는(不行)' 것이다. 심지어 일부 기업들은 환경 규제를 무시하거나 편법을 동원하여 이익을 추구하기도 한다. 이는 '도'가 '불명'하기 때문에 '불행不行'하는 현상을 명확히 보여준다.

　이러한 상황에서 공자의 탄식은 우리에게 중요한 질문을 던진다. "왜 우리는 이토록 중요한 도를 실천하지 못하는가?" 이는 지식의 부족뿐만 아니라 그 지식을 행동으로 옮기려는 의지, 즉 도덕적 실천의 문제임을 시사한다.

　우리는 더 이상 환경보호를 '선택 사항'이 아닌, 인류의 생존과 직결된 '피할 수 없는 도'로 인식하고, 이를 '밝게 알고(明) 적극적으로 행하기(行)' 위해 노력해야 한다. 공자의 탄식은 현재의 문제점을 냉철하게 인식하고, 더 나은 미래를 향한 행동을 촉구하는 경고등 역할을 하고 있다.

나를 바꾸는 질문
나의 '불행不行'과 '불명不明' 깨닫기

Q1 : 나의 삶이나 내가 속한 공동체에서 '도가 행해지지 않는다고

(道其不行矣夫!)' 느꼈던 부분이 있다면 무엇이었는가? (예 : 특정 가치가 실천되지 않는 조직문화, 개인의 게으른 습관, 사회적 무관심 등)

Q2 : 주자가 "밝게 드러나지 않기 때문에 행해지지 않는다.(由不明, 故不行)"고 말한 것처럼 중요하다고 생각하지만 잘 실천되지 않는 어떤 일에 대해, 그 원인이 '앎의 부족(不明)' 때문인지 아니면 '실천 의지의 부족(不行)' 때문인지 성찰해 보자.

Q3 : 공자의 탄식을 단순히 절망으로 받아들이기보다 '경각심'으로 삼아, 내가 생각하는 '도'를 좀 더 '밝게 드러내고(明) 적극적으로 실천(行)'하기 위해 어떤 작은 노력을 해볼 수 있을까?

질문하고 경청하며 중용을 찾다 :
순임금의 '대지大知'

子曰 舜其大知也與! 舜好問而好察邇言,

자왈 순기대지야여! 순호문이호찰이언,

隱惡而揚善, 執其兩端, 用其中於民, 其斯以爲舜乎!

은악이양선, 집기양단, 용기중어민, 기사이위순호!

공자께서 말씀하셨다.
"순舜은 참으로 큰 지혜를 가진 분이로다! 순은 묻기를 좋아하고,
가까운 이들의 말을 잘 살폈으며, 남의 악은 감추어 주고,
선은 드러내어 칭찬하였다. 양쪽 끝을 잡되,
그 가운데(中庸)를 백성에게 사용하였다.
이것이 바로 그를 순이라 한 까닭이 아니겠는가!"

주자의 주석으로 읽는
중용

주자는 순임금을 '위대한 지혜(大知)'를 지닌 사람이라고 감탄하면서 그렇게 볼 이유를 다음과 같이 설명한다.

첫째, "舜好問而好察邇言 순호문이호찰이언, 순은 묻기를 좋아하고, 가까운 말(낮은 곳의 말)을 살피기를 좋아했다."

주자는 '이언邇言'을 '천근한 말(淺近之言)'로 풀이하며, 아무리 하찮고 평범한 말이라도 반드시 살폈으니(猶必察焉), 이는 선한 것을 놓치지 않으려는 태도(其無遺善可知)를 보여준다고 풀이했다. 이는 겸손하게 배우고 경청하는 자세를 강조한다.

둘째, "隱惡而揚善 은악이양선, 악한 것은 숨기고 선한 것은 드러냈다."

주자는 "사람들의 말 중에 선하지 않은 것은 숨겨서 드러내지 않고(隱而不宣), 선한 것은 널리 알리고 숨기지 않았으니(播而不匿), 그 광대하고 공명정대함이 이와 같았으므로 누가 기꺼이 좋은 말을 해주지 않겠는가?"하고 반문한다. 이는 타인의 단점을 덮어주고 장점을 격려하여 공동체의 선한 기운을 북돋는 리더십을 보여준다.

셋째, "執其兩端 用其中於民 집기양단 용기중어민, 그 양 극단을 잡아서, 그 중도를 백성들에게 적용했다."

주자는 '양단兩端'을 "여러 논의가 서로 다른 극단(衆論不同之極致)"이라고 정의한다. 즉 모든 사물에는 크고 작음, 두텁고 얇음과 같은 양 극단이 있듯이, 사람들의 의견이나 상황에도 다양한 극단이 존재한다. 순임금은 이처럼 선한 것들 사이에서도 양 극단을 잡고 '헤아리고 측정하여(量度) 중도를 취한(取中)' 다음, 그것을 백성들에게 적용했다. 이는 선택이 신중하고(擇之審), 실천이 지극했음(行之至)을 의미한다. 주자는 이러한 중용의 실천이 "나에게 있는 헤아리는 권한이 정밀하고 틀리지 않았다면(非在我之權度精切不差) 어떻게 이럴 수 있었겠는가?"라며 순임금의 탁월한 판단력을 강조한다.

결론적으로 주자는 "此知之所以無過不及 而道之所以行也 차지소이무과불급 이도지소이행야, 이것이 지혜로움이 지나치거나 미치지 못함이 없어 중용을 이룬 이유이며, 도道가 행해진 이유이다."라고 마무리한다. 이는 순 임금의 지혜가 바로 중용의 핵심이며, 그 지혜 덕분에 도道가 세상에 널리 행해질 수 있었음을 역설함이다.

현대적 해석
포용적 리더십과 갈등조정 능력

이 단락은 현대사회에서 요구되는 '포용적 리더십(Inclusive Leadership)'과 '갈등조정 능력(Conflict Resolution)'의 중요성을 강조하고 있다. 순임금의 '대지大知'는 단순히 지식의 양이 많음을 넘어, 다양한 목소리를 경청하고 복잡한 문제 속에서 최적의 균형점을 찾아내는 '실천적 지혜'를 의미한다. 특히, 평범하거나 사소해 보이는 말에도 귀를 기울여 듣는 태도는 오늘날 '경청'과 '다양성 존중(diversity & inclusion)'의 리더십과 맞닿아 있다. 조직의 최상위 리더가 현장의 작은 목소리나 신입 직원의 아이디어까지도 경청할 때, 진정한 혁신과 포용적 문화가 만들어질 수 있다.

'선하지 않은 것은 숨겨서 드러내지 않고 선한 것은 드러내는' 태도는 현대사회의 '긍정적 조직문화' 형성에 큰 시사점을 준다. 사소한 실수나 부족한 점은 너그럽게 덮어주고, 작은 성과나 좋은 점은 적극적으로 인정하고 칭찬함으로써 구성원들의 사기를 북돋고 선한 행동을 유도하는 리더십이다. 이는 타인의 단점을 비난하기보다 강점을 부각하여 시너지를 창출하는 효과적인 방법이다.

'양 극단을 잡고 그 중도를 백성들에게 적용하는' 것은 오늘날 '갈등조정과 합리적 의사결정' 능력의 핵심이다. 이해관계가 복잡하게 얽혀 있거나, 서로 대립하는 의견이 팽팽한 상황에서 리더는 단순히 한쪽 편을 드는 것이 아니라 모든 주장(양단)을 충분히 검토하고 분석하여 모두가 납득할 수 있는 최적의 합의점(中)을 찾아야 한다. 이는 '정확한 상황 판단과 정의로운 판단력'을 요구하며, 이러한 지혜를 통해 사회 전체에 조화와 안정을 가져오는 '도道의 행해짐'을 이끌어낼 수 있다.

일상에서의 중용 실천
팀 프로젝트에서의 리더십

대학생 천지비天地否 씨는 팀 프로젝트 리더를 맡게 되었다. 팀원들 중 일부는 매우 혁신적이지만 다소 비현실적인 아이디어를 주장했고(한쪽 극단), 다른 일부는 안정적이지만 변화를 꺼리는 보수적인 입장을 고수했다.(다른 쪽 극단)

팀 내에서 의견 대립이 심화되면서 프로젝트 진행이 어려워지면서 천지비 씨는 순임금의 '대지大知'를 떠올렸다. 그녀는 먼저 '묻기를 좋아하고 가까운 말(邇言)을 살피기를 좋아하는' 순임금처럼 모든 팀원들의 의견을 차별 없이 경청했다. 특히, 소극적인 팀원이 내는 작은 의견에도 귀를 기울여 아이디어를 끌어냈다. 또한, 특정 팀원이 비현실적인 주장을 했을 때 바로 비판하기보다는 그의 열정을 긍정적으로 평가하며(揚善), 그 아이디어의 한계점은 간접적으로 언급하며(隱惡) 스스로 깨닫게 했다.

가장 중요한 것은 '양 극단을 잡고 그 중도를 사용'하는 능력이었다. 천지비 씨는 혁신적인 아이디어의 장점과 안정적인 방식의 장점을 모두 고려하여, 두 극단 사이에서 가장 적절한 '타협점(중용)'을 찾고자 노력했다. 예를 들어, 혁신적인 아이디어 중 현실성이 있는 부분은 과감히 도입하되, 안정성을 확보할 수 있는 구체적인 실행 계획을 덧붙이는 식이다. 그녀의 이러한 포용적 리더십과 탁월한 갈등조정 능력 덕분에 팀은 성공적으로 프로젝트를 마무리할 수 있었고, 모든 팀원들은 자신의 의견이 존중받았다고 느끼며 만족했다. 이는 '지혜로움이 지나치거나 미치지 못함이 없어, 도가 행해진' 순임금의 지혜가 현대의 팀 리더십에 어떻게 적용될 수 있는지를 보여주는 좋은 예시다.

나를 바꾸는 질문
나의 '포용적 리더십' 발휘하기

Q1 : 내가 속한 그룹(팀, 가족, 동아리 등)에서 서로 다른 의견이나 갈등이 있을 때, '순임금의 대지'처럼 '묻고 살피며' 경청했던 경험이

있었는가?

Q2 : '악한 것은 숨기고 선한 것은 드러내는(隱惡揚善)' 태도가 나의 관계나 공동체 분위기에 어떤 긍정적인 영향을 미칠 수 있다고 생각하는가? 그리고 어떻게 이것을 실천해 볼 수 있을까?

Q3 : 서로 다른 '양 극단'의 의견을 조율하여 '중도'를 찾는 '갈등 조정자' 역할을 해야 한다면, 순임금처럼 어떤 구체적인 지혜를 발휘해 보고 싶은가?

앎을 자처하지만 함정에 빠지는 역설

子曰 人皆曰予知, 驅而納諸罟擭陷阱之中, 而莫之知辟也.
자왈 인개왈여지, 구이납저고확함정지중, 이막지지피야.

人皆曰予知, 擇乎中庸而不能期月守也.
인개왈여지, 택호중용이불능기월수야.

공자께서 말씀하셨다.
"사람들은 모두 '내가 지혜롭다'고 말한다.
그러나 그들을 몰아 그물이나 올가미, 함정 속에 들여보내도
스스로 피할 줄을 아는 자가 없다.
사람들은 모두 '내가 지혜롭다'고 말한다.
그러나 중용을 택해 놓고도 한 달도 지켜내지 못한다."

주자의 주석으로 읽는
중용

주자는 '고罟'를 그물, '확擭'을 기계장치로 된 덫, '함정陷阱'을 구덩이 함정으로 풀이하며, 이들은 모두 짐승을 잡는 도구라고 설명한다. 이 비유는 사람들이 재앙이 닥칠 줄 알면서도 이를 피하지 못

하는 어리석음을 꼬집는다.

"人皆曰予知, 擇乎中庸而不能期月守也. 인개왈여지, 택호중용이불능기월수야, 사람들이 모두 '나는 안다'고 말하지만, 중용中庸을 선택하고도 한 달(期月)도 채 지키지 못한다."

주자는 이 구절의 해설에 있어 '중용을 선택한다(擇乎中庸)'는 것을 "뭇 이치를 분별하여 이른바 중용을 구하는 것"이라고 설명하며, 이는 앞 장에서 순임금이 "묻기를 좋아하고 중도를 사용한(好問用中)" 일과 같다고 연결한다. '기월期月'은 한 달이 찼음을 뜻한다.

주자는 이 두 구절을 총괄하여 "재앙을 알면서도 피할 줄 모르는 것이, 중용을 선택할 줄 알면서도 지키지 못하는 것과 같으니, 이 모두를 '안다'고 할 수 없다"고 결론을 내린다. 즉 진정으로 안다는 것은 단순히 지식을 습득하는 것을 넘어, 그 지식을 바탕으로 현명하게 행동하고 꾸준히 실천하는 것임을 강조한다. 지혜롭다고 자처하지만 실제로는 어리석게 행동하고, 좋은 것을 알면서도 꾸준히 실천하지 못하는 것이야말로 진정한 '앎'이 아니라는 것이다.

이 장은 앞 장에서 순임금의 위대한 지혜를 언급한 것을 이어받아, (도가) 밝게 드러나지 않는 단서(실마리)를 다시 들어 다음 장의 의미를 일으키는 것이라고 설명하였다.

앞 장에서 순임금의 '대지'를 통해 중용 실천의 이상적인 모습을 보여줬다면, 이 장에서는 대다수 사람들의 중용 실천 실패를 통해 그 어려움과 함께 '도'가 왜 '불명不明'한지 다시 한 번 드러내고 있다.

현대적 해석
인지 부조화와 실천력 부재의 문제

이 단락은 현대사회의 '인지 부조화(cognitive dissonance)와 실천력 부재'라는 근본적인 문제를 날카롭게 꼬집었다. "사람들은 모두 '나는 안다'고 말하지만, 함정 속으로 몰려 들어가면서도 피할 줄 모른다"는 공자의 탄식은, 우리가 정보의 홍수 속에서 많은 지식을 쌓고 스스로 현명하다고 생각하지만, 정작 자신에게 닥쳐올 위험이나 비합리적인 행동을 인지하지 못하고 반복하는 현실과 매우 유사하다.

예를 들어, 건강에 해로운 줄 알면서도 끊지 못하는 습관, 장기적인 성공을 위해 중요한 일보다 단기적인 만족을 좇는 행동 등이 이에 해당한다. 이는 '앎'과 '행함' 사이의 괴리, 즉 '아는 것과 실천하는 것'의 차이를 극명하게 보여준다.

또한 "중용을 선택하고도 한 달도 채 지키지 못한다"는 지적은 현대인의 '작심삼일' 습관과 '꾸준함의 결여'를 그대로 드러낸다. 우리는 좋은 습관, 현명한 생활방식, 윤리적 가치가 무엇인지는 잘 알고 있다. '워라밸'이나 '미라클 모닝'같은 개념들은 모두 중용적이고 바람직한 삶의 방식을 지향한다. 하지만 이를 '선택'하는 것은 쉽지만, '한 달'은커녕 며칠조차 꾸준히 '지키는 것'은 극히 어렵다. 이는 '의지력 부족과 자기 통제 실패'의 문제이며, 진정한 '앎'은 '꾸준한 실천'을 통해 완성된다는 중요한 메시지를 전달한다.

결론적으로, 이 단락은 진정한 '앎'이란 단순히 머리로 아는 지식을 넘어, 그것을 삶 속에서 현명하게 적용하고 꾸준히 실천하여 '위험을 피하고 중도를 지키는 능력'임을 강조한다. 즉 겉으로 보이는

'지식의 양'보다 실제 삶에서 발휘되는 '실천적 지혜'가 훨씬 중요하다는 점을 역설한다.

일상의 중용 실천
건강 지식과 비만율 증가의 역설

사람들은 건강에 대한 정보를 누구보다 많이 알고 있다. 저염식, 저탄고지低炭高脂, 운동의 중요성, 수면의 질 등 건강 관련 지식은 인터넷과 미디어를 통해 쉽게 접할 수 있다. 모두가 "나는 안다人皆曰 予知)"고 말할 정도로 건강 지식이 풍부하다.

하지만 동시에 비만율은 계속 증가하고, 만성질환 환자수도 줄어들지 않는다. 이는 마치 '함정 속으로 몰려 들어가면서도 피할 줄 모르는' 역설과 같다. 건강에 해로운 음식이 '함정'인 줄 알면서도, 즉각적인 만족을 좇아 건강하지 못한 식습관을 유지하는 것도 마찬가지다.

또한, '중용적인 식습관(적절한 양, 영양 균형)'이나 '규칙적인 운동'이 건강에 좋다는 것은 누구나 아는 사실이다. 이는 '중용을 선택하는 것'과 같다. 그러나 '한 달'은커녕 일주일도 채 되지 않아 운동을 포기하거나 식단 관리에 실패하는 경우가 다반사다. '중용을 선택하고도 한 달도 채 지키지 못하는' 현실인 셈이다.

이러한 현상은 진정한 '앎'이 '실천'으로 이어지지 않을 때 나타나는 폐해를 명확히 보여준다. 건강에 대한 지식은 넘쳐나지만, 이를 생활 속에서 꾸준히 실천하는 '실천력과 자기 통제력'이 부족하기 때문에 '지혜롭다'고 말할 수 없게 되는 것이다. 결국 이 구절은 단편적인 지식 습득을 넘어, 아는 바를 삶 속에서 꾸준히 적용하고 실천하는 '행동하는 지혜'가 얼마나 중요한지를 강조한다.

나를 바꾸는 질문
나의 '앎'과 '실천'의 간극 메우기

Q1. "나는 안다(予知)"고 생각하지만, 실제로는 그 지식대로 행동하지 못해서 '함정'에 빠졌던 경험이 있다면 무엇인가? (예: 알면서도 미룬 일, 건강에 해로운 습관, 인간관계 실수 등)

Q2 : 당신이 '중용'이라고 생각하는 어떤 좋은 습관이나 가치를 '선택'했지만, '한 달'도 채 되지 않아 지키지 못했던 경험이 있다면 무엇인가? 그 이유는 무엇이었다고 생각하는가?

Q3 : 진정한 '앎'은 '실천'에 있다는 공자의 가르침을 바탕으로, 당신이 아는 좋은 것들을 삶에서 꾸준히 지키기 위해 어떤 구체적인 계획(작은 습관, 규칙적인 점검, 동기부여 방법 등)을 세워볼 수 있을까?

안연의 득일선得一善과 권권복응拳拳服膺

子曰 回之爲人也, 擇乎中庸, 得一善, 則拳拳服膺而弗失之矣.
자왈 회지위인야, 택호중용, 득일선, 즉권권복응이불실지의.

공자께서 말씀하셨다.
"안회는 사람됨이 중용을 지향하고, 하나의 선이라도 깨달으면
정성껏 마음속 깊이 간직하여 결코 잃어버리지 않는다."

주자의 주석으로 읽는
중용

공자께서는 '회回'의 사람됨을 칭찬하며, 그가 중용을 선택하고 (擇乎中庸), 한 가지 선을 얻으면(得一善), 마치 두 손으로 무엇을 받들고 품에 간직하듯이(拳拳服膺) 굳게 지켜 잃지 않았다.(弗失之矣)

주자는 여기서 '회回'가 공자의 제자인 안연顔淵의 이름임을 밝히고, '권권拳拳'은 '받들어 지니는 모습(奉持之貌)'을 의미한다고 설명한다. '복服'은 '몸에 붙이다, 마음에 새기다(猶著也)'와 같고, '응膺'은 '가슴(胸)'을 뜻한다. 즉 '권권복응'은 그 선함을 받들어 마음에 깊이 간직하여 잊지 않고 늘 지니고 있음을 비유적으로 표현한 것이다.

주자는 이를 '능히 지킬 줄 안다(言能守也)'는 뜻이라고 풀이한다.

주자는 안연이 이처럼 중용을 잘 실천하고 선함을 굳게 지킬 수 있었던 이유를 "안연은 참으로 도를 알았기 때문에 능히 (중용을) 선택하고 능히 지킬 수 있었던 것"이라고 강조한다. 즉 진정한 '앎(知)'은 단순히 지식의 습득이 아니라 그 지식을 바탕으로 올바른 것을 선택하고 그것을 꾸준히 실천하여 '지키는(守)' 능력임을 역설한다.

결론적으로 주자는 "이것이 그의 행동이 지나치거나 미치지 못함이 없었던 이유이며, 도가 밝게 드러난 이유이다.(此行之所以無過不及, 而道之所以明也)"라고 하였다.

앞에서 도가 '불행不行'하고 '불명不明'한 이유를 설명했다면, 안연의 사례를 통해 중용을 실천함으로써 도가 어떻게 '행해지고(行)' '밝게 드러나는지(明)' 그 모범을 보여주는 것이다.

현대적 해석
핵심가치 집중과 인내심 있는 실천

이 단락은 현대사회의 '핵심가치 집중(Focus on Core Values)'과 '인내심 있는 실천(Patient Practice)'의 중요성을 강조한다. 안연이 "중용을 선택하고 한 가지 선을 얻으면 굳게 지켰다"는 것은, 우리가 모든 것을 다 잘하려고 하기보다는, 자신에게 가장 중요하다고 생각하는 '한 가지 핵심가치'나 '선한 원칙'을 명확히 설정하고, 그것을 흔들림 없이 꾸준히 실천하는 것의 힘을 보여준다. 혼란스러운 세상 속에서 너무 많은 정보와 가치들에 휩쓸리기 쉬운 현대인들에게 '우선순위 설정'과 '선택과 집중'의 중요성을 일깨운다.

특히, '권권복응拳拳服膺'이라는 표현은 단순히 머리로 아는 것을 넘어, 마치 귀중한 보물을 두 손으로 받들고 가슴에 품듯이, '온 마음을 다해 소중히 여기고 실천하려는 강한 의지'를 의미한다. 이는 '핵심가치'를 자신의 삶에 완전히 내재화하여, 어떤 유혹이나 어려움 속에서도 그것을 잃지 않고자 하는 '강한 내면의 힘(Resilience)'을 뜻한다. '작심삼일'에 그치지 않고 꾸준함을 유지하는 '성실성'과 '인내심'이 바로 이 '권권복응'의 현대적 의미라 할 수 있다.

안연의 사례는 진정한 '앎(知)'이 단순히 지적 이해에 그치는 것이 아니라 '선택(擇)'하고 '지키는(守)' '실천적 지혜'임을 보여준다. 그의 행동이 '지나치거나 미치지 못함이 없이' 중용을 이루고, 그로 인해 "도道가 밝게 드러났다"는 것은, 개인이 자신의 핵심가치를 명확히 하고 꾸준히 실천할 때, 그 선한 영향력이 주변에 확산되어 사회 전체의 도덕적 기풍을 고양시킬 수 있음을 시사한다. 이는 '개인의 성숙이 곧 공동체의 발전'으로 이어진다는 중요한 메시지를 전달한다.

일상의 중용 실천
'에코 라이프'를 실천하는 직장인

직장인 지산겸地山謙 씨는 환경문제에 깊이 공감하고, 진정으로

'지속 가능한 삶'을 살겠다는 '한 가지 선(得一善)'을 마음에 새겼다.

그녀는 '중용'을 선택하여 무조건적으로 모든 소비를 끊는 극단적인 '제로 웨이스트'를 지향하기보다는, 자신의 생활방식에 맞춰 실천 가능한 것부터 꾸준히 시작하기로 했다.

지산겸 씨는 마치 안연이 '권권복응拳拳服膺' 하듯이, '플라스틱 사용 줄이기'라는 목표를 마음에 굳게 새겼다. 마트에 갈 때는 늘 개인 장바구니와 에코백을 챙겼고, 카페에서는 텀블러를 사용하며 일회용 컵을 사용하지 않았다. 처음에는 불편했지만, "이 작은 실천이 지구를 지키는 데 기여한다"는 자신의 신념을 잃지 않으려 노력했다. 때로는 깜빡 텀블러를 놓고 가는 날도 있었지만, 다음 날에는 더 철저히 준비하며 '잃지 않으려(弗失之矣)' 노력했다.

이러한 꾸준한 실천 덕분에 그녀의 생활에서는 자연스럽게 '지나치거나 미치지 못함이 없이(無過不及)' 중용적인 친환경 습관이 자리 잡았다. 그녀의 행동은 주변 동료들에게도 긍정적인 영향을 미쳐, 많은 사람들이 개인 컵을 사용하거나 비닐봉투 대신 장바구니를 사용하는 등 작은 친환경 실천에 동참하게 되었다.

그녀의 '행동하는 선함'은 '도道가 밝게 드러나는(道之所以明也)' 모습을 보여주며, '선한 영향력'이 어떻게 개인의 꾸준한 실천으로부터 시작되는지를 증명한다. 이는 개인의 핵심가치에 대한 집중과 인내심 있는 실천이 어떻게 자신과 공동체를 변화시키는지 보여주는 현대적 예시다.

나를 바꾸는 질문
나의 '한 가지 선善'을 찾고 지키기

Q1 : 내 삶에서 '중용'이라고 생각하며 '선택하고 싶은 한 가지 선善'이 있다면 무엇인가? (예 : 꾸준한 운동, 독서, 친절한 말씨, 정직함, 나눔 등)

Q2 : '拳拳服膺 권권복응'처럼, 그 '한 가지 선善'을 나의 마음속에 굳게 새기고 '결코 잃지 않기 위해' 어떤 구체적인 노력을 해볼 수 있을까? (예 : 매일 다짐하기, 작은 실천 목표 세우기, 주변에 알리기 등)

Q3 : 만약 이처럼 '한 가지 선'을 굳게 지키며 꾸준히 실천한다면, 나의 삶이 어떻게 '지나치거나 미치지 않음 없이' 중용을 이루고, 그로 인해 당신 주변에 어떤 '선한 영향력'이 나타날 것이라고 기대하는가?

천하를 다스리고
죽음을 무릅쓰는 것보다 어렵다

子曰 天下國家可均也, 爵祿可辭也, 白刃可蹈也, 中庸不可能也.
자왈 천하국가가균야, 작록가사야, 백인가도야, 중용불가능야.

공자께서 말씀하셨다.
"천하와 나라를 다스리는 일도, 벼슬과 녹봉을 버리는 일도,
죽음을 무릅쓰고 칼날 위를 밟는 일도 할 수 있다.
하지만 늘 중용의 도를 지켜 살아가는 것은 참으로 어려운 일이다."

주자의 주석으로 읽는
중용

주자는 이 구절을 "천하와 국가를 평화롭게 다스릴 수 있고(天下國家可均也), 높은 벼슬과 녹봉을 사양할 수 있으며(爵祿可辭也), 날 선 칼날을 밟을 수도 있지만(白刃可蹈也), 중용은 (스스로) 불가능하다.(中庸不可能也)"라고 설명하였다. 여기서 '균均'은 "평화롭게 다스리다."라는 뜻이다.

주자는 공자가 언급한 세 가지 일(천하를 다스림, 벼슬을 사양함, 죽음을

무릅씀)이 '지知, 인仁, 용勇'이라는 덕목과 관련되어 있으며, 천하에서 지극히 어려운 일(天下之至難也)이라고 인정한다.

하지만 주자는 이러한 어려운 일들조차도 "반드시 중용에 합치하지 않더라도, 본질적으로 중용과 비슷해 보이는 사람이라면 힘(力)으로 해낼 수 있다"고 설명하였다. 예를 들어, 탐욕 없이 벼슬을 사양하는 것처럼 보이지만 실제로는 명예를 좇거나, 용기 있게 죽음을 무릅쓰는 것처럼 보이지만 사실은 무모한 혈기에 불과할 수 있다는 것이다. 즉 외형적으로는 어려운 일을 해낸 것처럼 보일지라도, 그 동기나 과정이 중용의 도리에 완벽히 부합하지 않을 수 있다는 점을 지적하는 것이다.

그러나 중용中庸 에 대해서는 "비록 이 세 가지 일처럼 항상 지극히 어렵지는 않지만, '의리(義)에 정통하고 인仁함이 숙달되어 조금의 인간적인 사사로운 욕심도 없는 사람이 아니라면 도달할 수 없다"고 설명한다. 이는 중용의 실천이 단순히 외적인 행동이나 타고난 힘으로 되는 것이 아니라 지극히 깊은 내면의 수양, 즉 '인간적인 사사로움'을 완전히 제거한 경지에 이르러야 가능함을 강조한다.

주자는 이 모든 것을 "(앞서 말한) 세 가지는 어렵지만 (상대적으로) 쉽고, 중용은 쉽지만 (오히려 더) 어렵다. 이것이 백성들이 중용을 실천하는 사람이 드문 이유이다."라고 결론짓는다. 겉으로 보기에 엄청난 위업처럼 보이는 일들은 '힘'이나 '혈기'로 해낼 수 있어 오히려 쉽고, 평범해 보이는 중용은 내면의 끝없는 성찰과 욕심 제거를 요구하기 때문에 진정으로 어렵다는 역설이다.

현대적 해석
'본질적 성숙'과 '도덕적 용기'의 진정한 의미

이 단락은 현대인에게 '본질적 성숙'과 '도덕적 용기'의 진정한 의미를 되묻고 있다. "천하를 다스리고 죽음을 무릅쓰는 것보다 중용이 불가능하다"는 공자의 말은, 겉으로 드러나는 거대한 업적이나 영웅적인 행동보다 일상 속에서 "자신의 마음을 다스리고 중도中道를 지키는 것이 훨씬 더 어렵고 고차원적인 일"임을 강조한다.

현대사회는 외적인 성공과 화려한 결과에만 주목하는 경향이 있다. 그러나 주자의 설명처럼 눈에 보이는 성공 뒤에는 명예욕, 권력욕, 혹은 무모한 충동과 같은 '인간적인 사사로운 욕심'이 숨어 있을 수 있다.

"중용은 의리에 정통하고 인함이 숙달되어 조금의 사사로운 욕심도 없어야 도달할 수 있다"는 구절은 '진정한 인격 완성'의 기준을 제시한다.

이는 단순히 법을 지키거나 남에게 피해를 주지 않는 소극적인 덕목이 아니라 자신의 내면을 끊임없이 들여다보고, 이기적인 욕망을 제거하며, 오직 '옳음(義)'과 '사랑(仁)'에 기반하여 행동하는 '도덕적 순수성'을 의미한다. 이러한 '내면의 정화'는 엄청난 자기 성찰과 인내를 요구하기 때문에, 겉으로 보기에는 쉬워 보이지만 실제로는 지극히 어렵다.

따라서 "세 가지는 어렵지만 쉽고, 중용은 쉽지만 어렵다"는 역설은 현대인의 '깊이 없는 성찰'과 '피상적인 자기이해'에 대한 경고이다. 많은 사람들이 "자신을 잘 안다"고 생각하지만, 정작 자신의 내면에 숨겨진 미묘한 욕심이나 편향을 제대로 인지하지 못한다. 진정한 '도덕적 용기'는 외부의 적을 물리치는 용맹함뿐만 아니라 자신의 나약한 '인간적인 사사로움'과 끊임없이 싸워 이겨내는 '자기 극복'의 용기임을 강조한다. 이 구절은 진정으로 성숙한 인간이 되기 위해서는 외부의 시선에 굴하지 않고, 자신의 내면을 끊임없이 정화하는 노력이 필수적임을 시사한다.

일상의 중용 실천
성공한 리더의 갑질 논란과 내면의 중용

한 기업의 젊은 CEO 뇌지예雷地豫 씨는 탁월한 경영 능력으로 회사를 크게 성장시켜 '천하국가를 다스리는'듯한 성공을 거두었다. 그는 언론에서도 '뛰어난 리더', '혁신가'로 칭송을 받았고, 많은 이들이 그를 우러르고 존경했다. 겉으로 보기에는 그야말로 '성공한 인물'의 표본이었다.

그러나 얼마 지나지 않아 그는 직원들에게 '갑질'을 하고 폭언을 일삼는다는 내부 고발에 휩싸였다. 그의 화려한 성공 뒤에는 자신을 통제하지 못하는 '인간적인 사사로운 욕심'이 숨어 있었던 것이다. 그는 겉으로는 큰일을 해냈지만, '중용中庸'의 덕을 실천하지 못했다.

이는 "천하를 다스리는 일은 할 수 있지만, 중용은 불가능하다"는 공자의 말씀이 현대사회에 그대로 적용된 예시다. 기업을 성공시키는 일은 엄청난 능력과 노력을 요구하지만, 이는 '힘(力)'과 '재능'으로도 어느 정도 가능하다. 그러나 자신의 감정, 욕구, 권위의식을 '의리에 정통하고 인함이 숙달되어 조금의 사사로운 욕심도 없이' 다스리는 '중용'은 차원이 다른 문제다. 뇌지예 씨는 자신의 내면을 통제하지 못했기에, 겉으로는 성공했지만 진정한 '도덕적 성숙'은 이루지 못했다. 결국 그는 사회적 비난에 직면했고, 기업의 이미지도 크게 실추되었다.

이 사례는 아무리 큰 외부적인 성과를 이루었더라도, 내면의 '중용'을 지키지 못한다면 언제든 위기에 직면할 수 있다는 교훈을 준다. 진정한 성공은 외적인 성취뿐만 아니라 자신의 인격과 마음을 끊임없이 갈고닦아 '인간적인 사사로움'을 극복하려는 '중용의 어려움'을 기꺼이 받아들이고 실천하는 데 있다는 것을 보여준다.

나를 바꾸는 질문
나의 '진정한 어려움' 마주하기

Q1 : 나의 삶에서 '천하를 다스리거나 죽음을 무릅쓰는 것'처럼 겉으로 보기에는 어렵지만, 사실은 당신이 '힘'이나 '재능'으로 시도해 볼 수 있는 일이 있다면 무엇인가?

Q2 : 반대로, 내가 생각할 때 '중용'처럼 "쉽게 보이면서도 실제로

는 가장 어렵다"고 느껴지는 당신의 내면적 과제는 무엇인가? (예 : 꾸준한 감정 조절, 비판적인 마음 다스리기, 겸손 유지하기, 게으름 극복하기 등)

Q3 : "의리에 정통하고 인함이 숙달되어 조금의 사사로운 욕심도 없어야 도달할 수 있다"는 중용의 경지를 위해, 나는 자신의 '인간적인 사사로운 욕심'을 극복하기 위한 어떤 구체적인 노력을 해볼 수 있을까?

유연함과 인내, 그리고 흔들림 없는 원칙

子曰 南方之强與? 北方之强與? 抑而强與?
자왈 남방지강여? 북방지강여? 억이강여?

寬柔以敎, 不報無道, 南方之强也, 君子居之.
관유이교, 불보무도, 남방지강야, 군자거지.

衽金革, 死而不厭, 北方之强也, 而强者居之.
임금혁 사이불염 북장지강야 이강자거지.

故君子和而不流, 强哉矯! 中立而不倚, 强哉矯!
고군자화이불류, 강재교! 중립이불의, 강재교!

國有道不變塞焉, 强哉矯! 國無道至死不變, 强哉矯!
국유도불변색언, 강재교! 국무도지사불변, 강재교!

공자께서 말씀하셨다.
"남쪽의 강함인가? 북쪽의 강함인가? 아니면 절제하는 강함인가?
온화하고 부드러움으로 가르치며, 무도함을 당해도 갚지 않는 것은 남쪽의
강함이니, 군자는 거기에 거한다. 이를 '남방의 강함'이라 한다.
굳셈을 지니고 결단이 빠르며, 미워함이 기다릴 수 없는 것은 북쪽의 강함
이니, 장부(힘센 자)는 거기에 거한다. 이를 '북방의 강함'이라 한다.
그러므로 군자는 화합하되 휩쓸리지 않으니, 강하지 않은가!
중립하되 치우치지 않으니, 강하지 않은가!

나라에 도가 있어도 지켜오던 소신 변치 않으니, 강하지 않은가!
나라에 도가 없어도 죽을 때까지 변치 않으니, 강하지 않은가!"

주자의 주석으로 읽는
중용

주자는 먼저 자로子路가 공자의 제자 중유仲由임을 밝히고, 그가 용맹하기를 좋아했기 때문에(好勇) '강함(强)'에 대해 질문했다고 설명한다.

공자는 자로에게 세 가지 종류의 강함을 제시하며 질문을 던진다.
"남방의 강함이냐? 북방의 강함이냐? 아니면 너의 강함이냐?"
공자는 먼저 '남방의 강함'을 설명한다.
"너그럽고 부드럽게 가르치고(寬柔以敎), 도리에 어긋나는 행동에 보복하지 않는 것(不報無道)'이 남방의 강함이며, 군자君子가 이러한 강함에 머무른다"고 말한다.

주자는 '寬柔以敎 관유이교'를 '관대한 마음으로 남의 부족함을 감싸고 부드럽게 가르치는 것'으로, '不報無道 불보무도'를 '횡포하고 도리에 어긋나는 일이 닥쳐도 곧바로 받아들이고 보복하지 않는 것'으로 풀이하면서 남방은 풍기가 유약하기 때문에 '함용含容하고 인내(忍)하는 힘'으로 남을 이기는 것을 강함으로 삼으며, 이것이 바로 군자의 도라고 설명하였다.

다음으로 '북방의 강함'을 설명하면서 "창과 칼을 베고 갑옷을 입고 죽어도 싫어하지 않는 것(衽金革, 死而不厭)'이 북방의 강함이며, (단순히) 힘이 센 사람(强者)이 이러한 강함에 머무른다. 북방은 풍기가 강건하고 굳세기 때문에 '과감한 힘'으로 남을 이기는 것을 강함으로 삼으며, 이것이 힘센 자들의 일"이라고 하였다.

공자는 자로에게 진정으로 강해야 할 네 가지 모습을 제시했다.
"화합하지만 휩쓸리지 않으니, 강하구나! 강하도다!"
"중립을 지키고 치우치지 않으니, 강하구나! 강하도다!"
"나라에 도가 있을 때, (자신이) 뜻을 펼치지 못해도 (지키는 것을) 변치 않으니, 강하도다! 강하도다!"
"나라에 도가 없을 때, 죽음에 이르러도 (원칙을) 변치 않으니, 강하도다! 강하도다!"

공자는 이 네 가지를 "네가 마땅히 강해야 할 것들이다."라고 자로에게 강조한다. 주자는 '교矯'가 강한 모습이라고 설명하며, '의倚'는 편협하게 한쪽에 붙는 것을, '색塞'은 뜻을 펼치지 못하는 상황을 의미한다고 풀이하였다.
"나라에 도가 있을 때 뜻을 펼치지 못해도 지키는 것을 변치 않는다(不變未達之所守)"는 것은, 자신의 능력이 인정받지 못하더라도 올바른 도리를 지키는 것을 의미한다. "나라에 도가 없을 때 죽음에 이르러도 평생의 지키는 것을 변치 않는다(至死不變平生之所守也)"는 것은, 아무리 암울한 현실 속에서도 자신의 신념과 원칙을 끝까지 고수하는 것을 의미한다.

주자는 이 네 가지 강함이 바로 (앞에서 말한) "중용은 불가능하다는 것"의 진정한 의미임을 다시 강조한다. 이는 "비록 스스로 자신의 사사로운 욕심을 이겨내지 못한다면, (이러한 중용적 강함을) 선택하고 지킬 수 없기 때문"이라고 설명한다.

결국 주자는 "군자의 강함 중에 이보다 더 큰 것이 있겠는가?"라며, 이러한 중용적 강함이 최고의 강함임을 역설하였다.

공자가 자로에게 이러한 가르침을 준 것은 "그 혈기 넘치는 강함을 억누르고(抑其血氣之剛), 덕과 의로움에서 비롯된 용기(德義之勇)로 나아가게 하기 위함(而進之以德義之勇也)"이라고 마무리하고 있는 것이다.

현대적 해석
정신적 회복 탄력성과 가치 기반 리더십

이 단락은 '정신적 회복 탄력성(mental resilience)'과 '가치 기반 리더십(value-based leadership)'의 중요성을 강조하고 있다.

'남방의 강함'은 '유연함과 공감'에 기반한 강함을 의미한다. 타인의 부족함을 너그럽게 품고, 비난이나 공격에도 즉각적으로 반격하기보다 인내하며 수용하는 태도다. 이는 오늘날 대인관계, 갈등 관리, 포용적 리더십에서 필수적인 역량이다. 섣부른 판단이나 감정적인 대응 대신 상대방의 입장을 이해하고 부드러운 방식으로 문제를 해결하려는 자세는 겉으로는 약해 보일 수 있지만, 장기적으로는 더 큰 힘을 발휘한다.

'북방의 강함'은 '목표 지향적 행동력'과 '과감한 추진력'을 상징한다. 죽음을 무릅쓰고 전쟁터에 뛰어드는 용맹함처럼 이는 위기 상황에서 결단력을 발휘하고 목표를 향해 돌진하는 실행력을 의미한다. 현대사회의 비즈니스 세계나 경쟁 환경에서는 이러한 강함도 중요하게 여겨진다.

그러나 공자와 주자는 이 둘을 넘어선 '군자의 진정한 강함'에 주목한다. 바로 앞에서 이야기한 네 가지의 가치다.

첫째, '화합하지만 휩쓸리지 않음(和而不流)'은 주체성과 소신을 가진 강함이다. 집단에 소속되어 협력하되, 옳지 않은 방향으로 휩쓸리지 않고 자신의 원칙을 지키는 용기이다.

둘째, '중립을 지키고 치우치지 않음(中立而不倚)'은 객관성과 공정성에 기반한 강함이다. 복잡한 이해관계 속에서 어느 한쪽으로 편향되지 않고, 균형 잡힌 시각으로 정의로운 판단을 내리는 능력이다.

셋째, '나라에 도가 있을 때 뜻을 펼치지 못해도 변치 않음은 인내심과 본분 지키기의 강함이다. 자신의 능력이 당장 인정받지 못하거나 기회가 주어지지 않아도, 맡은 바 역할에 충실하며 꾸준히 내면을 갈고 닦는 끈기이다.

넷째, '나라에 도가 없을 때 죽음에 이르러도 변치 않음은 도덕적 용기와 흔들림 없는 신념의 강함이다. 아무리 불의한 상황이나 어려운 현실에 직면해도, 자신의 윤리적 원칙과 소중한 가치를 목숨 바쳐 지키려는 불굴의 의지다.

이러한 '군자의 강함'은 결국 '인간의 사사로운 욕심을 이겨내는 '자기 극복'에서 비롯된다. 외적인 성과나 타인의 시선에 휘둘리지 않고, 내면의 원칙을 굳건히 지키는 것이 진정한 '중용적 강함'이며, 이는 현대사회에서 진정한 리더가 갖춰야 할 핵심 역량이라고 할 수 있다.

일상의 중용 실천
조직 내 갈등 상황에서의 리더십

스타트업 팀장인 택뢰수(澤雷隨) 씨는 팀 내에서 신제품 개발 방향을 두고 커다란 갈등 상황에 부딪쳤다. 개발팀은 혁신적인 기술 도입을 주장하며 과감한 투자를 요구했고(북방의 강함과 같은 과감한 추진력), 마케팅팀은 안정적인 시장 반응을 고려하여 기존 기술을 활용한 점진적인 개선을 주장한 것이다.(남방의 강함과 같은 안정과 기존 방식 유지)

각자의 주장이 강하게 대립하며 팀 분위기는 험악해졌을 때 택뢰수 씨는 '군자의 강함'을 발휘했다. 비록 당장 자신의 아이디어가 팀원들에게 완전히 수용되지 않더라도 다음과 같은 군자의 진정한 강함을 보였다.

'화합하지만 휩쓸리지 않음(和而不流)': 그는 양쪽 팀의 의견을 모두 경청하며 팀원들의 감정에 공감했지만, 어느 한쪽으로 섣불리 치우치지 않았다.

'중립을 지키고 치우치지 않음(中立而不倚)': 그는 자신의 개인적인 선호를 배제하고, 객관적인 데이터와 시장 분석을 바탕으로 각 주장의 장단점을 공정하게 평가했다.

'國有道不變塞焉 국유도불변색언': 팀 전체의 성공이라는 '도道'를 위해 자신의 의견을 고집하지 않고 팀의 합의를 존중하며 '미래의 가능성'에 집중했다.

'國無道至死不變 국무도지사불변': 팀원들이 감정적으로 격해져 팀의 목표를 망각하고 사사로운 감정에 휘둘리려 할 때, 그는 흔들림 없이 '프로젝트 성공'이라는 근본적인 원칙과 '상호 존중'이라는 가치를 강조하며 팀을 이끌었다.

택뢰수 씨는 자신의 감정이나 개인적인 선호에 휘둘리지 않고, 오직 팀의 성공과 원칙을 지키려는 '자기 극복'의 강함을 보여주었고, 그 결과로 팀은 혁신적인 아이디어와 안정적인 실행 계획을 결합한 '중용적'인 해결책을 도출할 수 있었다. 그리고 갈등이 해소돼 팀워크가 더욱 단단해졌다.

택뢰수 씨의 이러한 리더십은 겉으로 드러나는 힘이 아니라 내면의 도덕적 원칙과 유연한 지혜로 상황을 극복하는 '군자의 진정한 강함'을 보여주는 좋은 예시라고 할 수 있다.

나를 바꾸는 질문
나의 '진정한 강함' 발견하기

Q1 : 내가 생각하는 '강함'은 어떤 모습이었는가? 혹시 '남방의 강함(인내와 유연함)이나 북방의 강함(과감한 추진력)' 중 한쪽에 치우쳤던 경험이 있는가?

Q2 : 화합하지만 휩쓸리지 않고, 중립을 지키고 치우치지 않으며, 어려움 속에서도 원칙을 변치 않는, 공자가 말한 '군자의 네 가지 강함' 중 내게 가장 필요하다고 느끼는 강함은 무엇인가?

Q3 : 그 강함을 기르기 위해 '인간적인 사사로운 욕심'을 이겨내려는 어떤 노력을 해볼 수 있을까? (예 : 충동 제어, 편견 극복, 꾸준한 자기 관리 등)

CHAPTER 3

지금, 여기서
실천하는 중용

헛된 명예를 좇는 위선과 중용의 진정한 실천

子曰 素隱行怪, 後世有述焉, 吾弗爲之矣.
자왈 색은행괴, 후세유술언, 오불위지의.

君子遵道而行, 半塗而廢, 吾弗能已矣.
군자준도이행, 반도이폐, 오불능이의.

君子依乎中庸, 遯世不見知而不悔, 唯聖者能之.
군자의호중용, 돈세불견지이불회, 유성자능지.

공자께서 말씀하셨다.
"일부러 숨어 신비한 사람처럼 굴거나 괴벽한 행동으로 눈길을 끌어 후세에 이름을 남길 수도 있겠으나 나는 결코 그런 짓을 하지 않겠다."

"군자가 도道를 따라 행하다가
도중에 그만두는 것은 내가 도저히 할 수 없는 일이다."

"군자는 중용에 의거하여 살아갈 뿐,
세상이 알아주지 않아 은거하게 되더라도 후회하지 않는다.
오직 성인만이 그것을 해낼 수 있다."

주자의 주석으로 읽는
중용

    주자는 공자의 말씀, "素隱行怪, 後世有述焉, 吾弗爲之矣 색은행괴, 후세유술언, 오불위지의"를 해설하면서 '소素'자를 '색索'자로 쓰이는 것이 옳다고 지적하며, 이는 글자의 오류라고 밝혔다. '索隱行怪 색은행괴'는 '은미하고 숨겨진 이치를 깊이 찾고, 지나치게 괴이하고 특이한 행동을 하는 것'을 의미한다. 주자는 이러한 사람들이 "세상을 속이고 명예를 훔칠 수 있기 때문에 후세에 혹 그들을 칭찬하고 기록하는 자가 있을지라도, 나는 결코 그렇게 하지 않겠다"고 공자의 말을 해설했다.

    주자는 이러한 '색은행괴'의 행위를 비판하며, 이는 "앎(知)이 지나쳐서 선을 택하지 않는 것이고, 행함(行)이 지나쳐서 중용을 쓰지 않는 것이며, 마땅히 강하지 않아야 할 때 강한 자"라고 규정한다. 즉 앎을 뽐내고 특이한 행동으로 남의 이목을 끄는 것은 진정한 지혜나 실천이 아니며, 성인은 결코 그런 일을 하지 않는다는 것이다.

    다음으로 공자는 다른 종류의 사람을 언급한다.

    군자가 도道를 따라서 행함에 있어서 반쯤 가다가 그만두는 일은 결코 할 수 없다. '도에 따라 행하는 것'은 '선을 택할 줄 아는 것'이지만 '중도에 그만두는 것'은 '힘이 부족한 것(力之不足也)'이라고 설명하였다. 이들은 '지혜는 충분히 그 경지에 미치지만(知雖足以及之) 행동이 따르지 못하며, 마땅히 강해야 할 때 강하지 못한 자(當强而不强者也)'라고 한다.

    주자는 성인이 이러한 상황에서 애써 그만두지 않으려 노력하는 것이 아니라, '지극한 정성에는 쉼이 없어(至誠無息), 저절로 그칠 수 없는 경지(自有所不能止也)'에 이르렀기 때문이라고 덧붙여, 성인의 자연스러운 도덕적 경지를 표현한다.

마지막으로 주자는 "군자가 중용의 도에 의지하여(依乎中庸), 세상에 숨어 알려지지 않아도(遯世不見知) 후회하지 않는 것은 오직 성인만이 능히 할 수 있는 일"이라고 말한다. '색은행괴'를 하지 않는 것은 곧 중용에 의지하는 것이고, '중도에 그만두지 않는 것'은 '세상에 알려지지 않아도 후회하지 않는 것'과 연결된다고 설명한다.

주자는 이 경지가 바로 '**中庸之成德** 중요지성덕, 중용의 완성된 덕'이며, '앎(知)이 지극하고, 인(仁)이 지극하며, 용(勇)에 의지하지 않고도 여유 있는' 경지라고 극찬한다. 이는 바로 우리 공자(吾夫子)의 일이지만, "공자께서도 스스로 그러하다고 여기지 않으셨기에(猶不自居也), '오직 성인만이 능히 할 수 있을 뿐(唯聖者能之而已)이라고 말씀하신 것"이라고 설명하였다.

주자는 이 단락이 제11장임을 밝히며, 자사子思가 인용한 공자의 말씀이 이로써 첫 번째 장의 의미를 밝히는 것(以明首章之義者)을 마무리한다고 하였다. 결론적으로 이 『중용』편의 큰 뜻(大旨)은 '지知, 인仁, 용勇이라는 세 가지 달덕(三達德)을 도에 들어가는 문(入道之門)으로 삼는 것'이며, 그렇기 때문에 이 책의 첫머리에서 순임금(知), 안연(仁), 자로(勇)의 일을 들어 밝힌 것이라고 정리한다.

이 세 가지 중 어느 하나라도 결여된다면(三者廢其一), 도를 이루고 덕을 완성할 수 없다(無以造道而成德矣)고 강조하며, 더 자세한 내용은 제20장에서 다룰 것이라고 예고하였다.

현대적 해석
자기 과시와 꾸준함의 부재, 그리고 내면의 완성

이 단락은 현대사회에서 만연한 '자기 과시'와 '겉치레'의 문제점을 꼬집고, '꾸준함의 부재'를 경고하며, 진정한 '내면의 완성'만이 흔들림 없는 삶을 가능하게 함을 강조한다.

'索隱行怪 색은행괴'는 오늘날 '관심을 끌기 위한 지나친 행동'이나 '사이비적 주장'으로 해석될 수 있다. SNS에서 특이한 행동으로 주목받으려 하거나, 검증되지 않은 기이한 이론을 내세워 추종자를 모으는 행태가 이에 해당한다.

공자는 이러한 행위가 '세상을 속이고 명예를 훔치는(欺世而盜名)' 것이며, 진정한 '지혜'와 '실천'이 아님을 단호히 비판한다. 이는 '겉모습에 현혹되지 않고 본질을 꿰뚫어보는 통찰력'의 중요성을 강조하는 것이기도 하다.

"군자가 도를 따르다가 중도에 그만두는 일을 나는 결코 하지 못한다(半塗而廢, 吾弗能已矣)"는 공자의 말은 '꾸준함'과 '완주(perseverance)'의 가치를 역설한다. 좋은 목표를 세우고 시작하지만, '힘이 부족하여(力之不足)' 중간에 포기하는 현대인들의 '작심삼일' 습관에 대한 경고이다.

주자가 '성인은 지극한 정성으로 쉼이 없어 저절로 그칠 수 없다(至誠無息, 自有所不能止也)'고 말했듯이, 진정한 성장은 타고난 의지력뿐만 아니라 꾸준한 노력으로 '성실성'을 습관화함으로써 이루어진다. 이는 '노력 부족'이라는 합리화에 대한 강한 반박이다.

결론적으로, "군자가 중용에 의지하여 세상에 숨어 알려지지 않아도 후회하지 않는 것은 오직 성인만이 능하다"는 구절은 '진정한 자아 만족'과 '내면의 평화'가 외부의 인정이나 명예에 좌우되지 않는 경지임을 보여준다. 겉으로 드러나는 명성이나 사회적 지위를 좇는 대신 자신의 양심과 도덕적 기준에 따라 묵묵히 중용을 실천하며 내면의 완성도를 높이는 것이 진정한 성숙이다. '앎이 지극하고 인仁함이 지극하며, 용기에 의지하지 않아도 여유로운 경지'는 개인의 모든 역량이 조화롭게 통합되어 외부 조건과 상관없이 흔들리지 않는 내면의 행복을 누리는 상태를 의미한다. 이는 『중용』이 추구하는 궁극적인 인간상이며, 현대인들이 추구해야 할 진정한 '웰빙'의 핵심이다.

일상의 중용 실천
유튜브 인플루언서의 뒷모습과 진정한 전문가의 길

젊은층 사이에서 인기를 끄는 한 유튜브 인플루언서는 '索隱行怪색은행괴'의 대표적인 예시였다. 그는 일반적이지 않은 행동이나 극단적인 콘텐츠로 사람들의 이목을 끌었고, 빠르게 유명세를 얻어 '명예를 훔쳤다.(盜名)' 겉으로는 매우 자유롭고 독특한 사람으로 보였지만, 그의 행동은 종종 윤리적인 논란을 일으켰고, 결국 그의 '앎'과 '행동'은 중용을 벗어난 것이었다.

반면, 특정 분야의 진정한 전문가인 어느 박사님은 꾸준히 자신의 연구에 몰두하고, 학문적인 성과를 내기 위해 묵묵히 노력했다. 때로는 연구 과정에서 지치거나 벽에 부딪히기도 했지만, 그는 '半塗而廢 반도이폐, 중도에 그만두는 것'을 자신의 신념과 '지극한 정성(至誠無息)'에 어긋나는 일로 여겼다. 그는 자신이 세상에 널리 알려지는 것보다 진정한 학문의 길을 걷고, 자신의 연구를 통해 세상에 기여하는 것에 만족했다. 비록 그의 이름이 대중에게 널리 알려지지 않아도, 그는 자신의 길을 묵묵히 걸으며 후회하지 않았다.(而不悔)

유튜버의 사례는 '겉모습'과 '명성'만을 좇는 삶이 얼마나 허망할 수 있는지를 보여준다. 반대로 박사님의 사례는 '중용의 완성된 덕(中庸之成德)'을 통해 '앎과 인이 지극하고, 용기에 의지하지 않아도 여유로운' 경지에 이른 모습을 보여준다. 그는 외부의 시선에 흔들리지 않고, 내면의 성숙과 본질적인 가치에 집중함으로써 진정한 행복과 만족을 얻었다.

이처럼 『중용』은 외적인 성공이나 쾌락이 아닌, 내면의 완성에서 진정한 삶의 의미와 평화를 찾을 수 있음을 강력하게 주장한다.

나를 바꾸는 질문
나의 '내면 완성' 목표

Q1. 겉으로 자신을 과시하거나 남의 이목을 끌기 위해 했던 행동 중, 나중에 진정한 자신과 괴리감을 느꼈던 경험이 있는가?

Q2. 어떤 중요한 일을 시작했지만, 중도에 그만두었던 경험이 있

는가? 그 이유가 '힘의 부족' 때문이었는가, 아니면 '의지의 부족' 때문이었는가?

Q3. '세상에 알려지지 않아도 후회하지 않는' 내면의 완성을 추구하기 위해, '앎이 지극하고 인함이 지극하며, 용기에 의지하지 않아도 여유로운' 경지에 도달하기 위한 어떤 구체적인 노력을 해볼 수 있을까?

군자의 도는 넓게 쓰이지만

君子之道 費而隱 군자지도 비이은

"군자의 도는 널리 쓰이면서도 눈에는 잘 드러나지 않는다."

주자의 주석으로 읽는
중용

주자는 먼저 '비費'를 '쓰임이 넓다'로, '은隱'을 '본체가 미묘하다'로 풀이한다. 즉 군자의 도는 그 적용 범위가 매우 넓고 일상생활 곳곳에 스며들어 있지만, 그 근본적인 이치는 미묘하여 쉽게 드러나지 않는다는 역설적인 특징을 설명한다.

그 보편성을 증명하며, "夫婦之愚, 可以與知焉, 及其至也, 雖聖人亦有所不知焉 부부지우, 가이여지언, 급기지야, 수성인역유소부지언"이라 하여, 평범하고 어리석은 지아비와 지어미도 함께 참여하여 알 수 있지만, 그 지극한 경지에 이르면 성인聖人조차도 알지 못하는 바가 있다고 말한다.

또한 "夫婦之不肖, 可以能行焉, 及其至也, 雖聖人亦有所不能焉 부부지불초, 가이능행언, 급기지야, 수성인역유소불능언"이라 하여, 평범하고 보잘

것없는 사람도 능히 행할 수 있지만, 그 지극한 경지에 이르면 성인조차도 능히 행할 수 없는 바가 있다고 설명한다.

이어서 "天地之大也, 人猶有所憾. 천지지대야, 인유유소감."이라 하여, 천지天地가 아무리 위대하다 할지라도 사람들은 여전히 아쉬워하는 바가 있다고 말한다. (주자는 '사람들이 천지에 대해 아쉬워하는 것'을 '천지가 만물을 덮고 싣고 생육하는 데 편향된 부분이나, 혹한과 더위, 재앙과 상서로움이 제자리를 얻지 못하는 것과 같은 것'으로 풀이하였다.) 그러므로 "君子語大, 天下莫能載焉; 語小, 天下莫能破焉. 군자어대, 천하막능재언; 어소, 천하막능파언."이라 하여, 군자의 도를 크게 말하면 천하가 실을 수 없을 만큼 광대하고, 작게 말하면 천하도 쪼갤 수 없을 만큼 지극히 미세하다고 표현한다.

주자는 이 모든 것을 종합하여 설명한다. "군자의 도는 가까이로는 평범한 부부의 일상생활에서부터 멀리로는 성인과 천지조차도 다할 수 없는 경지에 이르기까지, 그 커다란 범위에는 바깥이 없고 그 작은 범위에는 안이 없으니 널리 쓰인다고(費矣) 할 수 있다"고 말했다. 하지만 그 이치가 그러한 까닭은 미묘하여 드러나 보이지 않는다며 '은隱'의 속성을 설명한다.

주자는 '알 수 있고 행할 수 있는 것'은 도의 일부분에 불과하며, 그 지극함에 이르면 성인도 알지 못하고 행하지 못하는 바가 있으니, 전체적으로 말하면 성인도 다 할 수 없는 부분이 분명히 있다고 하였다. 후씨侯氏의 말을 인용하여 '성인이 알지 못하는 바'는 공자가 예禮나 관직(官)에 대해 질문했던 사례와 같고, '성인이 행하지 못하는 바'는 공자가 지위를 얻지 못했거나 요순이 널리 베푸는 것에 어려움을 느꼈던 사례와 같다고 예시를 들었다.

자사는 『시경詩經』 「대아大雅 한록旱麓」 편의 "鳶飛戾天, 魚躍于淵. 연비려천, 어약우연, 솔개는 하늘로 날아오르고, 물고기는 연못에서 뛰어논다"는 구절을 인용하였는데, 주자는 이 시가 '그 상하의 이치가 밝게 드러남(上下察也)'을 말하는 것이라고 설명하였다. 자사子思가 이 시를 인용한 것은 "천지가 만물을 화육化育하고 도가 유행하여, 위로는 하늘에 이르고 아래로는 연못에 이르기까지 밝게 드러나지 않는 곳이 없으니(上下昭著), 이것이 바로 이 이치의 쓰임이며, 이른바 '비費'에 해당한다." 그러나 "然其所以然者, 則非見聞所及, 所謂隱也. 연기소이연자, 즉비견문소급, 소위은야, 그것이 그러한 까닭은 눈으로 보고 귀로 들을 수 있는 범위가 아니니, 이른바 '은隱'에 해당한다"고 강조했다.

마지막으로 정자程子의 말을 인용하여 "此一節, 子思喫緊爲人處, 活潑潑地, 讀者其致思焉. 차일절, 자사끽긴위인처, 활발발지, 독자기치사언, 이 한 단락은 자사가 간절하게 사람을 위해 힘쓴 부분으로, 활발하게 살아 움직이는 듯하니 독자들은 깊이 생각해야 한다"고 강조했다.

그리고 "君子之道, 造端乎夫婦; 及其至也, 察乎天地. 군자지도, 조단호부부; 급기지야, 찰호천지, 군자의 도는 부부의 일상생활에서 시작되지만, 그 지극한 경지에 이르면 천지에까지 밝게 드러난다"고 앞선 문맥을 연결하며 마무리하였다.

주자는 이 단락이 제12장이며, 자사子思의 말이 첫 번째 장에서 말한 "도道는 잠시도 떠날 수 없다(道不可離)"는 의미를 더욱 분명히 하기 위함이라고 덧붙였다. 또한 이 아래로 여덟 장에 걸쳐 공자의 말을 인용하여 이를 더욱 밝힐 것이라고 예고했다.

현대적 해석
나노 스케일의 일상과 우주적 연결성

이 단락은 현대인에게 '나노 스케일의 일상 속에서 시작되는 심오한 변화'와 '모든 존재의 우주적 연결성'에 대한 통찰을 제공하고 있다. "군자의 도는 널리 쓰이지만 미묘하다"는 것은, 진정한 영향력과 깊은 지혜가 겉으로 화려하게 드러나기보다, 일상의 작은 선택과 보이지 않는 내면의 성찰에서 비롯됨을 의미한다. 이는 "가장 평범한 것이 가장 위대하다"는 역설적인 진리이자, "작은 습관이 인생을 바꾼다"는 자기계발 원리와도 맞닿아 있다.

"평범한 부부도 알 수 있지만 성인도 알지 못하는 바가 있다"는 구절은 지식의 '보편성'과 '심오성'을 동시에 보여준다. 기본적인 도덕 원리는 누구나 직관적으로 이해할 수 있지만, 그 원리를 삶의 모든 복잡한 상황에 완벽하게 적용하고 심오한 이치를 모두 꿰뚫는 것은 성인에게도 도전적인 과제라는 것이다. 이는 지식이 단순히 양적인 축적이 아니라 깊이 있는 통찰과 실천적 지혜가 필요한 것임을 시사한다.

"천지가 아무리 위대해도 사람들이 아쉬워하는 바가 있다"는 것은, 완벽해 보이는 시스템이나 외부 환경에도 항상 부족함이 있음을 인정하고, 인간의 역할이 단순히 수동적인 존재가 아니라 능동적으로 개선과 조화를 추구하는 존재임을 암시한다.

"군자의 도를 크게 말하면 천하가 실을 수 없고, 작게 말하면 천하도 쪼갤 수 없다"는 비유는 중용의 이치가 '무한한 확장성과 극도의 미세함'을 동시에 지닌다는 점을 강조한다. 이는 복잡계 이론이나 프랙탈fractal 구조처럼 작은 부분에도 전체의 속성이 담겨 있음을 보여주는 과학적 통찰과도 유사하다.

"솔개는 하늘로 날아오르고 물고기는 연못에서 뛰어 논다"는 시 구절과 주자의 해석은 '자연의 섭리와 생명의 본질'이 곧 도의 드러남임을 보여준다. 모든 존재가 자신의 본성에 따라 자유롭고 활발하게 생명력을 발휘하는 모습 자체가 '비費'의 상태이며, 그 모든 작용을 가능하게 하는 근원적인 이치(그래서 눈으로 보고 귀로 들을 수 없는)가 '은隱'의 상태라는 것이다. 결국 이 단락은 중용의 도가 개인의 삶에서 시작되어 사회 전체, 나아가 우주만물과 연결되는 통합적이고 살아 있는 지혜임을 강조하며, 독자들에게 이를 깊이 생각하고 자신의 삶에서 찾아 실천할 것을 촉구하고 있다.

일상의 중용 실천
작은 습관이 만드는 거대한 변화

직장인 산수몽山水蒙 씨는 매일 아침 '확언'을 하는 작은 습관을 시작했다. 처음에는 "나처럼 평범한 사람이 이런다고 뭐가 달라질까?" 하는 의구심이 들었지만, '어리석은 필부도 알 수 있는 것'이라며 묵묵히 실천했다. "나는 오늘 주어진 일에 최선을 다하고, 모든 사람에게 친절하게 대할 것이다."라는 간단한 확언이었다. 이것은 그의 일상 속 '작고 평범한 행동(費의 시작점)'이었다.

하지만 이 작은 습관이 쌓이면서 그의 내면에서는 놀라운 변화가 찾아왔다. 그는 긍정적인 태도를 유지하게 되었고, 동료들과의 관계도 훨씬 원만해졌다. 업무에 임할 때도 작은 실수에 일희일비하지 않고, 큰 그림을 보며 유연하게 대처할 수 있는 '중용적 태도'가 형성되었다. 이것은 주자가 말한 '그 이치가 그러한 까닭은 미묘하여 드러나 보이지 않는(隱)' 변화였다. 남들은 그가 "특별히 달라진 것이 없다"고 생각할 수도 있었지만, 그의 내면에서는 깊은 성숙이 이루어지고 있었다.

더 나아가 그의 긍정적인 에너지는 팀 전체에 선한 영향력을 미쳤고, 팀의 전반적인 분위기와 성과까지 개선되는 데 기여했다. 그는 마치 '솔개가 하늘로 날아오르고 물고기가 연못에서 뛰어 노는' 것처럼 자신의 본성(선함과 긍정)을 온전히 발휘하여 삶 속에서 자유롭게 '도'를 실천했다.

이처럼 "군자의 도는 부부에서 시작되어 천지에까지 밝게 드러난다(造端乎夫婦, 察乎天地)"는 가르침처럼 그의 작은 습관은 그 자신의 삶은 물론 주변에 거대한 긍정적 변화를 가져왔다. 이는 눈에 보이는 현상 뒤에 숨겨진 미묘한 이치를 깨닫고, 일상 속 작은 실천이 가져올 수 있는 무한한 가능성을 보여주는 현대적 예시다.

나를 바꾸는 질문
일상에서의 중용 탐색

Q1 : 일상생활 속에서 '부부의 어리석음으로도 알 수 있는' 것처럼 아주 사소하고 평범하지만, 꾸준히 실천하면 큰 영향을 줄 수 있

는 '중용적 행동'이 있다면 무엇인가? (예: 작은 친절, 매일 감사일기 쓰기, 불필요한 소비 줄이기 등)

    Q2 : "군자의 도는 널리 쓰이지만 그 본체는 미묘하다(費而隱)"는 말처럼 내가 추구하는 어떤 가치나 목표가 겉으로 드러나지 않더라도 '내면적으로는 깊은 변화'를 가져올 것이라고 생각하는 부분이 있는가?

    Q3 : "군자의 도는 부부에서 시작되어 천지에까지 밝게 드러난다"는 가르침을 바탕으로, 나의 '일상 속 작은 실천'이 장기적으로 나의 삶, 주변관계, 나아가 사회에 어떤 '우주적인 긍정적 영향'을 미칠 수 있을지 상상하며 구체적인 계획을 세워보자.

도는 멀리 있지 않다

道不遠人. 人之爲道而遠人, 不可以爲道.
도불원인. 인지위도이원인, 불가이위도.

"도는 사람에게서 멀리 있지 않다.
사람이 도를 행하면서 사람을 멀리한다면, 그것을 도라고 할 수 없다."

忠恕違道不遠, 施諸己而不願, 亦勿施於人.
충서위도불원, 시저기이불원, 역물시어인.

"충忠과 서恕는 도에서 멀리 떨어져 있지 않다. 자신에게 베풀어지는 것을
바라지 않는다면, 또한 남에게도 베풀지 말라."

君子之道四, 丘未能一焉: 所求乎子, 以事父未能也; 所求乎臣,
以事君未能也; 所求乎弟, 以事兄未能也; 所求乎朋友, 先施之未能也.
군자지도사, 구미능일언: 소구호자, 이사부미능야; 소구호신,
이사군미능야; 소구호제, 이사형미능야; 소구호붕우, 선시지미능야.

"군자가 마땅히 실천해야 할 네 가지 도리로서, 자식이 부모를 공경하고
효도하기를 바라듯이, 자신 또한 아버지에게 그렇게 하지 못했다.

임금이 신하에게 충성을 바라듯이,

자신 또한 임금에게 그만큼 충성하지 못했다.

형이 아우에게 공손함을 바라듯이, 자신 또한 형을 공경하지 못했다.

친구에게 진실함과 의리를 바라듯이,

자신 또한 먼저 그들에게 진심으로 베풀지 못했다."

주자의 주석으로 읽는
중용

주자는 '도'란 "率性而已솔성이이, 본성을 따르는 것일 뿐이니 "본래 평범한 사람들이 능히 알고(能知) 능히 행할 수 있는 것(能行者也)"이라고 설명한다. 그러므로 도는 항상 사람에게서 멀리 있지 않은데, 만약 도를 행하는 자가 그 도가 "비천하고 가깝다고 싫어하여 부족한 것으로 여기고(厭其卑近以爲不足爲), 오히려 높고 멀며 행하기 어려운 일을 힘쓴다면(反務爲高遠難行之事), 그것은 도를 행하는 방식이 아니다.(非所以爲道矣)"라고 비판한다.

이를 설명하기 위해 『시경』 「빈풍豳風 벌가伐柯」 편의 "伐柯伐柯, 其則不遠. 벌가벌가, 기칙불원."이라는 구절을 인용한다. "도끼 자루를 베고 또 도끼 자루를 벨 때, 그 법칙은 멀리 있지 않다"는 뜻이다.

주자는 사람이 도끼 자루를 베면서 또 다른 도끼 자루를 만들려 할 때, 그 도끼 자루의 길고 짧은 법칙은 지금 자신이 잡고 있는 도끼 자루에 있는데(在此柯耳), 그럼에도 불구하고 '이것과 저것'이라는 차이가 있어 도끼를 베는 자가 그것을 오히려 멀다고 여긴다고 설명한다.

　이 비유에 비추어 "故君子以人治人, 改而止. 고군자이인치인, 개이지." 라 하여, 군자는 사람을 다스릴 때 사람의 도리로써 사람을 다스리며, 그 사람이 고치면 그만둔다고 말하였다. 주자는 '사람을 다스리는 도리(爲人之道)'가 각 사람의 몸에 이미 갖추어져 있어 처음부터 피차의 구별이 없으므로(初無彼此之別), 군자가 남을 다스릴 때에는 "즉 그 사람의 도리로써 도리어 그 사람의 몸을 다스리고(卽以其人之道, 還治其人之身)", 그 사람이 고칠 수 있다면 더 이상 다스리지 않는다고 설명한다.

　이는 남에게 책임을 묻는 것이 아니라 그 사람이 본래 알고 행할 수 있는 도리로 책망하며, 도를 멀리하도록 하지 않는다는 것이다. 주자는 장자莊子가 말한 "뭇 사람에게 사람다움을 바라면 따르기 쉽다(以衆人望人則易從)"는 것이 바로 이 뜻이라고 덧붙였다.

　다음은 '충서忠恕'의 개념이다.

　주자는 盡己之心爲忠 진기지심위충, 자기 마음을 다하는 것이 충忠이고, 推己及人爲恕 추기급인위서, 자기 마음을 미루어 남에게 미치는 것이 '서恕'라고 정의했다. 주자는 忠恕違道不遠 충서위도불원에서 '위違'는 "떠나다, 멀어지다"는 뜻이 아니라 "멀지 않다"는 의미로 사용되었다고 설명했다. 즉 도는 바로 사람에게서 멀리 있지 않은 것이므로 "자신이 원치 않는 것을 남에게 베풀지 않는 것(己之所不欲, 則勿以施之於人)"은 곧 도를 사람에게서 멀리하지 않는 일이라는 것이다. 주자는 장자莊子가 "자신을 사랑하는 마음으로 남을 사랑하면 인仁을 다한다(以愛己之心愛人則盡仁)"고 한 말이 바로 이 뜻이라고 하였다.

공자는 '군자의 네 가지 도'를 언급하며 자신(丘)은 하나도 능하지 못하다고 겸손하게 말한다. 이는 아들(子)에게 요구하는 것으로써 아버지를 섬기는 일, 신하(臣)에게 요구하는 것으로써 임금을 섬기는 일, 아우(弟)에게 요구하는 것으로써 형을 섬기는 일, 친구(朋友)에게 요구하는 것으로써 먼저 베푸는 일을 말함이다.

주자는 여기서 '구求'가 "책망하다, 요구하다"는 뜻과 같다고 설명하며, 도는 사람에게서 멀리 있지 않으니, 자기가 남에게 책망하는 모든 것들이 바로 도의 당연한 것이므로, 그것을 자신에게 돌려 스스로 책망하고 스스로 수양해야 한다고 말한다.

庸德之行, 庸言之謹, 有所不足, 不敢不勉, 有餘不敢盡; 言顧行, 行顧言, 君子胡不慥慥爾! 용덕지행, 용언지근, 유소부족, 불감불면, 유여불감진; 언고행, 행고언, 군자호불조조이!

"평범한 덕을 행하고(庸德之行), 평범한 말을 삼가는 것(庸言之謹)에 부족함이 있으면 감히 노력하지 않을 수 없고(有所不足, 不敢不勉), 남음이 있더라도 감히 모두 드러내지 않는다.(有餘不敢盡)

말이 행동을 돌아보고(言顧行), 행동이 말을 돌아보는(行顧言)' 군자의 모습이 어찌 독실하고 착실하지 않겠는가!(君子胡不慥慥爾!)"

주자는 '조조慥慥'를 '독실하고 착실한 모습(篤實貌)'이라고 풀이했다. 이 모든 것이 '도를 사람에게서 멀리하지 않는 일(不遠人以爲道之事)'이라고 강조하며, 장자가 "남을 책망하는 마음으로 자신을 책망하면 도를 다한다(以責人之心責己則盡道)"고 한 말이 이 뜻이라고 하였다.

주자는 "도가 사람에게서 멀지 않다"는 것은 평범한 부부도 능히 할 수 있는 일이며, "공자 자신 역시 하나도 능하지 못했다"고 한 것은 성인도 능히 할 수 없는 일이니, 이 모두가 '비費'의 경지(널리 쓰임)를 보여주는 것이라고 정리한다.

그러나 그 이치가 그러한 까닭은 지극히 미묘하게 존재하니, '은隱'의 경지임을 다시 한 번 강조한다.

현대적 해석
나로부터 시작하는 윤리적 실천과 '언행의 일치'

이 단락은 '나로부터 시작하는 윤리적 실천'과 '말과 행동의 일치'라는 '일상의 중용'을 강조한다. "도道는 사람에게서 멀리 있지 않다"는 공자의 가르침은, 거창한 이상이나 특별한 능력이 있어야만 도덕적인 삶을 살 수 있는 것이 아님을 분명히 한다. 이는 '삶의 본질적인 가치와 윤리'가 이미 우리 안에 내재되어 있으며, 일상의 작은 행동들 속에서 실현될 수 있음을 의미한다. 오히려 도를 어렵게 만들거나(遠人) 고원한 것만을 추구하는 태도는 진정한 도의 실천이 아니라는 비판은, '보여주기 식 윤리'나 '탁상공론'에 대한 경계로 해석될 수 있다.

도끼 자루를 베는 비유는 "가장 가까운 곳에서 해결책을 찾으라"는 실용적인 지혜를 준다. 복잡한 문제에 직면했을 때, 외부에서 새로운 도구나 방법을 찾기보다 이미 내가 가진 자원이나 내면의 원칙에서 해답을 찾을 수 있다는 메시지다.

"군자가 사람을 다스릴 때 그 사람의 도리로 다스린다"는 것은 '易地思之역지사지'와 '공감적 리더십'의 중요성을 강조한다. 상대방의 입장을 이해하고 그가 가진 본래의 선함과 이치에 기대어 소통할 때, 진정한 변화와 협력이 이루어질 수 있다는 것이다.

'충忠과 서恕'는 오늘날 '진정성 있는 소통'과 '타인에 대한 공감'의 기반이 된다. '자신이 원하지 않는 것을 남에게 베풀지 않는(己所不欲勿施於人)' 것은 황금률(Golden Rule)과 상통하며, 인간관계의 기본 원칙이다. 이는 상대방의 마음을 헤아리고 배려하는 '공동체 의식'의 출발점이다.

공자가 '군자의 네 가지 도(자식, 신하, 아우, 친구에게 요구하는 것)'를 자신은 하나도 능하지 못했다고 겸손하게 말한 것은, '완벽주의'에 대한 경계와 '끊임없는 자기 성찰'의 중요성을 보여준다. 우리는 타인에게는 엄격한 잣대를 들이대면서도 자신에게는 관대한 경우가 많다. "남을 책망하는 마음으로 자신을 책망하면 도를 다한다"는 장자의 말처럼, 자신에게 더욱 엄격한 기준으로 책임을 다할 때 진정한 성숙이 이루어진다.

마지막으로 '평범한 덕을 행하고 평범한 말을 삼가는 것과 말이 행동을 돌아보고 행동이 말을 돌아보는(言顧行, 行顧言)' 군자의 모습은 '言行一致 언행일치'와 '성실성(Integrity)'의 가치를 강조한다. 겉으로 화려한 언변이나 특별한 행동이 아니라 일상 속에서 자신이 한 말을 지키고, 행동에 신중을 기하는 성실한 태도야말로 진정한 군자의 모습이라는 것이다.

이 모든 것은 "도가 사람에게서 멀리 있지 않다"는 큰 주제 아래, 일상생활 속에서 끊임없이 자신을 다스리고 관계를 맺는 모든 과정이 곧 도를 실천하는 길임을 보여주고 있다.

일상의 중용 실천
'솔직함'을 미덕으로 삼는 친구의 성장

대학생 산풍고山風蠱 씨는 평소 '솔직함'을 중요한 가치로 여겼다. 그러나 때로는 지나치게 솔직하여 친구들에게 상처를 주거나 불필요한 오해를 사는 경우가 있었다. 그런 산풍고 씨는 "도가 사람에게서 멀리 있지 않다"는 가르침을 접한 후, 자신의 '솔직함'이라는 본성이 어떻게 하면 '도'에 가깝게 실현될 수 있을지 고민했다. 그리고 자신의 솔직함이 때로는 '지나쳐서(過)' 중도를 잃고, 친구와의 관계를 멀어지게 한다는 것을 깨달았다.

그는 '도끼 자루를 베는 비유'처럼 자신의 '솔직함'을 다듬는 방법을 외부에서 찾기보다 자신의 내면(도끼 자루)에서부터 성찰했다. 그는 '충서忠恕'의 원칙을 적용하기 시작했다. '내가 듣기 싫은 말을 남에게 하지 않는(己所不欲勿施於人)' 연습을 했다. 친구의 단점을 지적하기 전에 "만약 내가 저런 말을 들으면 어떨까?" 하고 먼저 생각해 보는 식으로 '자신을 미루어 남을 헤아리는(推己及人)' 노력을 했다.

또한 공자가 "군자의 도道 네 가지를 자신은 하나도 능하지 못했다"고 겸손하게 말했듯이, 자신이 '솔직함'에 있어서 부족한 점이 많음을 인정하고 끊임없이 자신을 채찍질했다. '평범한 말을 삼가는 것(庸言之謹)'에 유념하여, 즉흥적인 말을 하기 전에 한 번 더 생각하고, 자신의 말이 친구의 기분을 상하게 할 수 있는지 돌아봤다. '말이 행동을 돌아보고, 행동이 말을 돌아보는(言顧行, 行顧言)' 태도를 기르고자 노력했다.

이러한 꾸준한 노력 덕분에 그는 자신의 솔직함을 잃지 않으면서도, 타인을 배려하고 관계를 더욱 돈독히 하는 현명한 소통 방식을 터득할 수 있었다. 이제 그의 '솔직함'은 더 이상 상처가 아니라 친구들에게 신뢰와 진정성을 주는 미덕이 되었다.

산풍고 씨의 경험은 도(道)가 멀리 있는 것이 아니라 우리 일상 속에서 자신을 다스리고 관계를 맺는 작은 실천들을 통해 완성된다는 중용의 가르침을 명확히 보여주고 있다.

나를 바꾸는 질문
'언행일치'의 다짐

Q1 : 평소 "도(道)는 사람에게서 멀리 있지 않다"는 것을 깨닫게 해 준 나의 '가장 가까운 곳의 도(道)'는 무엇인가? (예: 가족 간의 사랑, 친구와의 의리, 직장에서의 책임감 등)

Q2 : '내가 원치 않는 것을 남에게 베풀지 않는(己所不欲勿施於人)'

'충서忠恕'의 원칙을 일상에서 실천하기 위해 어떤 노력을 해볼 수 있을까? 특히, 감정적인 상황에서 어떻게 적용할 수 있을까?

Q3 : '말이 행동을 돌아보고, 행동이 말을 돌아보는(言顧行, 行顧言)' 군자의 태도처럼 나는 '언행일치'를 위해 오늘부터 어떤 구체적인 습관을 들여가야 할까? (예: 약속은 반드시 지키기, 불평 줄이기, 책임질 수 있는 말만 하기 등)

처한 위치에 따라 행동하고,
외부의 것을 바라지 않음

君子 素其位而行, 不願乎其外.

군자 소기위이행, 불원호기외.

素富貴, 行乎富貴; 素貧賤, 行乎貧賤; 素夷狄, 行乎夷狄;

소부귀, 행호부귀; 소빈천, 행호빈천; 소이적, 행호이적;

素患難, 行乎患難. 君子는 無入而不得其意焉.

소환난, 행호환난. 군자 무입이불득기의언.

在上位 不陵下 在下位 不援上 正己而不求於人 則無怨 上不怨天 下不尤人

재상위 불능하 재하위 불원상 정기이불구어인 즉무원 상불원천 하불우인

故君子 居易以俟命, 小人 行險以徼幸.

고군자 거역이사명, 소인 행험이요행.

子曰: 射有似乎君子. 失諸正鵠, 反求諸其身.

자왈: 사유사호군자. 실저정곡, 반구저기신.

"군자는 현재 자신의 위치에 맞게 행동하고, 그 밖의 것을 바라지 않는다.
부귀한 처지에 있으면 부귀한 대로 행하고,
빈천한 처지에 있으면 빈천한 대로 행하며,
오랑캐 땅에 있어도 오랑캐 땅에 있는 대로 행하고,
환란에 처해도 환란에 있는 대로 행한다.

군자는 그 어떤 곳에 처하든지 그 뜻을 얻지 못함이 없다."

"윗자리에 있을 때 아랫사람을 업신여기지 않고,

아랫자리에 있을 때 윗사람을 끌어내리지 않으며,

자신을 바로잡고 남에게 구하는 것이 없으면,

원망이 없다. 위로는 하늘을 원망하지 않고, 아래로는 남을 탓하지 않는다.

그러므로 군자는 편안한 곳에 있으면서 천명天命을 기다리고,

소인은 위험을 무릅쓰고 요행을 바란다."

공자께서 말씀하셨다: "활쏘기는 군자와 비슷한 점이 있다.

과녁을 맞히지 못했을 때, 그 원인을 돌이켜 자기 자신에게서 찾는다."

주자의 주석으로 읽는
중용

주자는 먼저 '소素'를 '지금 처해 있는(見在)'이라는 뜻으로 풀이하며, "君子素其位而行, 不願乎其外 군자소기위이행, 불원호기외"는 군자가 현재 자신이 처한 위치에 따라 마땅히 해야 할 바를 행하고(爲其所當爲), 그 외부의 것을 탐내거나 바라는 마음(無慕乎其外之心)이 없음을 의미한다고 풀이했다.

군자가 자신의 위치에 따라 행동하는 구체적인 모습은 네 가지 상황으로 나누어진다.

素富貴, 行乎富貴. 소부귀, 행호부귀 : 부유하고 귀한 자리에 있을 때, 그에 맞는 도리를 행하고

素貧賤, 行乎貧賤. 소빈천, 행호빈천 : 가난하고 천한 자리에 있을 때, 그에 맞는 도리를 행하며

素夷狄, 行乎夷狄. 소이적, 행호이적 : 오랑캐 땅에 있을 때도 그에 맞는 도리를 행하고

素患難, 行乎患難. 소환란, 행호환란 : 환란을 겪을 때도 그에 맞는 도리를 행한다는 것이다.

이처럼 어떤 상황에 처하더라도, "군자는 어느 곳에 들어가도 스스로 만족하지 않음이 없다"고 설명하며, 이것이 '자신이 처한 위치에 따라 행동하는 것(素其位而行)'의 진정한 의미라고 하였다.

주자는 다음으로 '바라지 않는(不願乎其外)' 태도를 설명했다.
"**在上位不陵下, 在下位不援上, 正己而不求於人則無怨.** 재상위불릉하, 재하위불원상, 정기이불구어인즉무원."을 높은 지위에 있을 때 아랫사람을 업신여기지 않고(不陵下), 낮은 지위에 있을 때 윗사람을 끌어당기려 하지 않으며(不援上), 자신을 바르게 하고 남에게 바라지 않으면(正己而不求於人) 원망할 일이 없다고 풀이했다. 나아가 "**上不怨天, 下不尤人** 상불원천, 하불우인, 위로는 하늘을 원망하지 않고, 아래로는 사람을 탓하지 않는다"는 경지에 이른다고 하였다. 이것이 '그 외부를 바라지 않는 것(不願乎其外)'의 의미라고 주자는 설명한다.

다음으로 이러한 군자의 태도와 소인의 태도를 비교하여, "군자는 편안한 곳에 머물며 명을 기다리고(居易以俟命), 소인은 위험한 곳에서 행하며 요행을 바란다(行險以徼幸)"고 하였다. 주자는 '이易'를 '평평한 땅'으로 풀이하며, '거이居易'는 '자신의 위치에 충실하여 행

동하는 것(素位而行)'을 의미한다고 풀이한다. '사명俟命'은 '외부를 바라지 않는 것(不願乎外)'을 뜻한다. 반면 '요徼'는 '구하다(求)'의 의미이고, '행幸'은 '마땅히 얻지 못할 것을 얻는 것(所不當得而得者)'을 의미하여, 소인이 편법이나 요행을 바라는 태도를 비판한다.

마지막으로 자사子思가 인용한 공자의 말씀, "활쏘기는 군자와 닮은 점이 있다. (화살이) 과녁(正鵠)을 맞추지 못했을 때, 그 원인을 돌이켜 자기 자신에게서 찾는다(反求諸其身)"는 구절에 대해 주자는 '정正'은 그림을 그린 과녁, '곡鵠'은 가죽 과녁으로, 모두 활쏘기의 목표물이라고 설명한다. 자사가 이 공자의 말을 인용하여 앞선 문맥의 의미를 마무리(以結上文之意)함이다. 즉 외부를 탓하지 않고 자신에게서 원인을 찾는 태도가 바로 군자가 자신의 위치에 충실하고 외부를 바라지 않는 모습과 연결된다는 것이다.

현대적 해석
주어진 환경의 수용과 자기 책임감

이 단락은 현대인에게 '주어진 환경의 수용과 자기 책임감'의 중요성을 강조하고 있다. "군자는 자신이 처한 위치에 따라 행동하고, 그 외부의 것을 바라지 않는다"는 가르침은, 우리가 외부의 조건이나 타인의 기대에 휘둘리지 않고 '지금 여기'에서의 자신의 역할과 본분에 충실해야 한다는 메시지다.

급변하고 불확실한 현대사회에서 많은 사람들은 현재에 만족하지 못하고 끊임없이 더 나은 환경, 더 높은 지위, 더 많은 물질을 갈망하며 불안해 한다. 그러나 중용은 어떠한 상황(부귀, 빈천, 이적, 환란)에서도 '스스로 만족하고 즐거워하는(無入而不自得)' 내면의 자유가 진정한 행복의 근원임을 제시한다. 이는 불필요한 비교와 질투를 멈추고 자신의 삶을 주체적으로 살아가라는 지혜다.

'윗사람에게 원망하지 않고 아랫사람을 탓하지 않는' 태도는 '자기 책임감'의 최고 경지를 보여준다. 실패나 어려움의 원인을 외부 환경이나 타인에게 돌리기보다 자신에게서 원인을 찾고 개선하려는 태도가 진정한 성장을 이끈다는 것이다. 이는 현대의 '피해자 의식'이나 '남 탓' 문화에 대한 강력한 반박이다.

"군자는 편안한 곳에 머물며 명을 기다리고, 소인은 위험한 곳에서 행하며 요행을 바란다(君子居易以俟命, 小人行險以徼幸)"는 대조는 '계획성과 꾸준함' 대 '투기와 요행'의 차이를 명확히 한다. 군자는 자신의 본분에 충실하며 때를 기다리는 인내심을 갖지만 소인은 단기적인 이득을 위해 무모하게 행동하거나 편법을 추구하여 불확실한 행운에 의존한다. 이는 장기적인 관점에서 안정적인 성장을 추구하는 것과, 단기적인 성과에만 매몰되어 위험을 자초하는 것의 차이를 보여준다.

결론적으로, 이 단락은 자신에게 주어진 현재의 위치와 상황을 겸허히 수용하고, 그 안에서 최선을 다하며, 모든 문제의 원인을 자기 자신에게서 찾아 해결하려는 성숙한 자세가 바로 '군자의 도'이자 '중용'의 실천임을 강조하고 있다. 이는 외부의 조건에 흔들리지 않는 '내면의 안정성'을 추구하는 현대인의 삶에 큰 울림을 준다.

일상의 중용 실천
재택근무 상황에서의 자기관리와 성과

팬데믹 이후 많은 기업이 재택근무를 도입했다. 직장인 지택림地澤臨 씨는 처음에는 "사무실에 나가지 않아 편하다"고 생각했지만, 곧 업무 효율이 떨어지고 게을러지는 자신을 발견했다. 그는 재택근무 환경에 대한 불평이 많았고, "회사가 이런 환경을 제대로 제공하지 않아서"라며 외부 요인을 탓했다. 이는 소인이 '위험한 곳에서 행하며 요행을 바라는(行險以徼幸)' 모습과 비슷했다.

하지만 그는 『중용』의 '君子素其位而行 군자소기위이행'을 떠올렸다. '재택근무'라는 주어진 위치(位)를 인정하고, 그 안에서 마땅히 해야 할 바(當爲)를 찾기 시작했다. 아무도 보지 않는 집에서 업무를 해야 하지만, '無入而不自得 무입이불자득'처럼 자신의 상황에서 만족을 찾기 위해 노력했다. 그는 매일 아침 정해진 시간에 일어나고, 정해진 루틴대로 업무를 시작했다. 근무 중 불필요한 스마트폰 사용이나 다른 유혹들을 스스로 통제했다.

어떤 문제가 발생하여 성과가 좋지 않을 때도, 그는 '과녁을 맞히지 못했을 때 자기 자신에게서 원인을 찾듯이(失諸正鵠, 反求諸其身)', '어떤 환경에서도 내가 최선을 다하지 못했기 때문'이라고 생각하며 자신의 업무 방식이나 자기관리 습관을 개선하려 노력했다. '위로는 환경을 탓하지 않고, 아래로는 동료를 탓하지 않는(上不怨天, 下不尤人)' 태도를 유지했다. 이러한 '자기 책임감'과 '현재 위치에 대한 충실함' 덕분에 지택림 씨는 재택근무 상황에서도 뛰어난 업무 성과를 낼 수 있었고, 주변 동료들에게도 모범이 되었다. 그의 경험은 외부 환경에 휘둘리지 않고 내면의 원칙을 지키는 '군자의 도'가 현대인의 삶에서 어떻게 실천될 수 있는지를 보여준다.

나를 바꾸는 질문
나의 '현재 위치'를 사랑하는 법

Q1 : 내가 현재 처해 있는 '위치(位)'나 '상황' 중에서 가장 불만족스럽거나 바꾸고 싶다고 느끼는 것은 무엇인가?

Q2 : "군자가 어떤 곳에 들어가도 스스로 만족하지 않음이 없다(無入而不自得)"는 말처럼, 지금 나의 환경이나 위치에서 '스스로 만족하고 즐거워할 수 있는' 한 가지를 찾아보자.

Q3 : '활쏘기에 실패하면 자신에게서 원인을 찾듯이(反求諸其身)', 현재 내가 가진 현재 문제나 불만족의 원인을 외부가 아닌 '자신'에게서 찾아 해결하기 위해 어떤 구체적인 노력을 해볼 수 있을까?

먼 길도 가까운 곳에서부터
높은 곳도 낮은 곳에서부터

君子之道, 辟如行遠必自邇, 辟如登高必自卑.
군자지도, 비여행원필자이, 비여등고필자비.

詩曰: '妻子好合, 如鼓瑟琴.
시왈: '처자호합, 여고슬금.

兄弟既翕, 和樂且耽. 宜爾室家, 樂爾妻帑.
형제기흡, 화락차담. 의이실가, 낙이처노.

子曰: '父母其順矣乎.
자왈: '부모기순의호.

"군자의 도道는 비유하자면,
먼 곳을 가려거든 반드시 가까운 곳에서부터 시작하는 것과 같고,
높은 곳에 오르려거든 반드시 낮은 곳에서부터 시작하는 것과 같다.
『시경』에 이르기를, '아내와 자식이 잘 화합하는 것은
비파와 거문고를 연주하는 것과 같고,
형제가 이미 화합하여 화목하고 즐거움이 깊다.
너의 집안을 화목하게 하고
너의 처자식을 즐겁게 하라'고 하였다."
공자께서 말씀하셨다: '부모님이 편안하시겠구나.'

주자의 주석으로 읽는
중용

주자는 먼저 '벽辟'이 '비유할 비譬'와 같다고 설명하며, "君子之道 辟如行遠必自邇 辟如登高必自卑 군자지도 비여행원필자이 비여등고필자비"라는 구절을 풀이하였다.

군자의 도는 비유하자면 먼 길을 가고자 하면 반드시 가까운 곳에서부터 시작해야 하고, 높은 곳에 오르려면 반드시 낮은 곳에서부터 시작해야 하는 것과 같다는 것이다. 이는 원대해 보이는 도의 실천이 사실은 지극히 평범하고 가까운 곳, 즉 일상생활의 작은 실천에서부터 출발해야 함을 강조한다.

이어서 『시경』「소아小雅 상체常棣」편의 "妻子好合, 如鼓瑟琴; 兄弟旣翕, 和樂且耽; 宜爾室家; 樂爾妻帑. 처자호합, 여고슬금; 형제기흡, 화락차담; 의이실가; 낙이처노"을 풀이하면서, '호好'는 "좋아하다"는 뜻이 아니라 "화합하다"는 뜻이며, '담耽'은 "즐겁다(樂)"는 뜻과 같고, '노帑'는 '자손'을 의미한다고 설명하며, "아내와 자식이 잘 화합하는 것이 비파와 거문고를 타는 것처럼 조화롭고, 형제가 이미 화목하여 즐겁고 또한 편안하니 너의 집안을 화목하게 하고 너의 처자식을 즐겁게 하라"고 풀이했다.

자사는 이 시를 인용한 후 공자(夫子)의 말씀 "父母其順矣乎 부모기순의호!"라고 덧붙였는데, 주자는 공자가 이 시를 읊고 칭찬하면서, "사람이 처자식과 이처럼 화목하고 형제와 이처럼 화목하다면, 부모님께서도 편안하고 즐거워하실 것이다."라고 말했음을 설명한다.

주자는 자사가 이 시와 공자의 말씀을 인용한 것은 바로 "먼 곳을 가려면 가까운 곳에서부터 시작하고, 높은 곳에 오르려면 낮은 곳에서부터 시작해야 한다"는 뜻을 밝히기 위함이라고 강조하였다. 즉 가정에서의 화목과 친밀함이 개인의 도덕적 성숙과 나아가 천하를 다스리는 도의 근본적인 시작점이라는 것다.

현대적 해석
나와 가까운 관계에서 시작되는 '진정한 리더십'

이 단락은 '나와 가까운 관계'에서 시작되는 '진정한 리더십'의 중요성을 강조하고 있다. '먼 길도 가까운 곳에서부터, 높은 곳도 낮은 곳에서부터'라는 비유는, 거창한 사회적 성공이나 원대한 목표를 추구하기 전에 가장 기본적인 것, 즉 '가정에서의 화목'과 '친밀한 관계에서의 배려'를 먼저 실천해야 함을 일깨운다.

우리는 종종 큰 업적이나 외부의 인정을 좇다가 가장 소중하고 가까운 관계를 소홀히 하는 실수를 저지르곤 한다. 그러나 중용은 진정한 도덕적 성숙과 영향력이 바로 이 '가까운 곳'에서부터 시작된다고 말한다.

"처자식이 비파와 거문고처럼 조화롭고, 형제가 화목하고 즐거우니."라는 시 구절은 오늘날 '건강한 가족관계'와 '원만한 대인관계'의 중요성을 역설하고 있다.

가족 구성원 간의 소통과 이해, 그리고 서로에 대한 배려를 통해 만들어지는 조화로운 관계는 개인의 정서적 안정과 행복의 근간이 된다. 이러한 친밀하고 안정된 관계 속에서 개인은 비로소 자신의 역량을 온전히 발휘하고, 더 나아가 사회에 긍정적인 영향을 미칠 수 있다. "나의 집안을 화목하게 하고, 처자식을 즐겁게 하라"는 것은 가장 기본적인 '자기관리'와 '책임감'을 강조하며, 이는 모든 리더십의 시작점이다.

공자가 "부모님께서 편안히 여기실 것이다."라고 한 것은, 가족의 행복이 궁극적으로 부모님의 만족과 기쁨으로 이어진다는 효孝의 정신을 보여준다. 이는 "개인의 행복과 성장이 주변 관계의 조화와 궁극적으로 연결된다"는 유교의 공동체적 가치를 반영하고 있다. 결국 이 단락은 거창한 이상을 좇기 전에 가장 가까운 관계에서부터 '중용'의 도를 실천해야 하며, 그 작은 실천들이 쌓여야 비로소 멀리까지 나아가고 높은 곳에 오를 수 있는 진정한 힘을 얻게 됨을 가르치고 있다. 이는 현대사회에서 가정과 직장, 공동체 내에서의 '친밀한 관계 구축'과 '공감 능력 발휘'가 얼마나 중요한 것인지를 강조하는 메시지다.

일상의 중용 실천
워라밸을 통한 가족관계 개선과 업무효율 증대

직장인 풍지관風地觀 씨는 업무에만 매달려 주말에도 야근을 하는 경우가 많았다. 가족과의 시간은 부족했고, 아내와 자녀들과의 관계도 점차 소원해졌다. 그는 사회적으로는 인정받는 것 같았지만, 집으로 돌아오면 마음이 불편했다. 이는 마치 '먼 길을 가려다가 가장 가까운 가족을 소홀히 하는' 모습이었다.

어느 날 풍지관 씨는 『중용』을 읽다가 "行遠自邇, 登高自卑. 행원자이, 등고자비."라는 가르침을 접했다. 그는 자신의 "가장 가까운 곳, 즉 가족 관계부터 돌아보아야 진정으로 '멀리'갈 수 있고 '높이' 오를 수 있다"는 것을 깨달았다. 그는 과감히 '워라벨'을 추구하기로 결심하고, 퇴근 후에는 반드시 가족과 함께 시간을 보내고, 주말에는 스마트폰을 들여다보는 대신 자녀들과 놀아주는 데 집중했다.

처음에는 어색했지만, 아내와 자녀들에게 '비파와 거문고처럼 조화롭게(如鼓瑟琴)' 다가가고자 노력했다. 함께 저녁식사를 준비하고, 아이들의 이야기를 경청하며, 소소한 일상에서 행복을 찾았다. 가족 간의 갈등이 생길 때도 인내심을 갖고 대화하며 '형제가 화목하듯이(兄弟旣翕)' 관계를 회복하려 애썼다. 이러한 노력은 그의 '실가室家를 화목하게 하고 처자식을 즐겁게 하는' 실천이었다.

놀랍게도 가족관계가 개선되자, 풍지관 씨의 업무효율도 높아지고 스트레스도 줄어들었다. 마음이 편안해지자 업무에 대한 집중력과 창의력도 향상되었다. 그는 "이제 부모님께서도 편안히 여기실 것이다."라고 생각하며 진정한 만족감을 느끼게 되었다.

풍지관 씨의 경험은 "원대한 목표는 가장 가까운 관계에서부터 시작된다"는 『중용』의 지혜가 현대인의 삶에서 어떻게 적용될 수 있는지를 보여주는 좋은 예시다.

나를 바꾸는 질문
나의 '가까운 곳' 리더십 설계

Q1 : 나의 삶에서 먼 길을 가거나 높은 곳에 오르려다가, 정작 가장 가까운 '낮은 곳'이나 '가까운 관계'를 소홀히 했던 경험은 무엇인가?

Q2 : "처자식이 비파와 거문고처럼 조화롭고, 형제가 화목하고 즐겁다"는 시 구절처럼, '가장 가까운 관계(가족, 친구, 연인 등)'를 더욱 화목하고 조화롭게 만들기 위해 오늘부터 어떤 작은 노력을 해볼 수 있을까?

Q3 : '가까운 관계'가 이처럼 화목하고 안정적일 때, 그 에너지가 나의 '원대한 목표나 사회적 역할'에 어떤 긍정적인 영향을 미칠 것이라고 기대하는가?

귀신의 덕은 성대하다

子曰:鬼神之爲德, 其盛矣乎! 視之而弗見, 聽之而弗聞, 體物而不可遺.
자왈: 귀신지위덕, 기성의호! 시지이불견, 청지이불문, 체물이불가유.

使天下之人, 齊明盛服, 以承祭祀. 洋洋乎如在其上, 如在其左右.
사천하지인, 재명성복, 이승제사. 양양호여재기상, 여재기좌우.

詩曰: "神之格思, 不可度思, 矧可射思." 夫微之顯, 誠之不可揜, 如此夫!
시왈: "신지격사, 불가탁사, 신가역사." 부미지현, 성지불가엄, 여차부!

"공자께서 말씀하셨다.
'귀신의 덕德이여, 그 얼마나 성대한가!'
보아도 보이지 않고, 들어도 들리지 않으나, 만물에 깃들어 빠뜨릴 수 없다.
천하의 사람들로 하여금 마음을 깨끗이 하고
옷을 정갈하게 입고서 제사를 받들게 한다.
넘실넘실하게 마치 그 위에 계신 듯하고, 그 좌우에 계신 듯하다.

『시경』에 이르기를 '신의 오심을 헤아릴 수 없으니,
하물며 어찌 싫어할 수 있겠는가.'라고 하였다.
무엇이 보이지 않으면서 드러나는 것이며,
진실함이 가려지지 않는 것이 이와 같은 것이다!"

주자의 주석으로 읽는
중용

   주자는 공자의 말씀, "鬼神之爲德, 其盛矣乎!귀신지위덕, 기성의호!"를 풀이하면서 정자程子의 말을 인용해 "귀신은 천지天地의 공용功用, 즉 천지의 작용이며 조화造化의 자취이다."라고 설명한다. 또한 장자의 말을 인용하여 "귀신은 음양(二氣)의 훌륭한 능력(良能)이다."라고 덧붙였다.

   주자는 또한 자신의 견해를 덧붙여 설명하기를, "음양 이기二氣로 말하면, '귀鬼'는 음기陰氣의 신령함이고, '신神'은 양기陽氣의 신령함"이라고 하였다.

   그러나 "하나의 기氣로 말하면, 이르러 펼쳐지는 것(至而伸者)이 '신神'이 되고, 돌아가는 것(反而歸者)이 '귀鬼'가 되니, 실제로는 하나의 사물(一物)일 뿐이라고 강조하였다. 즉 귀신은 초자연적인 존재라기보다 음양의 기운이 모였다 흩어지는 자연의 순환 과정, 또는 만물의 생성과 소멸을 주관하는 보이지 않는 기운의 작용을 의미한다는 것이다. '위덕爲德'은 성품, 감정, 공효(효과) 등을 의미한다고 풀이한다.

   주자는 귀신의 특성을 "보아도 보이지 않고(弗見), 들어도 들리지 않지만(弗聞), 사물에 체현되어 있어 버릴 수 없다(不可遺)"고 설명한다. 즉 귀신은 형체도 없고 소리도 없지만(無形與聲), 만물의 시작과 끝(終始)이 모두 음양의 합하고 흩어지는 작용에 의해 이루어지므로(莫非陰陽合散之所爲), 그 존재가 만물의 본체에 해당하여 만물이 그를 버릴 수 없다(物所不能遺也)는 것이다. 여기서 '체물體物'은 『주역』에서 말하는 '간사幹事', 즉 만물을 주관하는 작용과 같다고 한다.

『중용』은 귀신의 '널리 드러남(費)'을 설명하는 예시로 "使天下之人齊明盛服, 以承祭祀. 洋洋乎! 如在其上, 如在其左右. 사천하지인재명성복, 이승제사. 양양호! 여재기상, 여재기좌우."라는 구절을 인용하였다. "천하의 사람들이 몸을 깨끗이 하고(齊明) 의복을 갖춰 입고(盛服), 제사祭祀를 받들게 하는데, (귀신의 기운이) 넘실넘실 흘러넘쳐(洋洋乎!), 마치 그 위에 있는 듯하고, 그 좌우에 있는 듯하다"고 말한다.

주자는 '제齊'를 '가지런히 함(齊也)'이라고 풀이하며, '양양洋洋'은 '흘러넘치고 충만한 모습(流動充滿之意)'이라고 설명한다. 사람들에게 "경외하는 마음으로 받들어 섬기게 하여, 그 존재가 이처럼 분명하게 드러나게 하는 것(發見昭著如此)이 바로 귀신이 사물에 체현되어 있어 버릴 수 없는(體物而不可遺) 증험이다." 이는 눈에 보이지 않는 존재임에도 불구하고 그 영향력과 감응이 지극히 뚜렷하여 사람들이 그 존재를 인정하고 경외하게 됨을 의미한다.

『중용』은 공자의 또 다른 말을 인용하여 "그 기운이 위로 발양하여 밝게 빛나고(昭明), 향기가 나고(焄蒿), 서늘하고 슬픈 기운(悽愴)이 되는 것은, 모든 사물의 정미한 기운이며, 신神의 드러남이다."라고 하였다. 주자는 이것이 바로 '귀신이 성대하게 덕을 행하는 것'을 의미한다고 설명한다.

『시경』「대아大雅 억抑」편의 "神之格思, 不可度思! 矧可射思! 신지격사, 불가탁사! 신가역사!, 신神이 오심을 헤아릴 수 없구나! 하물며 게을리

해서야 되겠는가!"라는 구절에 대해 주자는 '격格'은 "오다(來)"는 뜻이고, '사思'는 어조사이며, '사射'는 "게으르다, 싫어하다"는 뜻으로, "게을리 하고 불경하게 대하는 것"을 의미한다고 풀이했다. 이 시는 신의 존재가 불가사의하고 미묘하지만, 함부로 소홀히 할 수 없음을 경고한다.

마지막으로 주자는 "夫微之顯, 誠之不可揜如此夫. 부미지현, 성지불가엄여차부."를 풀어 "미묘한 것이 드러나고(微之顯), 성실함(誠)이 가려질 수 없음이 이와 같다"고 해설했다. '성誠'은 '진실하고 거짓이 없음(眞實無妄之謂)'을 의미하며, 음양의 합하고 흩어지는 작용에 거짓이 없듯이, 그 발현이 이처럼 가려질 수 없다는 것이다.

현대적 해석
시스템의 보이지 않는 힘과 진정성의 현현

이 단락은 현대사회에서 '시스템의 보이지 않는 힘과 진정성의 현현'이라는 관점에서 깊은 의미를 가진다. '귀신'을 음양 이기二氣의 작용이자 천지조화의 자취로 해석하는 것은, 우리가 눈으로 볼 수 없지만 분명히 존재하며 영향을 미치는 '보이지 않는 시스템'이나 '근원적인 원리'를 의미한다. 예를 들어, 인터넷이라는, 물리적 실체가 없지만 그로 인해 작동하는 정보 네트워크, 혹은 시장경제의 '보이지 않는 손'과 같은 개념이다. 이러한 '보이지 않는 힘'은 우리 삶은 물론 사회 전반에 지대한 영향을 미치며, 우리는 그것의 존재를 알면서도 완전히 파악하기는 어렵다.

"보아도 보이지 않고, 들어도 들리지 않지만, 사물에 체현되어 있어 버릴 수 없다"는 귀신의 속성은, '본질적인 가치나 조직문화'의 특성과도 유사하다. 기업의 핵심가치나 조직문화는 눈에 보이는 실체가 아니지만, 구성원들의 행동과 의사 결정에 깊이 스며들어 영향을 미치며, 그 조직을 떠나서는 생각할 수 없는 본질적인 요소가 된다. 제사祭祀를 통해 귀신이 "넘실넘실 흘러넘치고, 마치 그 위에, 그 좌우에 있는 듯하다"는 표현은, '진정성 있는 의례나 행위'가 만들어내는 '집단적 감응과 공감대 형성'의 힘을 보여준다. 즉 형식적인 제스처가 아니라 진심이 담긴 행동은 사람들에게 깊은 울림을 주어, 보이지 않는 가치나 정신이 현실에서 '현현顯現'하게 한다는 것이다.

"미묘한 것이 드러나고, 성실함이 가려질 수 없음이 이와 같다"는 결론은 '진정성'의 힘을 강조한다. 아무리 숨기려 해도 진실하고 성실한 마음은 결국 드러나게 마련이라는 것이다.

반대로 아무리 꾸며도 진정성이 결여되면 사람들은 그것을 금세 알아차린다. 이는 개인의 인격 형성뿐만 아니라 기업의 브랜드 이미지, 리더의 신뢰성 등 현대사회의 모든 관계와 소통에서 '진정성'이 가장 강력한 힘이자 드러날 수밖에 없는 본질임을 보여준다. 중용은 우리가 귀신의 현현을 통해 보이지 않는 도의 '비費'와 '은隱'의 속성을 깨닫듯이, 삶의 모든 영역에서 '진정성'을 바탕으로 한 올바른 실천이 얼마나 중요하고 강력한 영향력을 가지는지를 역설하고 있다.

일상의 중용 실천
투명한 기업문화와 직원들의 자발성

한 IT 스타트업은 '투명성'과 '자율성'을 핵심가치로 내세웠다. 초기에는 이 가치들이 단순한 구호처럼 느껴졌지만, CEO 뇌지예雷地豫 씨는 이 가치들을 '귀신처럼 보이지 않지만 모든 것에 스며들게' 하기 위해 노력했다. 그는 매주 전 직원 미팅에서 회사의 재정 상태와 프로젝트 진행 상황을 가감 없이 공유하고, 어떤 문제가 발생하더라도 솔직하게 논의했다. 이는 직원들에게 '넘실넘실 흘러넘쳐 마치 그 위에, 그 좌우에 있는 듯한 신뢰의 기운(神)'을 느끼게 했다.

또한 CEO 뇌지예 씨는 직원들의 의견을 경청하고 자율적인 업무 환경을 조성했다. 눈에 보이는 강압적인 지시나 통제가 없었음에도 불구하고, 직원들은 스스로 주인의식을 가지고 업무에 임하고 적극적으로 협업했다. '보이지 않고 들리지 않지만' 회사의 핵심가치와 뇌지예 씨의 진정성이 모든 구성원에게 스며들어 '자발적인 동기부여'를 이끌어낸 것이다.

어떤 프로젝트에서 실패했을 때도, 뇌지예 씨는 책임을 회피하거나 직원을 비난하지 않고, 솔직하게 원인을 분석하고 개선 방안을 함께 모색했다. "미묘한 것이 드러나고, 성실함이 가려질 수 없음이 이와 같다"는 가르침처럼, 그의 '진정성 있는 태도'는 어려움 속에서도 빛을 발했고, 직원들은 더욱 굳건한 신뢰를 보냈으며, 이 기업은 단순히 높은 성과를 넘어, 건강하고 지속 가능한 기업 문화를 구축하며 업계의 모범이 되었다.

이는 귀신의 '비費'와 '은隱'의 속성처럼, 보이지 않는 가치와 진정성이 어떻게 조직 전체에 퍼져 강력한 힘을 발휘하는지를 보여주는 현대적 예시다.

나를 바꾸는 질문
나의 '진정성'으로 세상에 현현하기

Q1 : 내가 속한 조직이나 관계에서 귀신처럼 보이지는 않지만, 강력하게 존재하며 영향을 미치는 '보이지 않는 힘'이 있다면 무엇인가? (예: 특정 가치, 분위기, 리더의 신념 등)

Q2 : "보아도 보이지 않고 들어도 들리지 않지만, 사물에 체현되어 있어 버릴 수 없다"는 귀신의 특성처럼, 내가 추구하는 어떤 '본질적인 가치나 정신'이 나의 삶과 행동에 어떻게 스며들어 있는가?

Q3 : "미묘한 것이 드러나고, 성실함이 가려질 수 없다"는 가르침을 바탕으로, 앞으로 '진정성'을 가지고 실천하고 싶은 한 가지 행동이나 태도는 무엇인가? 그것이 나의 삶과 주변에 어떤 긍정적인 '현현顯現'을 가져올 것이라고 기대할 수 있는가?

지극한 효孝와 덕德이 가져오는 하늘의 보답

子曰: 舜其大孝也與! 德爲聖人, 尊爲天子,

자왈: 순기대효야여! 덕위성인, 존위천자,

富有四海之內, 宗廟饗之, 子孫保之.

부유사해지내, 종묘향지, 자손보지.

故大德必得其位, 必得其祿, 必得其名, 必得其壽.

고대덕필득기위, 필득기록, 필득기명, 필득기수.

故天之生物, 必因其材而篤焉. 故栽者培之, 傾者覆之.

고천지생물, 필인기재이독언. 고재자배지, 경자복지.

詩曰: 嘉樂君子, 憲憲令德, 宜民宜人, 受祿于天.

시왈: 가락군자, 헌헌영덕, 의민의인, 수록우천.

保佑命之, 自天申之. 故大德者, 必受命.

보우명지, 자천신지. 고대덕자, 필수명.

"공자께서 말씀하셨다. 순舜임금은 그야말로 지극한 효자였구나!
덕은 성인聖人이 되었고, 존귀함은 천자天子가 되었으며,
부유함은 천하를 가졌고, 종묘에서는 제사를 받았으며,
자손들이 그를 보존하였다.
그러므로 큰 덕을 지닌 사람은 반드시 그 지위를 얻고,
반드시 그 복록福祿을 얻으며, 반드시 그 이름(명성)을 얻고,

반드시 그 수명(장수)을 얻는다.

하늘이 만물을 낼 때, 반드시 그 재목材木에 따라 두텁게 한다.

심을 만한 것은 북돋아주고, 기울어진 것은 엎어버린다.

『시경』에 이르기를

'훌륭하고 즐거운 군자여, 뚜렷이 아름다운 덕을 지녔도다.

백성과 사람들을 마땅하게 하여 하늘로부터 복록을 받았네.

하늘이 그를 돕고 보우하고 명하여,

스스로 하늘이 그를 거듭하게 하였네.'라고 하였으니

큰 덕을 지닌 사람은 반드시 천명을 받는다."

주자의 주석으로 읽는
중용

공자는 순임금이 지극한 효자임을 강조하며, 그가 이룬 성취를 다음과 같이 언급한다.

德爲聖人 덕위성인 : 덕은 성인과 같았고,

尊爲天子 존위천자 : 지위는 천자가 되었으며,

富有四海之內 부유사해지내 : 부유함은 천하를 가졌고,

宗廟饗之 종묘향지 : 종묘에서 제사를 받았고,

子孫保之 자손보지 : 자손이 그 제사를 보전했다.

주자는 여기서 '자손'을 우사虞思와 진호공陳胡公의 무리, 즉 순임금의 후손들을 의미한다고 덧붙인다.

주자는 이러한 순임금의 사례를 통해 "큰 덕(大德)을 지닌 사람은 반드시 그 지위를 얻고(得其位), 반드시 그 복록(祿)을 얻으며(得其祿), 반드시 그 명예(名)를 얻고(得其名), 반드시 그 수명(壽)을 얻는다(得其壽)"고 풀이하면서 순임금은 110세를 살았으니 이는 그 덕이 지극했음을 보여준다고 하였다.

주자는 하늘이 만물을 기르는 이치를 들어 이러한 필연성을 설명한다. "하늘이 만물을 기를 때 반드시 그 재질(材)에 따라 후하게(篤) 한다. 그러므로 심어진 것(栽者)은 북돋아주고(培之), 기울어진 것(傾者)은 엎어버린다(覆之)"고 말한다. '재材'는 질質을, '독篤'은 후함(厚)을, '재栽'는 심는 것을 의미한다. '기氣'가 이르러 자라나고 번성하는 것(滋息)이 '북돋아주는(培)' 것이고, '기'가 반대로 흩어져 버리는 것(游散)은 '엎어버리는(覆)' 것이다. 이는 하늘의 이치가 덕이 있는 존재에게는 풍성함을 주고, 덕이 없는 존재에게는 재앙을 내린다는 천도(天道)를 의미한다.

자사는 이어서 『시경』「대아大雅 가락假樂」편의 구절을 인용한다. "훌륭하고 즐거운 군자여, 빛나는 아름다운 덕이여! 백성에게 마땅하고 사람들에게 마땅하여; 하늘로부터 복록을 받고; 하늘이 그를 보우하고 명하여, 스스로 하늘이 거듭함을 내리시네!"라는 구절이다. 주자는 여기에서 '가假'는 '가嘉'와 같고, '헌憲'은 '현顯'과 같으며, '신申'은 '거듭하다'는 뜻이라고 풀이했다.

마지막으로 주자는 "그러므로 큰 덕을 지닌 사람은 반드시 하늘의 명을 받는다"고 결론짓는다. 여기서 '수명受命'은 '하늘의 명을 받아 천자天子가 되는 것'을 의미한다.

현대적 해석
선한 영향력의 확장과 가치 중심 리더십의 결과

이 단락은 현대사회에서 '선한 영향력'의 확장과 '가치 중심 리더십'이 가져오는 필연적인 성공을 강조하고 있다. 순임금의 '대효大孝'는 단순히 부모님께 잘하는 것을 넘어, 자신의 내면을 바르게 하고 그것을 바탕으로 사회에 긍정적인 영향을 미치는 '근본적인 덕德'을 상징한다.

"덕이 성인과 같고, 지위는 천자가 되고, 부는 천하를 가졌으며, 명예가 이어지고 자손이 보전된다(位, 祿, 名, 壽)"는 것은, 진정한 '가치 중심 리더'가 개인의 성공을 넘어 조직과 사회 전체에 번영을 가져다주는 '복합적인 성공'을 이룰 수 있음을 보여준다. 이는 단기적인 성과나 물질적 이익만을 좇는 리더십이 아닌, 도덕적 기반 위에서 장기적인 번영을 추구하는 리더십의 중요성을 역설한다.

"하늘이 만물을 기를 때 그 재질에 따라 후하게 한다. 심어진 것은 북돋아주고, 기울어진 것은 엎어버린다"는 말은 현대의 '긍정 강화(positive reinforcement)와 자연 선택(natural selection)'의 원리와 유사하다. 즉 긍정적인 특성이나 올바른 가치를 지닌 개인이나 조직은 자연스럽게 성장하고 번성하며, 그렇지 못한 경우에는 도태될 수밖에 없다는 것이다. 이는 노력과 진정성을 바탕으로 한 성장이 궁극적으로 자연의 섭리와도 일치한다는 메시지를 전달한다.

『시경』의 구절처럼 "훌륭하고 즐거운 군자여, 빛나는 아름다운 덕이여! 백성에게 마땅하고 사람들에게 마땅하여; 하늘로부터 복록을 받고; 하늘이 그를 보우하고 명하여, 스스로 하늘이 거듭함을 내리시네!"라는 찬사는, 개인의 뛰어난 덕성과 리더십이 사회 전체에 조화와 번영을 가져오고, 이는 곧 하늘이 내리는 축복처럼 보인다는 의미다. 이는 리더의 윤리적 자세와 도덕적 실천이 얼마나 강력한 영향력을 가지는지를 보여준다.

결국 "큰 덕을 지닌 사람은 반드시 하늘의 명을 받는다"는 것은, 단순히 왕이 된다는 의미를 넘어 '진정으로 선하고 유능한 리더는 시대의 부름을 받고 사회에 긍정적인 변화를 이끌어낼 수밖에 없다'는 현대적 의미로 해석될 수 있다.

일상의 중용 실천
윤리 경영을 실천하는 기업의 성장

중소기업 대표인 지천태地天泰 씨는 창업 초기부터 '직원과 고객의 행복'을 최우선 가치로 삼는 '대덕大德'을 실천했다. 그는 단순히 이윤을 추구하기보다 직원들에게 정당한 보상과 복지를 제공하고, 고객들에게는 최고의 품질과 서비스를 제공하는 데 집중했다. 이는 순임금의 '대효大孝'가 근본적인 덕을 의미하듯이, 지천태 씨의 '윤리경영'은 기업 성장의 근본적인 덕이었다.

처음에는 경쟁사들보다 이윤이 적었지만 시간이 흐를수록 지천태 씨의 기업은 "큰 덕을 지닌 사람은 반드시 그 지위, 복록, 명예, 수명을 얻는다"는 가르침을 증명해 보였다. 직원들은 자발적으로 업무 효율을 높였고, 고객들은 제품에 대한 신뢰를 바탕으로 충성 고객이 되었다. 좋은 기업문화와 평판 덕분에 우수한 인재들이 모여들었고, 매출과 시장 점유율도 꾸준히 상승했다. 이는 마치 "심어진 것은 북돋아주고, 기울어진 것은 엎어버린다"는 하늘의 이치처럼 선한 가치를 추구하는 기업은 자연스럽게 번성한다는 것을 보여주었다.

그의 기업은 이제 '하늘로부터 복록을 받고, 하늘이 보우하고 명하며, 스스로 하늘이 거듭함을 내리는'듯이 사회적으로도 인정받는 모범기업이 되었다. 그의 성공은 단지 개인적인 부의 축적이 아니라 '선한 영향력'이 확장되어 기업과 사회 전체에 긍정적인 파급 효과를 가져오는 '大德者 必受命대덕자 필수명'의 현대적 예시가 되었다. 이는 윤리적이고 가치 중심적인 리더십이 궁극적으로 성공과 번영을 가져온다는 중요한 교훈을 준다.

나를 바꾸는 질문
나의 '선한 영향력' 계획하기

Q1 : 나의 삶에서 '대덕大德을 쌓는 것'이라고 생각하는 구체적인 실천이나 가치관이 있는가? (예: 꾸준한 자기계발, 약속 지키기, 타인 배려, 환

경 보호 등)

Q2 : 내가 실천하는 '선한 행동'이나 '긍정적인 가치관'이 당신 주변 사람이나 공동체, 나아가 사회에 어떤 '선한 영향력(位, 祿, 名, 壽의 현대적 의미)'을 미치기를 기대하는가?

Q3 : "심어진 것은 북돋아주고, 기울어진 것은 엎어버린다"는 하늘의 이치처럼, 내가 추구하는 '큰 덕'이 미래에 어떤 방식으로 '하늘의 보답'을 받을 것인지 상상해 보자.

아버지의 덕을 잇고 아들이 공을 이루다

子曰: 無憂者 其惟文王乎! 以王季爲父, 以武王爲子. 父作之, 子述之.

자왈: 무우자 기유문왕호! 이왕계위부, 이무왕위자. 부작지, 자술지.

공자께서 말씀하셨다.: "근심이 없는 사람은 오직 문왕文王뿐이었을 것이다! 왕계王季를 아버지로 모시고, 무왕武王을 자식으로 두었으니, 아버지가 시작한 일을 아들이 이어받았다."

주자의 주석으로 읽는
중용

공자는 "근심 없는 이는 오직 문왕文王뿐이로다!"라고 감탄하며, 그 이유를 "아버지가 (사업을) 일으키고, 아들이 (그것을) 이었기 때문"이라고 하였다. 주자는 이것이 문왕에 대한 이야기라고 말한다. 또한 『서경』에 "왕계가 왕가를 부지런히 다스렸다"고 기록된 것처럼 왕계가 이룬 공적 또한 "공적을 쌓고 인仁을 쌓는 일(積功累仁)"이었다고 덧붙인다.

주자는 『중용』 18장의 다음 구절 "武王續大王, 王季, 文王之緖. 壹戎衣而有天下, 身不失天下之顯名. 尊爲天子, 富有四海之內. 宗廟饗

之, 子孫保之. 무왕찬대왕, 왕계, 문왕지서. 일융의이유천하, 신불실천하지현명. 존위천자, 부유사해지내. 종묘향지, 자손보지."를 "무왕武王은 대왕大王, 왕계王季, 문왕文王의 사업(緒)을 이어서(纘), 한 번 갑옷을 입고(壹戎衣) 천하를 소유했고, 몸이 천하의 빛나는 명성을 잃지 않았다. 지위는 천자가 되었고, 부는 천하를 가졌으며, 종묘에서 제사를 받았고, 자손이 그 제사를 보전했다"고 풀이하였다.

그리고 '찬纘'을 '잇다(繼)'로, '대왕大王'은 왕계의 아버지라고 설명하며, 『서경』에 "대왕이 처음으로 왕업의 기초를 닦았다"고 하고, 『시경』에 "대왕에 이르러 비로소 은나라를 베었다"고 한 것을 인용한다. '서緒'는 업業, 즉 사업을 뜻하며, '융의戎衣'는 갑옷을 의미하고, '일융의'는 "무왕이 주왕을 치기 위해 한 번 갑옷을 입었다"는 의미의 표현이라고 풀이하며, 무왕은 늦게 천명을 받아(末受命) 천자가 되었지만, 그 공업이 지대했음을 강조한다.

마지막으로 주자는 주공周公의 역할을 설명한다.

周公成文武之德, 追王大王 王季, 上祀先公以天子之禮. 斯禮也, 達乎諸侯大夫, 及士庶人. 주공성문무지덕, 추왕태왕 왕계, 상사선공이천자지례. 사례야, 달호제후대부, 급사서인.

"주공周公은 문왕과 무왕의 덕을 완성시키고, 대왕과 왕계에게 (왕으로) 추존하여, 선조들을 천자의 예로 제사지냈다. 이 예법은 제후, 대부, 사士, 서인庶人에게까지 통용되었다."

주자는 '추왕追王'은 '문왕과 무왕의 뜻을 미루어 왕업이 시작된 곳까지 거슬러 올라가는 것'으로, '선공先公'은 후직后稷에 이르기까지의 선조들을 의미한다고 하였다. '천자의 예로 선조들을 제사 지낸 것'은 대왕과 왕계의 뜻을 미루어 무궁한 곳까지 나아간 것이라고 설명한다.

父爲大夫, 子爲士; 葬以大夫, 祭以士. 父爲士, 子爲大夫; 葬以士, 祭以大夫. 期之喪達乎大夫, 三年之喪達乎天子, 父母之喪無貴賤一也. 부위대부, 자위사; 장이대부, 제이사. 부위사, 자위대부; 장이사, 제이대부. 기지상달호대부, 삼년지상달호천자, 부모지상무귀천일야.

"아버지는 대부이고 아들이 사士라면 장례는 대부의 예로, 제사는 사의 예로 한다. 아버지는 사士이고 아들이 대부라면 장례는 사의 예로, 제사는 대부의 예로 한다. 또한, 1년 상(期之喪)은 대부에게까지 통용되고, 3년 상(三年之喪)은 천자에게까지 통용되지만, 부모의 상(父母之喪)은 귀천貴賤을 막론하고 모두 똑같이 3년 상이다."

주자는 이는 "자신으로부터 미루어 남에게까지 미치게 하는 것(推己以及人也)"이라고 설명하며, 주공이 제정한 예법의 합리성과 보편성, 그리고 효도의 중요성을 강조하고 있다.

현대적 해석
세대 간 협력과 변치 않는 가치 계승의 중요성

이 단락은 현대사회에서 '세대 간 협력'과 '변치 않는 가치 계승'의 중요성을 강조한다. 문왕, 무왕, 주공으로 이어지는 주나라의 이야기는 '아버지의 지혜와 아들의 실행, 그리고 후대의 완성'이라는 모범적인 세대 간 협력 모델을 보여준다. 문왕이 '근심 없는 자'로 불린 것은 단순히 걱정이 없어서가 아니라 그의 덕과 지혜가 다음 세대로 성공적으로 전수되어 그 결실을 보았기 때문이다. 이는 오늘날 '가족기업의 성공적인 승계나 조직 내 멘토링과 후계자 양성'의 중요성과 맞닿아 있다. 선배 세대가 지혜의 씨앗을 뿌리고(父作之), 후배 세대가 그 열매를 거두며(子述之), 나아가 이를 더욱 발전시키는 과정은 조직과 사회의 지속 가능한 발전을 위한 필수 요소이다.

"무왕이 한 번 갑옷을 입고 천하를 소유했고, 명성과 부를 누렸으며, 종묘에서 제사를 받고 자손이 보전되었다"는 것은 '대의를 위한 결단과 실행'이 가져오는 '종합적인 성공'을 의미한다. 단순히 물질적인 성공을 넘어, 명예와 존경, 그리고 후대에까지 이어지는 긍정적인 유산은 진정한 리더십의 결과물이다. 이는 기업의 성공이 단순히 이윤 창출을 넘어 사회적 가치 창출, 투명한 경영, 그리고 지속 가능한 성장을 통해 달성될 수 있음을 시사한다.

주공이 제정한 예법 특히, "부모의 상喪은 귀천을 막론하고 똑같이 3년 상이다."라는 부분은 '보편적 가치'와 '평등의 원칙'을 강조한다. 아무리 사회적 지위나 경제적 배경이 달라도, 인간으로서 마땅히 지켜야 할 '효孝'라는 가치 앞에서는 모두가 평등하다는 것이다. 이는 현대사회에서 아무리 다양한 개인의 가치관이 존재하더라도, 인간의 존엄성, 정의, 사랑과 같은 '보편적인 윤리적 기준'은 모든 사람에게 동일하게 적용되어야 한다는 메시지를 전달한다. '자신으로부터 미루어 남에게까지 미치게 하는(推己以及人)' 주공의 정신은 '공감(empathy)과 사회적 책임(social responsibility)'의 중요성을 보여주며, 이는 개인의 행동이 타인에게 미치는 영향력을 고려하고 사회 전체의 조화를 추구하는 현대인의 자세와 연결된다.

일상의 중용 실천
스타트업 창업자의 세대를 잇는 리더십

한 스타트업의 창업자 산화비山火賁 대표는 벤처 1세대였던 아버지의 사업 실패를 보며 자랐다. 아버지는 기술 개발에는 뛰어났지만, 경영 능력이나 인재 육성에는 미흡했다. 그녀는 아버지로부터 '기술 혁신'이라는 씨앗(作之)을 물려받았지만, 아버지의 실패를 통해 "단순한 기술력만으로는 성공할 수 없다"는 교훈을 얻었다. 그녀는 '문왕'처럼 '근심 없는 리더'가 되기 위해 노력했다.

그녀는 아버지의 기술을 이어받아(述之) 새로운 비즈니스 모델을 만들었고, '무왕'처럼 과감한 실행력으로 시장을 개척하여 회사를 성장시켰다. 하지만 그녀는 단순히 성공에 만족하지 않았다. '주공'이 '덕을 완성시키고 예법을 제정'하듯이 회사의 핵심가치와 비전을 명확히 하고, 직원 개개인의 성장과 복지를 위한 체계적인 시스템을 구축했다. 특히, "부모의 상은 귀천 없이 동일하다"는 가르침처럼 회사 내에서는 직급이나 배경에 상관없이 모든 직원을 존중하고, 그들의 의견에 귀를 기울이며 공정한 기회를 제공했다.

이러한 '세대를 잇는 리더십과 보편적 가치를 존중하는 경영' 덕분에 이 스타트업은 재무적 성공을 넘어, '직원들이 일하고 싶은 회사, 사회적 책임을 다하는 기업'이라는 명성을 얻었다. 이 대표는 자신의 아버지가 이루지 못했던 '지극한 덕의 완성'을 이루었으며, 그 덕이 세대를 넘어 회사 전체, 나아가 사회에 긍정적인 영향력을 미치는 '종합적인 성공'을 보여주었다. 이는 개인의 덕성과 노력이 어떻게 세대를 걸쳐 조직의 번영과 사회적 가치 창출로 이어지는지를 보여주는 현대적 예시라고 할 수 있다.

나를 바꾸는 질문
나의 '가치 승계' 구상하기

Q1 : 부모님이나 선배 세대로부터 물려받은 '가장 소중한 가치'나 '교훈'이 있다면 무엇인가? (예: 성실함, 근면함, 도전정신, 배려심 등)

Q2 : '문왕, 무왕, 주공'의 사례처럼, 당신이 속한 공동체나 가족 내에서 '세대 간 협력'을 통해 어떤 가치나 목표를 계승하고 발전시키고 싶은가? 그 과정에서 나는 어떤 역할을 하고 싶은가?

Q3 : "부모의 상喪은 귀천 없이 동일하다"는 가르침처럼, 나의 삶에서 "귀천을 막론하고 모두에게 동일하게 적용되어야 한다고 생각하는 보편적인 가치나 원칙"은 무엇인가? 그것을 어떻게 실천하고 전파할 수 있을까?

천하에 두루 통하는 지극한 효

子曰: 武王 周公, 其達孝矣乎!

자왈: 무왕 주공, 기달효의호!

공자께서 말씀하셨다.
"무왕과 주공은 지극한 효를 실천했구나!"

주자의 주석으로 읽는
중용

주자는 공자의 말씀, "武王 周公, 其達孝矣乎! 무왕 주공, 기달효의호!"를 해설하면서 '달達'이 "통하다(通)"는 뜻이라고 설명하며, 이는 앞 장의 내용을 이어받아 무왕과 주공의 효가 천하 모든 사람이 보편적으로 인정하는 효(天下之人通謂之孝)임을 강조하고, 맹자孟子가 말한 '달존達尊'과 같은 의미라고 덧붙였다.

주자는 효孝의 본질을 "善繼人之志, 善述人之事者也. 선계인지지, 선술인지사자야, 선인의 뜻을 잘 잇고, 선인의 사업을 잘 계승하는 것"이라고 정의하였다. 앞 장에서 무왕이 왕계, 문왕의 사업(緒)을 이어 천하를 얻었고, 주공周公이 문왕과 무왕의 덕德을 완성시켜 선조들을 추모하고 제사 지낸 것(追崇其先祖)이 바로 '뜻을 잇고 사업을 계승하는(繼志述事) 가장 큰 일'이라고 설명한다.

이어서 주공이 제정한 제사祭祀의 예법을 통해 효의 보편성을 설명한다.

春秋修其祖廟, 陳其宗器, 設其裳衣, 薦其時食. 춘추수기조묘, 진기종기, 설기상의, 천기시식.

"봄과 가을에 조상의 사당(祖廟)을 수리하고, 선조가 남긴 중요한 제기(宗器)를 진설하며, 선조의 의복(裳衣)을 걸어두고, 제철 음식(時食)을 올렸다."

주자는 종묘의 규모(천자 7묘, 제후 5묘, 대부 3묘, 적사 2묘, 관사 1묘)와 종기(赤刀, 大訓 등), 상의(조상의 옷), 시식(계절 음식)에 대해 구체적으로 설명하고 있다.

宗廟之禮, 所以序昭穆也. 종묘지례, 소이서소목야.

"종묘제례는 조상의 계대(昭穆: 아버지와 아들의 대수)를 질서 있게 하는 것이다."(종묘 배치는 왼쪽이 소昭, 오른쪽이 목穆으로 정해지며, 자손들도 이에 따라 자리 잡는다.)

序爵, 所以辨貴賤也. 서작, 소이변귀천야.

(제사의 순서에서) "작위(爵)를 차례대로 하는 것은 귀하고 천함을 분별하는 것이다."(공, 후, 경, 대부 등의 신분 차이)

序事, 所以辨賢也. 서사, 소이변현야.

"일을 차례대로 하는 것은 현명함(賢)을 분별하는 것이다."(종묘제례에서 제사를 주관하는 종축宗祝이나 유사有司의 직책과 같이 각자의 능력에 따라 역할을 부여하는 것.)

旅酬下爲上, 所以逮賤也. 여수하위상, 소이체천야.

"대중이 술을 권할 때 아랫사람이 윗사람을 위해 하는 것은 (천한 사람에게도 덕을) 미치게 하는 것이다."(제사 후 모두가 술을 주고받는 의례에서, 비록 신분이 낮더라도 제사에 참여한 것을 영광으로 여기게 하여 그들에게도 경의를 표할 기회를 주는 것.)

燕毛, 所以序齒也. 연모, 소이서치야.

"제사가 끝나고 연회(燕)를 베풀 때 (머리)털의 색깔로 연장자를 정하는 것은 나이(齒)를 차례대로 하는 것이다."(나이가 많은 순서대로 자리를 정하여 존경을 표하는 것.)

주자는 이 모든 것이 조상의 덕을 기리고 공동체 내의 질서를 확립하는 종묘제례의 세부적인 의미를 보여준다고 설명하고, 이러한 제례를 실천하는 지극한 효의 경지를 요약한다.

踐其位, 行其禮, 奏其樂, 敬其所尊, 愛其所親, 事死如事生, 事亡如存, 孝之至也. 천기위, 행기례, 주기악, 경기소존, 애기소친, 사사여사생, 사망여존, 효지지야.

"선왕先王의 지위를 밟고(踐其位), 그 예禮를 행하며(行其禮), 그 악樂을 연주하고(奏其樂), 그 존경하는 바를 공경하며(敬其所尊), 그 친애하는 바를 사랑하며(愛其所親), 돌아가신 이를 섬기기를 살아계신 이를 섬기듯이 하고(事死如事生), 존재하지 않는 이를 섬기기를 존재하는 이를 섬기듯이 하는 것(事亡如存)이 효의 지극함이다."

주자는 '그(其)'가 선왕을 지칭하며, '존경하는 바와 친애하는 바'는 선왕의 조상, 자손, 신하, 백성을 뜻한다고 설명한다. '事亡如存사망여존'에서 '사망'은 장례 후 망자亡者를 지칭하는 것이라고 덧붙였다. 이는 앞선 두 구절(군주와 주공의 덕과 제례)을 통해 '뜻을 계승하고 사업을 계승하는' 효의 의미를 총괄하는 것이라고 말한다.

郊社之禮, 所以事上帝也, 宗廟之禮, 所以祀乎其先也. 교사지례, 소이사상제야, 종묘지례, 소이사호기선야.

明乎郊社之禮, 禘嘗之義, 治國其如示諸掌乎. 명호교사지례, 체상지의, 치국기여시저장호

"교사郊社의 예는 상제上帝를 섬기는 것이고, 종묘宗廟의 예는 그 선조에게 제사를 지내는 것이다. 교사의 예와 체제(禘嘗)의 의의를 밝게 알면, 나라를 다스리는 것이 손바닥을 보는 것처럼 쉬울 것이다.(治國其如示諸掌乎)"

주자는 '교'는 하늘에 제사 지내는 것, '사'는 땅에 제사 지내는 것이며, '체禘'는 천자의 종묘 대제大祭로 태조의 근원을 추모하고 태조를 배향하는 것이고, '상嘗'은 가을 제사로 모든 계절의 제사를 대표하는 것이라고 설명한다.

예禮에는 반드시 의義가 있으며, 두 가지를 짝지어 말하는 것은 호문互文의 뜻이라고 한다. '시저장示諸掌'은 "손바닥을 보는 것처럼 쉽다"는 의미라고 풀이한다. 이는 『논어』의 문맥과 크게 다르지 않지만, 기록의 상세함에 차이가 있다고 덧붙였다.

현대적 해석
세대 계승과 '공동체 규범'의 중요성

이 단락은 현대사회에서 '세대 계승'의 중요성과 '공동체 규범'의 역할에 대한 깊은 통찰을 제공한다. 무왕과 주공의 '달효達孝'는 단순히 부모님께 효도하는 것을 넘어, 선배 세대의 '정신(志)과 업적(事)'을 계승하고 발전시키는 포괄적인 의미를 가진다. 이는 오늘날 기업의 '창업정신 계승, 학문의 정통성 유지, 가족의 가풍 전수' 등과 같이 핵심가치와 비전을 다음 세대로 성공적으로 물려주는 것을 의미한다. 진정한 효는 과거를 단순히 답습하는 것이 아니라 시대에 맞게 재해석하고 발전시켜 그 가치를 현대에 구현하는 데 있다.

종묘제례에 대한 상세한 설명은 '공동체의 질서유지와 정체성 강화'의 중요성을 보여준다. '소목昭穆을 차례하고, 작위(爵)를 차례하며, 일(事)을 차례하고, 나이(齒)를 차례하는' 것은 현대 조직에서 '명확한 역할 분담, 성과에 따른 인정, 경험 존중'과 같은 합리적인 시스템 구축과 유사하다. 특히 '천한 사람에게도 덕을 미치게 하는(逮賤) 여수旅酬'와 같은 의례는 '포용적 조직문화와 다양성 존중'의 가치를 상기시킨다. 이는 신분 고하를 막론하고 모두가 소속감을 느끼고 기여할 수 있는 환경을 만들 때 진정한 공동체의 조화가 이루어짐을 보여준다.

"죽은 이를 섬기기를 살아 있는 이 섬기듯이 하고, 존재하지 않는 이를 섬기기를 존재하는 이를 섬기듯 하는 것(事死如事生, 事亡如存)'은 '변치 않는 진정성과 정신적 연결성'을 강조하고 있다. 이는 물리적으로 보이지 않더라도 그 존재의 가치와 정신을 계속해서 기리고 실천하는 태도를 의미한다. 오늘날, 돌아가신 부모님이나 존경하는 선인들의 가르침을 단순히 기억하는 것을 넘어, 그분들의 삶의 방식이나 가치관을 자신의 삶 속에서 실천하려 노력하는 것이 이에 해당한다.

마지막으로 "교사郊社의 예와 종묘宗廟의 예, 그리고 체제(禘嘗)의 의의를 밝게 알면 나라를 다스리는 것이 손바닥을 보는 것처럼 쉽다(治國其如示諸掌乎)"는 구절은, '근본 원리를 이해하는 것이 문제해결의 열쇠'임을 강조한다. 복잡해 보이는 국가 경영이나 사회문제도 결국 '인간의 본성과 관계의 이치'라는 근본적인 원리에 기반하며, 이러한 본질을 꿰뚫어 볼 때 비로소 쉽게 해결책을 찾을 수 있다는 것이다.

이는 현대사회에서 복잡한 시스템을 이해하고 관리하는 데 있어 '본질 파악'의 중요성을 역설하는 지혜로 해석될 수 있다.

일상의 중용 실천
가족기업의 성공적인 승계와 가치 중심 경영

오랜 역사를 가진 한 중견 식품기업은 최근 창업주의 손녀인 산지박山地剝 씨가 CEO 자리에 올랐다. 그녀는 할아버지와 아버지가 쌓아온 '장인정신'과 '정직한 재료'라는 핵심가치(繼志述事)를 물려받았다. 그녀는 할아버지의 레시피와 아버지의 경영 노하우를 그대로 계승하면서도, 현대적인 트렌드와 소비자 요구에 맞춰 유기농 재료 사용, 친환경 포장재 도입 등 새로운 시도를 더했다. 이는 무왕과 주공이 선대의 덕을 잇고 완성한 '달효達孝'의 현대적 실현이었다.

산지박 씨는 단순히 제품을 잘 만드는 것을 넘어, '종묘제례의 질서'처럼 회사 내의 조직문화를 정립했다. 경력, 직급, 성별에 상관없이 모든 직원이 존중받고 자신의 역량을 발휘할 수 있도록 투명한 인사 시스템과 소통 채널을 만들었다. 특히, 명절에는 직원 가족들을 회사로 초대하여 함께 음식을 나누고 감사인사를 전하며, '대중이 술을 권할 때 아랫사람이 윗사람을 위해 하는(旅酬下爲上)' 것처럼 서로를 존중하는 문화를 정착시켰다. 직원들의 가족들도 회사의 일원처럼 여기는 '포용적인 예법'을 만든 것이다.

회사의 중요한 결정이 있을 때마다 그녀는 "할아버지와 아버지라면 이 상황에서 어떻게 했을까?"라고 생각하며, '돌아가신 이를 섬기기를 살아계신 이를 섬기듯이 하고(事死如事生)' 선대의 지혜를 빌렸다. 이러한 '가치중심 경영' 덕분에 기업은 어려운 시장환경 속에서도 꾸준히 성장했고, 소비자들로부터 '신뢰와 전통을 지키는 기업'이라는 높은 평가를 받았다.

산지박 씨의 사례는 개인의 효심이 가족과 기업을 넘어 사회 전체에 긍정적인 영향을 미치고, '근본 원리를 밝게 알면 나라를 다스리는 것이 손바닥을 보듯 쉬워지는(治國其如示諸掌乎)' 것처럼 복잡한 기업 경영에서도 명확한 해결책을 찾을 수 있음을 보여주는 현대적 예시이다.

나를 바꾸는 질문
나의 '계승'과 '공동체 예법' 만들기

Q1 : 존경하는 선배(가족, 멘토, 역사적 인물 등)의 '뜻(志)'이나 '사업(事)' 중에서 가장 깊이 계승하고 싶은 것은 무엇인가? 그것을 어떻게 선하게 이어받아(善繼) 잘 계승하고(善述) 싶은가?

Q2 : '종묘제례'처럼 내가 속한 공동체(직장, 동아리, 친구 모임 등)에서 모든 구성원들이 서로를 존중하고 조화롭게 지내기 위해 어떤 '규범'이나 '의례'를 만들거나 실천해 보고 싶은가?(예: 정기적인 감사나눔 시간, 갈등해결 규칙, 나이/경험 존중 문화 등)

Q3 : "죽은 이를 섬기기를 살아 있는 이를 섬기듯이 하고, 존재하지 않는 이를 섬기기를 존재하는 이 섬기듯이 하는" 효의 지극함처럼, 중요하다고 생각하는 '보이지 않는 가치나 정신'을 일상에서 어떻게 지속적으로 실천하고 기릴 수 있을까? 그 가치가 나의 삶과 공동체를 어떻게 변화시킬 것이라고 기대하나?

정치의 핵심은 사람

哀公問政.

애공문정.

子曰: 文武之政, 布在方策. 其人存則其政擧, 其人亡則其政息.

자왈: 문무지정, 포재방책. 기인존즉기정거, 기인망즉기정식.

애공이 정치에 대해 물었다.
공자께서 말씀하셨다: "문왕과 무왕의 정치는 기록에 상세히 남아 있다.
그 사람이 있으면 그 정치가 행해지고,
그 사람이 없으면 그 정치가 사라진다."

주자의 주석으로 읽는
중용

주자는 먼저 '애공哀公'이 노나라 임금 장蔣 임을 밝힌다. 공자는 애공에게 "문왕文王과 무왕武王의 정치(政)는 판(方)과 책策에 펼쳐져 있다. 그러나 그 사람(其人)이 있으면 그 정치도 펼쳐지고(其政擧); 그 사람이 없으면 그 정치도 사라진다.(其政息)"라고 말씀하셨다.

주자는 '방方'을 나무 판, '책策'을 대나무 조각(고대문헌 기록매체),

'식息'을 "사라진다(滅)"와 같다고 풀이한다. 즉 아무리 훌륭한 제도가 문헌으로 남아 있어도, 그것을 실천할 유능한 인재가 없으면 그 정치는 제대로 시행되지 못하고 사라진다는 것이다. 주자는 이를 "이러한 임금(君)이 있고, 이러한 신하(臣)가 있으면, 이러한 정치(政)가 있다"고 요약하여 '사람'의 중요성을 재차 강조한다.

人道敏政, 地道敏樹. 夫政也者, 蒲盧也. 인도민정, 지도민수. 부정야자, 포로야.
"사람의 도리(人道)는 정치를 빨리 이루게 하고(敏政), 땅의 도리(地道)는 나무를 빠르게 자라게 한다.(敏樹) 무릇 정치라는 것은 갈대(蒲盧)와 같다."

주자는 '민敏'을 "빠르다(速)"로, '포로蒲盧'는 심괄沈括이 말했듯이 갈대나 부들 같은 식물이라고 설명한다. 즉 사람의 힘으로 정치를 세우는 것은 땅에 나무를 심는 것과 같아서 그 성과가 빠르고, 갈대는 특히, 쉽게 자라는 식물이므로 그 성과가 더욱 빠르다는 것이다. 이는 "사람(인재)이 있으면 정치가 쉽게 이루어진다(人存政擧, 其易如此)"는 점을 강조한다.

故為政在於得人. 取人以身. 修身以道. 修道以仁. 仁者, 人也.
親親為大. 義者, 宜也. 尊賢為大.
고위정재어득인. 취인이신. 수신이도. 수도이인. 인자, 인야.
친친위대. 의자, 의야. 존현위대.

"정치의 요체는 사람을 얻는 데 있다.

사람을 얻는 것은 자신을 수양하는 데 달려 있고, 자신을 수양하는 것은 도에 달려 있으며, 도를 수양하는 것은 인仁에 달려 있다.

'인'이라는 것은 '사람됨'이다. 친한 사람을 친하게 여기는 것을 크게 여긴다. 의라는 것은 '마땅함'이다. 현명한 사람을 존경하는 것을 크게 여긴다."

"爲政在人위정재인"에 대해 주자는 『家語가어』에 "정치를 하는 것은 사람을 얻는 데 있다(爲政在於得人)"고 되어 있어 그 뜻이 더욱 완전하다고 덧붙인다. 여기서 '사람(人)'은 '어진 신하(賢臣)'를, '몸(身)'은 '임금의 몸'을 가리킨다. '도道'는 '천하에 두루 통하는 도(天下之達道)'이고, '인仁'은 '천지가 만물을 생성하는 마음(天地生物之心)'이며, 사람이 그로부터 생겨나는 것, 즉 원元이 선善의 으뜸이라는 것과 같다고 설명한다.

親親之殺, 尊賢之等, 禮所生也. 친친지쇄, 존현지등, 예소생야.
故君子不可以不修身. 思修身, 不可以不事親. 思事親, 不可以不知人. 思知人, 不可以不知天. 군자불가이불수신. 사수신, 불가이불사친. 사사친, 불가이불지인. 사지인, 불가이불지천.

"친족 사이의 친밀함과 멀어짐의 차등, 어진 이를 높이는 등급의 구별은 모두 예禮에서 생겨난 것이다.

그러므로 군자는 몸을 닦지 않을 수 없고, 몸을 닦고자 하면, 반드시 부모를 섬기지 않을 수 없으며, 부모를 섬기려 하면, 반드시 사람을 알지 않을 수 없고, 사람을 알려고 하면, 반드시 하늘을 알지 않을 수 없다." 수 없다.

결론적으로 주자는 "인군人君이 정치를 하는 것은 사람을 얻는 데 달려 있고, 사람을 얻는 방법은 또 자신을 수양하는 데 있다. 능히 그 몸을 수양하면, (어진) 임금이 있고 (어진) 신하가 있어 정치가 이루어지지 않음이 없을 것이다."라고 마무리하여, 정치가 잘 이루어지는 근본 원리가 결국 통치자 자신의 인격적 수양에 있음을 강조한다.

현대적 해석
리더의 역량과 조직 문화의 중요성

이 단락은 현대사회에서 '리더의 역량'과 그로부터 형성되는 '조직문화'의 중요성을 강력하게 강조한다. "사람이 있으면 정치가 펼쳐지고, 사람이 없으면 정치가 사라진다(其人存, 則其政擧; 其人亡, 則其政息)"는 공자의 말은, 아무리 뛰어난 시스템이나 전략이라도 그것을 실행할 유능하고 올바른 '사람(인재)'이 없으면 무용지물임을 분명히 한다. 이는 오늘날 기업 경영에서 "인재가 곧 미래다."라는 인식이 얼마나 중요한지를 보여주는 근본적인 통찰이다. 단순히 스펙이 좋은 사람을 뽑는 것을 넘어, 조직의 비전과 가치를 공유하며 능동적으로 일할 수 있는 '핵심인재'의 중요성을 역설한다.

"사람의 도리는 정치를 빠르게 이루게 하고, 땅의 도리는 나무를 빠르게 자라게 한다"는 비유는 '인재 중심의 경영'이 가져오는 '빠른 성장과 효율성'을 의미한다. 올바른 리더와 유능한 인재들이 모인 조직은 마치 비옥한 땅에 심어진 갈대처럼 빠르게 성장하고 성과를 창출할 수 있다. 이는 단순히 물리적인 자원이나 기술력만으로는 달성할 수 없는, '사람의 힘(인적 자원)'이 지닌 잠재력을 보여준다.

나아가 "정치를 하는 것은 사람에게 달려 있고, 사람을 얻는 것은 자신(리더)의 수양에 달려 있으며, 자신을 수양하는 것은 도道에 달려 있고, 도를 수양하는 것은 인仁에 달려 있다"는 구절은 '리더의 자기성찰과 도덕성'이 조직 운영의 궁극적인 기반임을 제시한다. 진정한 리더는 자신의 사적인 욕망을 내려놓고, 보편적인 도덕 원리(道)와 사랑/공감(仁)에 기반하여 스스로를 다스릴 때 비로소 타인의 존경과 신뢰를 얻어 유능한 인재들을 끌어모을 수 있다. 이는 '리더의 인격이 곧 조직의 경쟁력'이라는 현대 경영학의 핵심 메시지와도 통한다. 아무리 탁월한 비전이나 전략을 가졌더라도, 리더의 인격에 문제가 있다면 인재들은 떠나가고 조직은 와해될 수 있다. 결국, '爲政在人위정재인'은 '사람을 얻는 것이 곧 정치이며, 그 사람을 얻는 가장 확실한 방법은 리더 자신의 꾸준한 수양과 도덕성 함양에 있다'는 리더십의 본질을 담고 있다.

일상의 중용 실천
스타트업 'A'와 'B'의 흥망성쇠

두 개의 신생 스타트업, 'A'와 'B'가 비슷한 아이디어와 기술력으로 출발했다. 'A'사의 풍천소축風天小畜 씨는 뛰어난 비전을 제시했지만, 직원들을 단순히 소모품으로 여기고 자신의 이익만을 추구하는 경향이 있었다. 조직은 수직적이었고, 직원들은 늘 불안감에 시달렸다. 아무리 좋은 시스템을 도입해도 직원들의 사기는 낮았고, 이직률은 높았다. 풍천소축 씨의 '사람이 없는' 리더십 아래, '그 정치는 사라져갔다.(其人亡, 則其政息)'

반면 'B'사의 지뢰복地雷復 씨는 처음부터 '사람(인재)'의 중요성을 강조했다. 그는 직원들을 회사의 가장 큰 자산으로 여기고, 그들의 성장을 돕는 데 집중했다. "정치를 하는 것은 사람에게 달려 있다(爲政在人)"는 신념으로, 그는 자신의 비전과 가치관을 공유하며 직원들의 의견을 경청했다.

특히, 그는 "자신을 수양하는 것은 도에 달려 있고, 도를 수양하는 것은 인에 달려 있다"는 가르침처럼 사적인 욕심을 내려놓고 직원들에게 공정하고 배려심 깊은 태도를 유지했다.

지뢰복 씨의 '어진 마음(仁)'은 직원들에게 신뢰를 주었고, 이는 회사의 '도道'가 되었다. 직원들은 그의 진정성에 감동하여 자발적으로 아이디어를 내고, 어려운 문제에도 적극적으로 참여했다.

'사람의 도리가 정치를 빠르게 이루게 하는(人道敏政)' 것처럼 'B'사는 놀라운 속도로 성장하며 혁신적인 성과를 창출했다. '사람이 있으면 그 정치가 펼쳐지는(其人存, 則其政擧)' 모습을 명확히 보여준 것이다.

이 두 스타트업의 사례는 리더가 '사람을 대하는 태도와 자기 수양'이 조직의 흥망성쇠를 좌우하는 핵심 요인임을 증명한다.

나를 바꾸는 질문
나의 '리더십' 성찰

Q1 : 내가 속한 조직(학교, 직장, 동아리 등)에서 '사람(인재)이 있어서 정치가 흥했던 경험과 사람이 없어서 정치가 쇠했던 경험'에 대해 생각해 보자.

Q2 : "정치를 하는 것은 사람에게 달려 있고, 사람을 얻는 것은 자신(리더)의 수양에 달려 있다"는 가르침을 바탕으로, 당신이 리더의 위치에 있다면 '사람을 얻기 위해' 가장 먼저 어떤 '자기 수양'을 시작해 보고 싶은가?

Q3 : "도道를 수양하는 것은 인仁에 달려 있다"는 것처럼, 내가 생각하는 '어진 마음(仁)'이 나의 리더십이나 관계에 어떤 긍정적인 영향을 미칠 수 있을까?

인·의·효의 본질

仁者人也, 親親爲大
인자인야, 친친위대

"인仁은 사람다움(人)이며, 친족을 사랑하는 것(親親)이 가장 중요하다."

주자의 주석으로 읽는
중용

주자는 먼저 인仁과 의義의 정의를 제시하면서 "仁者人也, 親親爲大. 인자인야, 친친위대.: 인仁은 사람다움(人)이며, 친족을 사랑하는 것(親親)이 가장 중요하다"고 한다.

주자는 '인人'이 '사람의 몸(人身)'을 가리키며, 사람이 이러한 생명의 이치를 갖추고 있으므로 자연스럽게 측은히 여기고 자애로운 마음이 생기는데, 이를 깊이 체득하면 알 수 있다고 설명한다. 즉 인은 본성에서 우러나오는 보편적 사랑의 시작이 '친친'임을 강조한다.

義者宜也, 尊賢爲大. 의자의야, 존현위대.
"의義는 마땅함(宜)이며, 현명한 사람을 존경하는 것(尊賢)이 가장 중요하다."

주자는 '의宜'가 사리事理를 분별하여 각기 마땅한 바가 있음을 의미한다고 풀이한다. 즉 의는 단순히 행동의 올바름을 넘어, 합리적으로 판단하여 마땅한 바를 선택하는 지혜를 포함한다.
이어서 예禮의 역할을 설명한다.

親親之殺, 尊賢之等, 禮所生也. 친친지쇄, 존현지등, 예소생야.
"친족을 사랑하는 데는 차등이 있고(親親之殺), 현명한 사람을 존경하는 데는 등급이 있는데(尊賢之等), 이것이 바로 예禮가 생겨나는 바이다."

주자는 '쇄殺'가 차등差等을 의미한다고 풀이하며, 예는 이 두 가지(친친과 존현)를 절제하고 다듬는(節文) 역할만을 한다고 설명한다. 이는 예禮가 '인仁과 의義'라는 근본 원리를 바탕으로 현실에 적용될 때 나타나는 구체적인 행동 규범임을 보여준다.
주자는 『논어』의 잘못된 구절 삽입을 지적한다.
"在下位不獲乎上, 民不可得而治矣! 재하위불획호상, 민불가득이치의!"라는 구절에 대해 정이程頤의 말을 인용하여 '이 구절은 아래에 있어야 할 것이 잘못하여 여기에 중복되었다'고 말했다.
다음으로 리더가 자신을 수양하고 타인을 이해하는 연쇄적인 단계를 제시한다.

故君子不可以不修身. 고군자불가이불수신.

"그러므로 군자는 자신을 수양하지 않을 수 없다."(이는 앞서 '정치가 사람에게 달려 있고, 사람을 얻는 것은 자신(임금)의 수양에 달려 있다'는 문맥을 이어받은 것이다.)

思修身, 不可以不事親. 사수신, 불가이불사친.
"자신을 함양하고자 한다면, 어버이를 섬기지 않을 수 없다.

주자는 "자신을 수양하는 것은 도에 달려 있고, 도를 수양하는 것은 인에 달려 있으므로, 자신을 수양하고자 한다면 어버이를 섬기지 않을 수 없다"고 부연한다. 이는 효도가 곧 인을 실천하는 첫걸음임을 강조한다.

思事親, 不可以不知人. 사사친, 불가이부지인.
"어버이를 섬기고자 한다면, 사람을 알지 않을 수 없다."

주자는 "친족을 사랑하는 인(親親之仁)을 다하고자 한다면, 반드시 현명한 사람을 존경하는 의(尊賢之義)를 따라야 하므로, 다시 사람을 알아야 한다"고 설명한다. 이는 단순한 가족사랑을 넘어, 사회적 관계 속에서 현명한 사람을 알아보고 함께 일할 때 진정한 덕을 완성할 수 있음을 의미한다.

思知人, 不可以不知天. 사지인, 불가이부지천.
"사람을 알고자 한다면, 하늘을 알지 않을 수 없다."

주자는 "친족을 사랑하는 데 차등이 있고, 현명한 사람을 존경하는 데 등급이 있는 것이 모두 하늘의 이치(天理)이므로, 다시 하늘을 알아야 한다"고 설명한다. 이는 인간관계의 모든 원리가 궁극적으로 하늘의 보편적 이치와 연결되어 있음을 보여준다.

현대적 해석
관계 중심의 삶과 자기이해를 통한 타인 이해

이 단락은 현대인에게 '관계 중심의 삶'과 '자기 이해를 통한 타인 이해'의 중요성을 강조한다.

"인仁은 사람다움이며, 친족을 사랑하는 것이 가장 중요하다"는 것은, 인간의 본질적인 사랑이 가장 가까운 관계, 즉 가족에게서 시작됨을 명확히 한다. 이는 핵가족화와 개인주의가 심화되는 현대사회에서 가족의 중요성을 다시금 일깨우고, 진정한 인간다움이 친밀한 관계 속에서 발현됨을 시사한다. 가족에 대한 사랑과 헌신은 다른 모든 관계의 기반이 되는 '사랑의 원천'이다.

"의義는 마땅함이며, 현명한 사람을 존경하는 것이 가장 중요하다(義者宜也, 尊賢爲大)"는 것은, '합리적 판단'과 '가치 기반의 존중'을 강조한다. 단순히 혈연에 얽매이는 것을 넘어, 능력과 덕을 갖춘 사람을 알아보는 '안목'과 그들을 존경하는 '태도'가 중요하다는 것이다. 이는 오늘날 '학연', '지연'과 같은 구태의연한 인맥 중심의 사고방식을 넘어, 실력과 인품에 기반한 '진정한 리더십과 전문가 존중

문화'를 구축하는 데 필요한 통찰을 제공한다.

"친족 사랑의 차등과 현명한 사람 존경의 등급에서 예禮가 생겨난다"는 것은, '규칙과 질서'의 필요성을 보여준다. 사랑은 본질적이지만, 그 사랑을 사회적으로 올바르게 표현하고, 다양한 관계 속에서 혼란 없이 적용하기 위해서는 '예'라는 '사회적 규범'과 '행동양식'이 필요하다. 이는 감정적 유대와 합리적 질서가 조화를 이룰 때 비로소 건강한 공동체가 형성됨을 의미한다.

마지막으로 제시된 '수신修身 → 사친事親 → 지인知人 → 지천知天'이라는 연쇄적인 수양 과정은 '자기 이해에서 세계 이해로 확장되는 지혜의 길'을 보여준다.

자신을 수양하지 않을 수 없다(修身) : 모든 변화와 성장의 시작은 나 자신을 바르게 하는 데 있다.
어버이를 섬기지 않을 수 없다(事親) : 가장 가까운 관계에서 사랑을 실천하며 인을 기른다.
사람을 알지 않을 수 없다(知人) : 가족을 넘어 사회의 다양한 사람들을 이해하고 특히, 현명한 사람을 알아봄으로써 의를 실천한다.
하늘을 알지 않을 수 없다(知天) : 사람과 관계의 이치를 넘어서는, 우주 전체의 보편적인 법칙과 진리를 깨닫는 궁극적인 지혜에 도달한다. 이러한 단계는 리더가 자신의 내면을 다스리고, 가장 가까운 관계에서부터 덕을 실천하며, 점차 사회와 우주의 이치까지 확장하여 이해하는 '점진적 성장 모델'을 제시한다.

일상의 중용 실천
워킹맘의 삶의 균형과 리더십 확장

워킹맘인 산뢰이山雷頤 씨는 회사에서는 뛰어난 성과를 내는 팀장이지만 육아와 가사를 병행하며 늘 시간 부족에 시달렸다. 그녀는 늘 "일을 완벽하게 하느라 가족에게 소홀하다"는 죄책감을 느꼈다. "인仁은 친족을 사랑하는 것이 가장 크다"는 가르침을 접하고, 자신의 '친친親親'의 본연의 가치를 되새겼다.

그녀는 단순히 가족에게 시간을 할애하는 것을 넘어, '자신을 수양修身'하는 차원에서 가족 관계에 임하기 시작했다. 퇴근 후에는 스마트폰을 보지 않고 아이들과 진정으로 소통하며, 주말에는 남편과 함께 육아와 가사를 분담하는 등 '어버이를 섬기듯(事親)' 가족에게 정성을 다했다.

이러한 노력은 그녀가 '사람을 아는(知人)' 데도 영향을 미쳤다. 가족과의 관계에서 공감 능력이 향상되자, 회사 동료들의 감정을 더 잘 이해하고 그들의 강점을 알아보는 '안목'이 생겼다. 특히, 팀원들의 개인적인 어려움에 귀를 기울여 지지하고, 각자의 능력을 고려하여 역할을 부여하는 '존현尊賢'의 자세를 갖추게 되었다. 이러한 태도는 팀원들의 사기를 높여 팀 전체의 성과로 이어졌다.

그녀는 이러한 관계의 원리들이 결국 '하늘의 이치(知天)'와 연결되어 있음을 어렴풋이 느끼게 되었다. 그녀의 '친친'과 '존현'의 실천은 그녀의 내면적 평화를 가져왔을 뿐만 아니라 회사에서도 더욱 존경받는 리더로 성장하는 계기가 되었다.

산뢰이山雷頤 씨의 경험은 인仁과 의義라는 근본적인 가치에서 출발하여, 개인의 삶과 관계, 그리고 리더십을 확장시켜 나가는 중용의 실천을 보여주는 좋은 예시이다.

나를 바꾸는 질문
'인-의-예' 실천 로드맵

Q1 : 내가 생각하는 '인仁'의 가장 중요한 실천은 무엇이며, '친족을 사랑하는(親親)'데 노력하고 있는가?

Q2 : 내가 생각하는 '의義'의 가장 중요한 실천은 무엇이며, 내 주변에서 '현명한 사람을 존경하는(尊賢)'데 어떤 노력을 하고 있는가? (예: 배움의 자세, 긍정적인 피드백, 협력 등)

Q3 : '수신 → 사친 → 지인 → 지천'이라는 연쇄적인 과정처럼, 나의 삶에서 '자신을 수양하는 것'이 어떻게 가장 가까운 관계(사친)로, 나아가 타인(지인)과 세상의 이치(지천)를 이해하는 데 기여할 수 있을지 구체적인 계획을 세워보자.

CHAPTER 4

덕의 실천에서 통치까지 지혜를 넓히다

인간관계의 다섯 가지 길과 세 가지 덕

天下之達道五, 所以行之者三.

천하지달도오, 소이행지자삼.

"천하에 두루 통하는 도(達道)는 다섯 가지이고,
그것을 행하게 하는 것은 세 가지이다."

주자의 주석으로 읽는
중용

주자는 공자의 말씀에 앞서 이 단락의 핵심 내용을 요약한다.

"천하에 두루 통하는 도(達道)는 다섯 가지이고, 그것을 행하게 하는 것은 세 가지이다."

다섯 가지 달도(五達道)는 다음과 같다.

曰君臣也 왈군신야 : 군신 관계

父子也 부자야 : 부자 관계

夫婦也 부부야 : 부부 관계

昆弟也 곤제야 : 형제 관계

朋友之交也 붕우지교야 : 친구 관계

주자는 '달도達道'를 '천하고금에 사람들이 함께 따라야 할 길'이라고 풀이하며, 『서경』에서 말하는 오륜(五典)과 맹자가 말한 "父子有親부자유친, 君臣有義군신유의, 夫婦有別부부유별, 長幼有序장유유서, 朋友有信붕우유신"을 다섯 가지 달도라고 연결한다.

세 가지 달덕(三達德)은 다음과 같다.

知지 : 지혜

仁인 : 인자함

勇용 : 용기

이 세 가지가 "천하에 두루 통하는 덕"이며, "所以行之者一也 소이행지자일야, 그것을 행하게 하는 것은 하나이다."라고 말한다. 주자는 '지知'는 "이 도들을 아는 것(所以知此也)"이고, '인仁'은 "이 도들을 체득하는 것(所以體此也)"이며, '용勇'은 "이 도들을 강하게 실천하는 것(所以强此也)"이라고 설명한다. '달덕達德'은 "천하 고금에 사람들이 공통적으로 얻을 수 있는 이치"라고 풀이한다.

주자는 이 '하나'가 바로 '성誠'일 뿐(一則誠而已矣)이라고 강조한다. '성誠'은 지극히 진실하고 거짓됨이 없는 상태다. 주자는 "다섯 가지 달도는 비록 사람들이 함께 따라야 하는 것이지만, 이 세 가지 덕이 없으면 그것을 행할 수 없고達道雖人所共由, 然無是三德, 則無以行之; 세 가지 달덕은 비록 사람들이 공통적으로 얻을 수 있는 것이지만, 한 번이라도 성실하지 못하면(一有不誠) 인간의 사사로운 욕심이 그 사이에 끼어들어(人欲間之), 덕이 그 본래의 덕이 아니게 된다(德非其德矣)"고 지적한다. 즉 덕을 지니고 있어도 '성'이 없으면 사욕에 의해 변질될 수 있다는 것이다.

마지막으로 주자는 정자程子의 말을 인용하여 "所謂誠者, 止是誠實此三者. 三者之外, 更別無誠. 소위성자, 지시성실차삼자. 삼자지외, 갱별무성." 이라 하였다. "이른바 '성誠'이라는 것은 다만 이 세 가지(지, 인, 용)를 성실하게 실천하는 것일 뿐이다. 이 세 가지 외에 별도로 다른 성誠은 없다"고 설명한다. 이는 '성'이 추상적인 개념이 아니라 '지, 인, 용'이라는 구체적인 덕목을 진실하게 실천하는 태도임을 강조한다.

현대적 해석
관계의 지혜와 핵심 역량, 그리고 진정성의 기반

이 단락은 현대인에게 '관계의 지혜'와 '핵심 역량', 그리고 이 모든 것을 가능하게 하는 '진정성의 기반'의 중요성을 강조한다.

'다섯 가지 달도(五達道)'는 오늘날 '인간관계의 보편적 원칙'으로 해석될 수 있다. 직장상사-부하직원, 부모-자녀, 부부, 형제자매, 친구 등 모든 인간관계에는 각기 다른 역할과 책임, 그리고 존중의 방식이 있다. 이 도들은 사회적 역할과 책임을 통해 공동체의 질서와 조화를 이루는 데 필수적이다. 현대사회의 다양한 관계 속에서 혼란을 겪는 많은 사람들에게 이 다섯 가지 달도는 '관계의 나침반' 역할을 한다.

'세 가지 달덕(三達德: 지, 인, 용)'은 이 다섯 가지 관계의 도를 제대로 실천하게 하는 '핵심 역량'이자 '내면의 힘'으로 볼 수 있다.

지知 : 관계의 복잡성을 이해하고 상황을 통찰하는 지적 능력과 현명함. (예: 갈등의 원인을 분석하고 해결책을 찾는 지혜)

인仁 : 관계 속에서 사랑, 공감, 배려를 실천하는 도덕적 능력과 따뜻함. (예: 타인의 아픔에 공감하고 진심으로 돕는 마음)

용勇 : 올바른 것을 알고도 주저하지 않고 실천하며, 어려움 속에서도 원칙을 지키는 실천력과 끈기. (예: 불의에 맞서고 옳은 의견을 주장하는 용기) 이 세 가지 덕목은 개인의 삶뿐만 아니라 조직 내 팀워크, 리더십 발휘 등 모든 사회 활동에서 성공과 조화를 이루는 데 필수적인 역량이다.

무엇보다 주자가 강조하는 '성誠'은 이 모든 '관계의 지혜'와 '핵심역량'을 진정성 있게 발휘하게 하는 '궁극적인 기반'이다. "한 번이라도 성실하지 못하면 인욕이 끼어들어 덕이, 덕이 아니게 된다"는 말은, 아무리 좋은 지식과 능력을 가지고 있어도 진심이 결여되거나 이기적인 욕심이 개입되면 그 가치가 퇴색됨을 경고한다.

이는 오늘날 '보여주기 식 리더십'이나 '가식적인 관계'가 결국 무너질 수밖에 없음을 시사한다. 정자의 말처럼 '성은 지, 인, 용의 세 가지를 성실하게 실천하는 것'이라는 해석은, '진정성'이 추상적인 개념이 아니라 일상 속에서 '지, 인, 용'을 꾸준히 실천하는 태도임을 명확히 한다.

일상의 중용 실천
윤리적 리더의 조직문화 혁신

한 중소기업은 탁월한 기술력을 가지고 있었지만 사내 정치가 심각하고 직원들 간의 불신이 깊어 이직률이 높았다. 새로 부임한 이 대표는 이와 같은 문제를 해결하기 위해 '다섯 가지 달도'의 원칙을 조직에 적용하기로 했다.

군신 : 상사와 부하 직원 간의 상호 존중과 신뢰를 강조하며, 명확한 역할과 책임 분담.

부자 : 선배 직원들이 후배들을 진심으로 멘토링하고, 후배들은 선배들의 지혜를 존중하는 문화.

부부 : 남녀 직원의 성별을 넘어선 평등한 역할 분담과 협력.

형제 : 팀원들 간의 연대감과 서로 돕는 정신 강조.

친구 : 자유로운 소통과 피드백을 통해 동료 관계의 신뢰 구축.

이 대표는 이러한 관계의 도들을 실천하기 위해 '지, 인, 용'의 달덕을 스스로 보여주었다.

지知 : 직원들의 고충을 깊이 이해하고(知此), 문제의 근본 원인을 파악하는 통찰력을 발휘했다.

인仁 : 직원들의 어려움에 진심으로 공감하고(體此), 그들의 성장을 위해 기꺼이 돕는 따뜻한 마음을 보였다.

용勇 : 비록 힘들더라도 비윤리적인 관행에 맞서고(强此), 올바른 조직문화를 구축하기 위해 필요한 결정을 과감히 실행했다.

이 모든 과정에서 이 대표는 '성誠'을 핵심으로 삼았다. 그의 언행은 항상 진실했고(誠實此三者), 개인적인 욕심이 아닌 조직 전체의 발전을 위해 노력했다. 직원들은 그의 진정성(誠)을 느끼고 자발적으로 변화에 동참하기 시작했다. 그 결과, 기업은 기술력뿐만 아니라 건강한 조직문화와 높은 직원 만족도를 가진 모범 기업으로 성장했다.

이 사례는 '다섯 가지 달도와 세 가지 달덕'이 '성'이라는 기반 위에서 어떻게 현실의 관계와 조직을 혁신할 수 있는지를 보여주는 좋은 예시이다.

나를 바꾸는 질문
나의 '달도'와 '달덕' 점검

Q1. 나의 삶에서 '다섯 가지 달도(군신, 부자, 부부, 형제, 친구관계)' 중 가장 중요하다고 느끼는 관계는 무엇이며, 그 관계에서 어떤 점을 더 개선하고 싶은가?

Q2. 그 관계의 도를 실천하기 위해 필요한 '지知, 인仁, 용勇'이라는 세 가지 달덕 중 현재 가장 부족하다고 느끼는 덕목은 무엇인가? 어떻게 이를 보완하고 싶나?

Q3. '성誠'이 이 모든 것을 가능하게 하는 핵심이라는 가르침을 바탕으로, 당신의 삶과 관계에서 '진정성'을 높이기 위해 오늘부터 어떤 구체적인 노력을 해볼 수 있을까? (예: 진심으로 경청하기, 말과 행동 일치시키기, 자신의 감정 솔직히 인정하기 등)

앎과 행함

或生而知之, 或學而知之, 或困而知之, 及其知之, 一也.
혹생이지지, 혹학이지지, 혹곤이지지, 급기지지, 일야.
或安而行之, 或利而行之, 或勉强而行之, 及其成功, 一也.
혹안이행지, 혹리이행지, 혹면강이행지, 급기성공, 일야.

"어떤 이는 날 때부터 알고, 어떤 이는 배워서 알며,
어떤 이는 어려움을 겪고서야 안다.
그러나 일단 알게 되면 (그 앎은) 하나다.
어떤 이는 편안하고 즐거워서 행하고, 어떤 이는 이로움을 위해 행하며,
어떤 이는 억지로 행한다. 그러나 그 성공에 이르면 (결과는) 하나다."

주자의 주석으로 읽는
중용

주자는 공자의 말씀에 앞서 세 가지 '지知'의 경로와 세 가지 '행行'의 방식을 설명한다.

지知의 경로

或生而知之 혹생이지지 : 태어나면서부터 아는 것.(선천적으로 타고난 지혜)

或學而知之 혹학이지지 : 배워서 아는 것.(후천적인 학습을 통한 지식 습득)

或困而知之 혹곤이지지 : 어려움을 겪으며 깨닫는 것.(고난과 시행착오를 통한 통찰)

이러한 경로들은 다르지만, "**及其知之一也** 급기지지일야, 그 앎에 이르면 하나로 동일하다."

행行의 방식

或安而行之 혹안이행지 : 편안하게 행하는 것.(본성적으로 자연스럽게 실천)

或利而行之 혹리이행지 : 이로움을 위해 행하는 것.(이해타산적 동기에서 실천)

或勉强而行之 혹면강이행지 : 억지로 노력하여 행하는 것.(의지적 노력을 통해 실천)

이러한 방식들도 다르지만, "**及其成功一也** 급기성공일야, 그 성공에 이르면 하나로 동일하다."

주자는 '지知'하는 사람과 '행行'하는 사람이 아는 바와 행하는 바는 곧 '달도達道'라고 말한다. 그리고 이를 두 가지 관점에서 다시 해석한다.

기능적 관점 (以其分而言)

'아는 것(所以知者)'은 지知이다.

'행하는 것(所以行者)'은 인仁이다.

'앎이 성공에 이르고 하나가 되는 것(至於知之成功而一者)'은 용勇이다. (여기서 용은 지와 인을 끝까지 밀고 나가는 힘을 의미한다.)

등급적 관점 (以其等而言)

'태어나면서 알고 편안히 행하는 자(生知安行者)'는 지知의 경지이다. (타고난 천재성)

'배워서 알고 이로움을 위해 행하는 자(學知利行者)'는 인仁의 경지이다. (학습을 통해 습득하고 실천하는 보편적 수준)

'어려움을 겪으며 깨닫고 억지로 노력하여 행하는 자(困知勉行者)'는 용勇의 경지이다. (역경을 극복하고 끈기 있게 실천하는 강인함.)

주자는 이러한 차이가 발생하는 근본적인 이유를 "사람의 본성은 비록 선하지 않음이 없지만(선하지만), 타고난 기질氣稟이 다르기 때문"이라고 설명한다. 그러므로 "도를 듣는 데 빠르고 늦음이 있고, 도를 행하는 데 어려움과 쉬움이 있지만 스스로 쉬지 않고 노력할 수 있다면, 그 도달하는 바는 하나로 동일하다"고 강조한다. 이는 타고난 재능이나 환경의 차이에도 불구하고, 꾸준한 노력과 의지만 있다면 누구든 중용의 도에 이를 수 있음을 역설한다.

마지막으로 주자는 여씨(呂氏, 본래의 성은 강姜. 봉지에서 여씨 불려 여상呂尙이라 한다. 흔히 강태공이라 불림.)의 말을 인용하여 자신의 해석을 보강한다.

"소위 지知에 이르는 길이 비록 다르지만, 도달하는 경지는 동일하니, 이것이 바로 중용이다. 만약 타고난 지혜와 편안한 행함을 추구하며 감히 미치지 못할 것이라 여기거나, 어려움을 겪으며 노력하는 것을 경시하여 성과가 없을 것이라 여긴다면, 이것이 도가 밝아지지 않고 행해지지 않는 이유이다."

이는 타고난 조건에 상관없이 모든 사람이 중용을 실천할 수 있음을 믿고 노력해야 함을 강조하는 것이다.

현대적 해석
성장 마인드 셋과 꾸준한 노력의 힘

이 단락은 현대인에게 '성장 마인드 셋'과 '꾸준한 노력의 힘'을 강조한다. '타고남, 배움, 어려움을 통한 앎'과 '편안함, 이로움, 억지를 통한 행함'은 성공에 이르는 다양한 길을 보여주며, 어떤 경로든 결국 그 성과는 하나로 수렴된다는 메시지를 준다. 이는 타고난 재능(生而知之, 安而行之)만을 중시하는 태도를 경계하고, 후천적인 노력(學而知之, 利而行之)과 특히, 역경을 통한 배움(困而知之)과 의지적인 실천(勉强而行之)의 가치를 높이 평가한다.

"사람의 본성은 선하지만 기질은 다르다"는 설명은 '개인의 다양성'을 인정하되, '잠재력은 모두에게 있다'는 긍정적인 관점을 제시한다. 이는 학습 능력, 성격, 배경 등 모든 면에서 사람들이 다를지라도, 진정성 있는 노력과 올바른 방법론을 통해 각자의 잠재력을 최대한 발휘할 수 있음을 시사한다.

무엇보다 "스스로 쉬지 않고 노력할 수 있다면, 그 도달하는 바는 하나로 동일하다(然能自强不息, 則其至一也)"는 구절은 이 단락의 핵심이자, '꾸준함'의 궁극적인 힘을 강조한다. 아무리 재능이 뛰어나더라도 노력을 멈추면 성장할 수 없으며, 반대로 타고난 재능이 부족하더라도 꾸준히 노력한다면 결국 목표에 도달할 수 있다는 메시지이다. 이는 오늘날 '그릿Grit'과 같은 개념과도 연결되며, 성공에 있어 재능보다 열정과 끈기의 중요성을 역설한다. "타고난 사람만 할 수 있다"거나 "노력해도 안 된다"는 비관적인 생각을 버리고, 자신에게 맞는 방식으로 꾸준히 노력할 때 중용의 경지에 다다를 수 있음을 역설한다.

일상의 중용 실천
외국어 학습의 다양한 길

직장인 지택림地澤臨 씨는 영어 실력을 늘리고 싶었다. 주변에는 어릴 때부터 해외에서 살다 와서 영어를 '태어나면서부터 아는(生而知之)'듯이 유창하게 하는 동료들도 있었고, 어학원에서 꾸준히 배워서 '배워서 아는(學而知之)' 실력을 갖춘 동료들도 있었다. 그는 "영어는 해도 안 된다"는 생각에 쉽게 포기하곤 했다.

그러던 중 해외 출장을 갔다가 의사소통 문제로 큰 어려움을 겪으며 영어의 필요성을 절실히 느꼈다. 이것이 그에게는 '어려움을 겪으며 깨닫는(困而知之)' 순간이었다. 그는 '억지로 노력하여 행하는(勉强而行之)' 방식으로 영어공부를 시작했다. 매일 출퇴근길에 팟캐스트를 듣고, 잠들기 전에는 영어 원서를 한 페이지씩 읽었다. 처음에는 너무 힘들고 진전이 없는 것 같아 포기하고 싶었지만, "스스로 쉬지 않고 노력하면 도달하는 바는 하나로 동일하다(自强不息, 則其至一也)"는 가르침을 떠올리며 꾸준히 노력했다.

몇 년 후, 그는 놀랍도록 유창한 영어 실력을 갖추게 되었다. 비록 '태어나면서부터 아는' 사람들처럼 완벽하지는 않았지만, 그의 영어 실력은 업무에서 충분히 활용될 수 있었고, 그는 해외 파견의 기회까지 얻게 되었다.

그의 경험은 재능이나 시작점이 달라도 '지속적인 노력'이 있다면 목표를 성취할 수 있음을 보여주는 좋은 예시다. 그는 자신의 '기질적 차이'를 인정하되, 그것이 노력을 포기하는 핑계가 되지 않도록 '스스로를 강하게' 다스려 결국 성공이라는 '하나'의 지점에 도달했다.

나를 바꾸는 질문
나의 '성장 마인드 셋' 점검

Q1 : 어떤 목표를 향해 나아갈 때, '타고난 재능(生而知之)'이 중요하다고 생각했던 경험이 있다면 무엇인가? 혹은 반대로 '노력(學而知之, 困而知之)'이 더 중요하다고 느꼈던 경험은 무엇인가?

Q2 : 어떤 일을 '편안하게(安而行之)' 혹은 '이로움을 위해서(利而行之)'가 아닌, '억지로라도 노력하여 행해야(勉强而行之)'만 했던 경험이 있다면 무엇인가? 그때는 어떤 어려움이 있었고, 어떻게 극복했나?

Q3 : "스스로 쉬지 않고 노력할 수 있다면, 그 도달하는 바는 하나로 동일하다"는 가르침을 바탕으로, 나의 삶에서 '타고난 조건에 얽매이지 않고 꾸준히 노력하여 이루고 싶은 한 가지 목표'를 정하고, 이를 위한 '自强不息 자강불식'의 계획을 어떻게 세울 것인가?

지, 인, 용에 가까워지는 길

子曰: 好學近乎知, 力行近乎仁, 知恥近乎勇.

호학근호지, 역행근호인, 지치근호용.

"배우기를 좋아하는 것은 지혜(知)에 가깝고, 힘써 실천하는 것은 인仁에 가까우며, 부끄러움을 아는 것은 용기(勇)에 가깝다."

주자의 주석으로 읽는
중용

주자는 여기서 '자왈子曰' 두 글자는 불필요하게 덧붙여진(衍文) 것이라고 지적하면서, 이 세 가지(호학, 역행, 지치)가 아직 '달덕達德'의 경지에 이르지 못했더라도 덕으로 나아가는 길(入德之事)을 모색하는 것이라고 설명한다. 또한 앞서 '세 가지 앎(三知)'을 지知로, '세 가지 행함(三行)'을 인仁으로 통칭했듯이, 이 '세 가지 가까움(三近)'은 용勇에 이르는 순서(勇之次也)라고 해석한다. (여기서 용은 단순히 맹목적인 용기가 아니라, 올바른 지식과 인자함을 바탕으로 꾸준히 실천하는 끈기와 의지를 의미한다.)

여씨呂氏의 말을 인용하여 이 세 가지 '가까움'의 실질적인 의미를 밝힌다.

愚者自是而不求 우자자시이불구 : 어리석은 사람은 스스로 옳다고 여기고 더 구하려 하지 않는다.

自私者徇人欲而忘反 자사자순인욕이망반 : 이기적인 사람은 사사로운 욕망을 좇아 돌이킬 줄 모른다.

懦者甘爲人下而不辭 나자감위인하이불사 : 나약한 사람은 남의 아래에 있는 것을 달게 여기고 벗어나려 하지 않는다.

故好學非知, 然足以破愚; 力行非仁, 然足以忘私; 知恥非勇, 然足以起懦. 고호학비지, 연족이파우; 역행비인, 연족이망사; 지치비용, 연족이기나.

"배우기를 좋아하는 것이 곧 지혜는 아니지만, 어리석음을 깨뜨리기에 충분하고; 힘써 행하는 것이 곧 인은 아니지만, 사사로움을 잊기에 충분하며; 부끄러움을 아는 것이 곧 용기는 아니지만, 나약함(懦)을 일으키기에 충분하다."

이 세 가지는 그 자체가 지, 인, 용은 아니지만 지, 인, 용으로 나아가는 필수적인 동기부여와 첫걸음이 된다는 것이다.

마지막으로 공자는 이 세 가지 '가까움'을 아는 것이 곧 수양의 시작임을 강조한다.

知斯三者, 則知所以修身; 知所以修身, 則知所以治人; 知所以治人, 則知所以治天下國家矣. 지사삼자, 즉지소이수신; 지소이수신, 즉지소이치인; 지소이치인, 즉지소이치천하국가의.

"이 세 가지(三近)를 알면 자신을 수양하는 방법을 알게 되고; 자신을 수양하는 방법을 알면 사람을 다스리는 방법을 알게 되며; 사람을 다스리는 방법을 알면 천하와 국가를 다스리는 방법을 알게 된다."

주자는 여기서 '이 세 가지'는 '삼근三近'을 가리키고, '사람(人)'은 '자신에 대한 상대적인 칭호'이며, '천하국가'는 '사람을 다스리는 지극한 경지'를 의미한다고 설명한다.

이 구절은 '자신을 수양하려는' 앞선 장의 의도를 마무리하고, 다음 장인 '구경九經'의 단서(실마리)를 일으키는 것이라고 주자는 정리한다.

현대적 해석
성장하는 개인이 만드는 '확장된 영향력'

이 단락은 현대인에게 '성장하는 개인'이 어떻게 '확장된 영향력'을 갖게 되는지를 설명한다. "배우기를 좋아하면 지혜에 가깝고, 힘써 행하면 인에 가깝고, 부끄러움을 알면 용기에 가깝다.(好學近乎知, 力行近乎仁, 知恥近乎勇)"는 가르침은 우리가 타고난 재능이나 완벽한 경지에 이르지 못했더라도 '성장하기 위한 구체적인 첫걸음'을 제시한다. 이는 '재능'보다는 '노력'과 '태도'의 중요성을 강조하는 '성장 마인드 셋'과 일맥상통한다.

호학好學은 우매함을 깨뜨린다 : 정보의 홍수 속에서 비판적 사고 없이 맹목적으로 받아들이는 '어리석음'을 깨뜨리고, 끊임없이 배우고 질문하는 태도를 통해 진정한 '지혜'에 가까워진다.

역행力行은 사사로움을 잊게 한다 : 자기중심적인 이기심에 빠져 행동하지 않고, 공동체와 타인을 위해 꾸준히 노력하는 '실천력'을 통해 진정한 '인仁'에 가까워진다. 이는 머리로만 아는 것이 아닌, 몸으로 부딪히며 실천하는 것의 중요성을 강조한다.

지치知恥는 나약함을 일으킨다 : 자신의 부족함이나 잘못을 인정하지 않고 회피하는 '나약함'을 극복하고, 부끄러움을 아는 '도덕적 민감성'을 통해 진정한 '용기'에 가까워진다. 이는 자신의 약점을 직시하고 개선하려는 '자기 성찰적 용기'를 의미한다.

이러한 '삼근三近'의 실천이 궁극적으로 '수신修身 → 치인治人 → 치천하국가治天下國家'로 이어진다는 구조는 '개인의 성장이 사회적 영향력으로 확장되는 모델'을 제시한다. 즉 먼저 자신을 올바르게 다스릴 때(修身) 비로소 타인을 이해하고 리드할 수 있으며(治人), 그를 통해 더 큰 공동체나 사회(天下國家)를 올바른 방향으로 이끌 수 있다는 것이다.

이는 현대사회에서 요구되는 '자기 주도성(Self-direction)'과 '리더십의 연쇄적 발전'을 설명한다. 진정한 리더십은 화려한 언변이나 지위에서 오는 것이 아니라 꾸준한 자기 수양을 통해 내면의 덕을 쌓고, 그것을 바탕으로 주변에 선한 영향력을 미치는 데서 비롯됨을 강조한다.

일상의 중용 실천
스타트업 대표의 성장 스토리

　새롭게 스타트업을 창업한 산수몽山水蒙 씨는 초보 대표로서 많은 어려움을 겪었다. 그는 처음에는 모든 것을 혼자서 결정하고 자신이 가장 잘 안다고 생각하는 '어리석음(愚)'에 빠져 있었다.

　하지만 얼마 지나지 않아 한계를 느끼고 '배우기를 좋아하기(好學)' 시작했다. 동종업계의 성공 사례를 분석하고, 경영서적을 탐독하며, 선배 대표들에게 끊임없이 질문했다. 이러한 '호학'은 그가 '지혜(知)'에 가까워지게 만들었고, 사업의 방향성을 명확히 하는 데 도움이 되었다.

　다음으로 그는 아이디어만 가지고는 안 된다는 것을 깨닫고 '힘써 행하기(力行)' 시작했다. 밤샘 개발을 마다하지 않고, 고객의 피드백을 듣기 위해 발로 뛰었으며, 어려운 상황에서도 팀원들과 함께 문제를 해결해 나갔다. 때로는 사적인 욕심(私)에 흔들릴 때도 있었지만, '회사의 성공'이라는 공동의 목표를 위해 '힘써 행하며' 자신의 욕심을 잊으려 노력했다. 이러한 '역행'은 그가 '인仁'에 가까워지게 만들었고, 팀원들로부터 신뢰를 얻게 했다.

　가장 어려웠던 것은 자신의 부족함과 실패를 인정하는 것이었다. 그는 한때 "내가 틀릴 리 없어."라는 생각에 빠져 '나약함(懦)'을 보였다. 그러나 비판적인 피드백을 들었을 때 '부끄러움을 아는(知恥)' 마음이 생겼다. 자신의 잘못을 인정하고 개선하려는 '용기(勇)'가 생긴 것이다. 그는 팀원들 앞에서 자신의 실수를 솔직히 인정하고, 더욱 겸손한 태도로 그들의 의견을 경청하기 시작했다.

산수몽山水蒙 씨는 이처럼 '호학, 역행, 지치'라는 '삼근'을 통해 자신을 꾸준히 수양(修身)해 나갔다. 그 결과, 그는 단순히 사업을 잘하는 것을 넘어 팀원들을 효과적으로 이끌고(治人), 나아가 사회에 긍정적인 영향을 미치는(治天下國家) 리더로 성장할 수 있었다. 그의 성장은 "개인의 변화가 사회 전체의 변화로 이어진다"는 중용의 가르침을 실생활에서 증명하는 예시가 되었다.

나를 바꾸는 질문
나의 '성장 삼 단계' 계획

　Q1 : '지知, 인仁, 용勇'이라는 세 가지 덕목을 기르기 위해 현재 가장 필요하다고 느끼는 '가까워지는 길(近乎)'은 무엇인가? (호학, 역행, 지치 중 선택 또는 자신만의 방식)

　Q2 : '어리석음(愚)', '사사로움(私)', '나약함(懦)' 중 내가 가장 극복하고 싶은 내면의 특성은 무엇이며, 그 특성을 극복하기 위해 '삼근(好學, 力行, 知恥)' 중 어떤 것을 활용해 보고 싶은가?

　Q3 : '수신 → 치인 → 치천하국가'의 과정처럼, 나의 '개인적 성장'이 주변 관계나 속해 있는 공동체, 나아가 사회에 어떤 긍정적인 영향을 미치기를 기대하며, 이를 위한 첫걸음을 어떻게 시작해 볼 수 있을까?

수신修身을 위한 아홉 가지 큰 강령

凡爲天下國家有九經
범위천하국가유구경

"무릇 천하와 국가를 다스리는 데에는 아홉 가지의 떳떳한 도리가 있다."

주자의 주석으로 읽는
중용

주자는 먼저 '구경九經'의 의미를 '항상 그러한 것(常也)'이라고 정의한다. 이 아홉 가지 강령은 천하와 국가를 다스리는 데 변하지 않는 근본적인 원칙들이다.

아홉 가지 강령의 목록

修身 수신 : 자신을 수양함.

尊賢 존현 : 현명한 사람을 존경함.

親親 친친 : 친족을 사랑함.

敬大臣 경대신 : 대신을 공경함.

體群臣 체군신 : 모든 신하들을 체휼體恤함.

子庶民 자서민 : 백성들을 자식처럼 사랑함.
　來百工 래백공 : 모든 장인匠人과 기술자들을 오게 함.
　柔遠人 유원인 : 멀리 있는 사람들을 부드럽게 대함.
　懷諸侯 회제후 : 제후들을 포용하고 회유함.

　주자는 각 개념의 의미를 다음과 같이 보충한다.

　體체 : 자신의 몸을 그 사람의 입장에 두어 그 마음을 살피는 것(設以身處其地而察其心也), 즉 '공감'을 의미한다.
　子자 : 부모가 자식을 사랑하는 것처럼 대하는 것(如父母之愛其子也), 즉 '자애로움'을 의미한다.
　柔遠人유원인 : 손님이나 나그네를 잊지 않는 것(無忘賓旅者也), 즉 '환대와 배려'를 의미한다. 이것이 아홉 가지 강령의 목록이라고 주자는 밝힌다.

　주자는 여씨呂氏의 설명을 인용하여 아홉 가지 강령의 순서(序)에 담긴 의미를 상세히 설명한다.

　天下國家之本在身, 故修身爲九經之本. 천하국가지본재신, 고수신위구경지본 : 천하와 국가를 다스리는 근본은 자신(身)에게 있으므로, 수신이 아홉 가지 강령의 근본이 된다.
　然必親師取友, 然後修身之道進, 故尊賢次之. 연필친사취우, 연후수신지도진, 고존현차지 : 그러나 반드시 스승을 가까이하고 벗을 취한 후에야 수신의 도가 나아가므로, 존현이 그 다음이다. (스승과 벗은 자신을 수양

하는 데 필요한 존재이므로)

道之所進, 莫先其家, 故親親次之. 도지소진, 막선기가, 고친친차지 : 도가 나아가는 바는 그 집안보다 먼저인 것이 없으므로, 친친親親이 그 다음이다. (가정에서의 윤리가 모든 도의 시작점임을 강조)

由家以及朝廷, 故敬大臣, 體群臣次之. 유가이급조정, 고경대신, 체군신차지 : 집안에서부터 조정朝廷에 미치므로, 경대신과 체군신이 그 다음이다. (개인의 윤리가 사회적 역할로 확장됨.)

由朝廷以及其國, 故子庶民, 來百工次之. 유조정이급기국, 고자서민, 래백공차지 : 조정에서부터 그 나라에 미치므로, 자서민과 래백공이 그 다음이다. (국가 운영에 필요한 광범위한 리더십.)

由其國以及天下, 故柔遠人, 懷諸侯次之. 유기국이급천하, 고유원인, 회제후차지 : 그 나라에서부터 천하에 미치므로, 유원인과 회제후가 그 다음이다. (가장 넓은 범위의 포용적 리더십)

이것이 바로 아홉 가지 강령의 순서라고 주자는 여씨의 말을 빌려 설명한다.

마지막으로 주자는 "**視群臣猶吾四體, 視百姓猶吾子, 此視臣視民之別也.** 시군신유오사체, 시백성유오자, 차시신시지수사별야."라 하여, "모든 신하를 자신의 사지四肢처럼 여기고(동등한 협력자), 백성百姓을 자신의 자식처럼 여겨야 한다"는 구절을 통해 신하와 백성을 대하는 태도의 차이를 명확히 한다.

이는 통치자가 각 대상에게 적절한 마음가짐과 태도를 가져야 함을 강조함이다.

현대적 해석
개인의 성장에서 글로벌 리더십으로의 확장

이 단락은 현대사회에서 '개인의 성장'이 어떻게 '글로벌 리더십'으로 확장되는지를 보여주는 체계적인 로드맵을 제시한다.

'구경九經'은 단순히 국가 운영의 원리가 아니라 한 개인이 사회적 리더로서 점진적으로 영향력을 확대해 나가는 '성장 단계별 리더십 모델'로 해석될 수 있다.

修身 수신 : 모든 리더십의 시작은 '자기 관리'와 '내면 성숙'이다. 스스로를 갈고닦지 않고는 타인에게 진정한 영향력을 미칠 수 없다.

尊賢 존현 : '학습하고 성장하는 태도'를 의미한다. 스승이나 뛰어난 사람(멘토, 전문가)을 존경하고 그들의 지혜를 배우려 할 때 진정한 발전이 가능하다.

親親 친친 : '가장 가까운 관계에서의 사랑과 책임감'을 보여준다. 가족이나 핵심 팀원들과의 굳건한 유대 없이는 더 큰 공동체를 이끌 수 없다.

敬大臣 경대신 : '조직 내 핵심 인재 존중'을 의미한다. 리더는 핵심 관리자나 경험 많은 직원들의 전문성과 기여를 인정하고 존경해야 한다.

體群臣 체군신 : '직원들에 대한 공감과 배려'를 강조한다. 리더는 모든 구성원의 입장을 헤아리고 그들의 어려움을 이해하려 노력해야 한다. 이는 '공감적 리더십'의 핵심이다.

子庶民 자서민 : '모든 이해관계자에 대한 책임감'을 의미한다. 고

객, 주주, 지역 사회 구성원 등 조직에 영향을 받는 모든 이들을 자식처럼 아끼고 보살피는 태도가 필요하다. 이는 기업의 '사회적 책임(CSR)'과 연결된다.

來百工 래백공 : '다양한 분야의 전문가 협력 유치'를 의미한다. 리더는 특정 분야에만 국한되지 않고, 다양한 기술과 재능을 가진 인재들을 끌어모아 시너지를 창출해야 한다. 이는 '오픈 이노베이션'과도 관련된다.

柔遠人 유원인 : '타문화 이해와 포용적 외교'를 상징한다. 국제화 시대에 멀리 있는 타문화권 사람들을 부드럽게 대하고 환대하는 능력은 글로벌 리더십에 필수적이다.

懷諸侯 회제후 : '경쟁자 및 파트너 포용 전략'을 의미한다. 단순히 경쟁을 넘어, 잠재적 협력 관계에 있는 외부 주체들(제후)을 포용하고 상생을 추구하는 전략적 지혜가 필요하다.

이러한 아홉 가지 강령은 개인의 내면에서 시작하여 점차 그 영향력을 확장하는 '동심원적 리더십'을 제시한다. '신하를 사지四肢처럼 여기고 백성을 자식처럼 여기는' 구분은, 각 대상에게 적절한 존중과 사랑의 방식을 적용하는 '맞춤형 리더십'의 중요성까지 담고 있다.

일상의 중용 실천
사회적 기업 CEO 중수감重水坎 씨의 단계별 성장

사회적 기업 '희망 나눔'의 CEO 중수감 씨는 창업 초기부터 '구경九經'의 원리를 자신의 경영 철학에 적용했다.

修身 수신 : 그는 늘 새벽 일찍 일어나 명상하고 독서하며 자신을 갈고닦는 것을 게을리 하지 않았다.

尊賢 존현 : 그는 자신의 부족함을 인정하고, 사회적 기업 분야의 경험 많은 멘토들을 찾아 조언을 구했다.

親親 친친 : 초기에는 소수의 창업 멤버들과 가족처럼 끈끈한 유대감을 형성하는 데 집중했다.

敬大臣 경대신 : 회사가 성장하자, 그는 각 부서의 핵심 리더(대신)들의 전문성을 존중하고 그들에게 권한을 위임했다.

體群臣 체군신 : 모든 직원(군신)들의 어려움에 공감하고, 그들의 의견을 적극적으로 수렴하여 업무 환경을 개선했다.

子庶民 자서민 : 회사의 주 타깃인 취약계층 고객들을 '내 자식'처럼 보살피는 마음으로 최고의 서비스를 제공했다.

來百工 래백공 : 제품 개발에 필요한 다양한 외부 전문가(백공)들과 적극적으로 협력하여 기술력을 높였다.

柔遠人 유원인 : 해외시장 진출 시, 현지 문화와 관습을 존중하며 해외 파트너들(원인)에게 친화적으로 다가갔다.

懷諸侯 회제후 : 때로는 경쟁 관계에 있는 다른 사회적 기업들과도 협력 관계를 구축하여(제후를 포용) 더 큰 사회적 가치 창출을 모색했다.

중수감 씨는 이처럼 '수신'에서 시작하여 점진적으로 영향력을 확장하며 '구경'의 모든 단계를 실천해 나갔다. 그의 리더십은 '개인의 성장'이 '지역 사회'를 넘어 글로벌한 사회적 영향력으로 확장되는 모범을 보여주었다. 그의 기업은 단순히 성공적인 모델을 넘어, '사람을 다스리고 천하 국가를 이롭게 하는' 중용의 도를 구현하는 살아 있는 예시가 되었다.

나를 바꾸는 질문
나의 '구경' 실천 계획

Q1 : 내가 속한 조직이나 공동체에서 '구경九經' 중 현재 가장 시급하게 개선되거나 강조되어야 할 강령은 무엇이라고 생각하는가? 그 이유는 무엇인가?

Q2 : '수신修身 → 존현尊賢 → 친친親親'으로 이어지는 초반 세 가지 강령 중, 내가 가장 먼저 집중하고 싶은 것은 무엇이며, 이를 위해 어떤 구체적인 행동을 해볼 수 있을까?

Q3 : 내가 '구경'의 모든 강령을 점진적으로 실천하여 궁극적으로 나의 영향력을 가장 넓게 확장하고 싶은 분야는 어디인가? 그 최종 목표를 달성하기 위해 어떤 장기적인 계획을 세울 수 있을까?

아홉 가지 강령의 실제 효과

修身則道立, 尊賢則不惑, 親親則諸父昆弟不怨, 敬大臣則不眩,
수신즉도립, 존현즉불혹, 친친즉제부곤제불원, 경대신즉불현,

體吾臣則士之報禮重, 子庶民則百姓勸, 來百工則財用足,
체오신즉사지보례중, 자서민즉백성권, 래백공즉재용족,

柔遠人則四方歸之, 懷諸侯則天下畏之.
유원인즉사방귀지, 회제후즉천하외지.

"자신을 닦으면(수신) 도가 확고하게 서고,
현명한 사람을 존중하면, (나의 판단에) 흔들림이 없으며,
가까운 친족을 친하게 여기면 숙부와 형제들이 원망하지 않는다.
대신을 공경하면 (사소한 일에) 눈이 어두워지지 않으며,
여러 신하들의 마음을 헤아리면 선비들의 보답하는 예절이 두터워지고,
백성을 자식처럼 여기면 백성들이 스스로 힘쓴다."

주자의 주석으로 읽는
중용

주자는 이 단락이 '구경九經의 효과(效)'를 설명하는 부분임을 명

시하고 있다. 그리고 각각의 아홉 가지 강령이 어떤 긍정적인 결과를 가져오는지 다음과 같이 해설한다.

修身則道立 수신즉도립 : 자신을 수양하면 도道가 선다. 주자는 '도립 道立'을 '자신에게 도가 완성되어 백성들의 본보기가 될 수 있는 것(道成於己而可爲民表)'이라고 설명하며, 이는 『서경』에 나오는 '황건기유극(皇建其有極: 황제가 백성을 위해 지극히 바른 법을 세움)'과 같다고 덧붙인다. 즉 리더 자신의 인격적 완성이 백성들의 도덕적 기준이 됨을 의미한다.

尊賢則不惑 존현즉불혹 : 현명한 사람을 존경하면 미혹되지 않는다. '불혹不惑'은 '이치에 대해 의심하지 않는 것(不疑於理)'이라고 설명한다. 현명한 이들의 조언을 들으면 올바른 판단을 할 수 있어 혼란에 빠지지 않음을 의미한다.

親親則諸父昆弟不怨 친친즉제부곤제불원 : 친족을 사랑하면 모든 숙부와 형제들이 원망하지 않는다. 가까운 가족과의 관계가 원만해지면 불화나 원망이 없어진다는 의미다.

敬大臣則不眩 경대신즉불현 : 대신大臣을 공경하면 현혹되지 않는다. '불현不眩'은 '일에 대해 미혹되지 않는 것(不迷於事)'이라고 설명한다. 대신을 신뢰하고 전적으로 임무를 맡기면, 작은 신하들이 그 틈을 타 이간질할 수 없어(信任專, 而小臣不得以間之) 일에 직면했을 때 혼란스럽지 않다는 것이다.

體群臣則士之報禮重 체군신즉사지보례중 : 모든 신하들을 체휼(공감)하면 선비들의 보답이 두터워진다. 리더가 아랫사람들을 진심으로 배려하고 공감하면, 그들도 충성심으로 보답하게 된다는 의미다.

子庶民則百姓勸 자서민즉백성권 : 백성들을 자식처럼 사랑하면 백성들이 힘쓴다. 리더가 백성을 진정으로 아끼면 백성들 역시 자발적으로 노력하고 협력하게 된다는 의미입니다.

來百工則財用足 래백공즉재용족 : 모든 장인匠人과 기술자들을 오게 하면 재화와 물자가 풍족해진다. '通功易事 통공역사,' 즉 각자의 기능을 통하게 하고 서로 일을 쉽게 할 수 있도록 하면 농업과 상공업이 서로 도움을 주어(農末相資) 재화와 물자가 풍족해진다고 설명한다. 이는 전문인력의 중요성과 산업 간의 시너지 효과를 강조한다.

柔遠人則四方歸之 유원인즉사방귀지 : 멀리 있는 사람들을 부드럽게 대하면 사방에서 그에게 돌아온다. 멀리서 온 손님이나 이방인들을 환대하고 배려하면 천하의 나그네들이 모두 기뻐하며, 그 길로 나아가기를 원하므로 사방의 사람들이 그에게 귀의한다는 의미다. 이는 포용적인 외교정책이나 국제 교류의 긍정적인 효과를 보여준다.

懷諸侯則天下畏之 회제후즉천하외지 : 제후들을 포용하면 천하가 그를 두려워한다. 덕德이 베풀어지는 곳이 넓어지고(德之所施者博), 위엄(威)이 미치는 곳이 광범위해지므로(威之所制者廣矣), 천하가 그를 두려워한다는 것이다. 여기서 '두려워한다(畏)'는 것은 단순히 공포심이 아니라 그 덕과 위엄에 대한 존경심과 경외심을 의미한다.

현대적 해석
단계별 리더십의 시너지 효과

이 단락은 현대사회에서 '단계별 리더십'의 시너지 효과를 명확하게 보여준다. '구경九經'의 각 강령은 리더가 자신의 영향력을 확장해 나가는 로드맵이자, 각 단계별로 얻을 수 있는 구체적인 '성과(效)'를 제시한다.

修身 수신 → **道立** 도립 : '자기 성찰'과 '자기관리'가 곧 '신뢰'와 '모범'의 기반이 된다. 리더가 스스로를 다스릴 때, 조직구성원들은 그를 신뢰하고 따르게 된다.

尊賢 존현 → **不惑** 불혹 : '전문성 존중'과 '지식 공유'는 리더의 '합리적 의사결정'을 가능하게 한다. 다양한 전문가의 의견을 경청하고 활용할 때, 불확실한 상황에서도 흔들리지 않는 판단력을 가질 수 있다.

親親 친친 → **不怨** 불원 : '가까운 관계의 유대 강화'는 내부 갈등을 줄이고 '심리적 안정감'을 제공한다. 이는 가족뿐 아니라 핵심 팀원들 간의 끈끈한 유대 관계가 조직의 안정성에 기여함을 의미한다.

敬大臣 경대신 → **不眩** 불현 : '핵심 인재에 대한 신뢰와 위임'은 리더가 복잡한 업무에 매몰되지 않고 '큰 그림'을 볼 수 있게 한다. 이는 중간관리자에게 권한을 부여하고 그들의 역량을 믿을 때 리더의 혼란이 줄어듦을 의미한다.

體群臣 체군신 → **報禮重** 보례중 : '직원들에 대한 공감과 배려'는 '자발적인 헌신'을 이끌어낸다. 리더가 직원의 입장을 이해하고 그들의 성장을 도우면, 직원들은 그에 대한 보답으로 더 큰 충성심과 기여를 보여준다.

子庶民 자서민 → **百姓勸** 백성권 : '고객중심 경영'과 '사회적 책임'은 '대중의 지지'와 '자발적 참여'를 유도한다. 기업이 고객과 사회를 진정으로 위하면, 소비자들은 그 기업의 제품을 구매하고 지지하게

된다.

來百工 래백공 → **財用足** 재용족 : '외부 전문가와의 협력과 오픈 이노베이션'은 '창의적 자원 확보와 혁신 가속화'를 가능하게 한다. 다양한 분야의 인재와 기술을 활용하여 생산성을 높이고 새로운 가치를 창출할 수 있다.

柔遠人 유원인 → **四方歸之** 사방귀지 : '글로벌 포용적 태도와 문화 다양성 존중'은 '국제적 신뢰와 긍정적 이미지'를 구축한다. 이는 국제 비즈니스나 외교에서 유연하고 개방적인 자세가 얼마나 중요한지를 보여준다.

懷諸侯 회제후 → **天下畏之** 천하외지 : '경쟁자와의 상생 추구와 전략적 파트너십'은 '시장에서의 지배력 강화와 존경'을 가져온다. 경쟁자를 무조건 배척하기보다 포용하고 협력할 때 더 큰 영향력을 발휘하고 업계 전체로부터 존경을 받게 된다.

이처럼 구경의 각 효과는 상호 연결되어 있으며, 개인의 작은 수양에서 시작된 덕이 점차 큰 영향력을 발휘하여 조직과 사회 전체에 긍정적인 변화를 가져오는 '선순환 구조'를 형성한다.

일상의 중용 실천
성공적인 스타트업의 '구경' 실천

MZ세대 창업가인 이 대표는 자신의 스타트업을 성공시키는 데 '구경九經'의 효과를 직접 경험했다.

修身 수신 → 道立 도립 : 그는 매일 새벽 일찍 일어나 자기계발을 하고, 어떤 상황에서도 약속을 지키며 자신을 다스렸다. 덕분에 직원들은 그를 신뢰하고 따랐다.

尊賢 존현 → 不惑 불혹 : 이 대표는 자신의 부족함을 인정하고, 각 분야의 전문가(현명한 사람)들을 찾아 적극적으로 자문을 구했다. 덕분에 그는 복잡한 기술 문제나 시장 예측에서 혼란에 빠지지 않고 현명한 결정을 내릴 수 있었다.

親親 친친 → 不怨 불원 : 초기 멤버들과 가족 같은 유대감을 형성하며, 사소한 어려움도 함께 나누고 해결했다. 덕분에 팀원들 사이에 불만이나 원망이 없었고 끈끈한 팀워크를 유지했다.

敬大臣 경대신 → 不眩 불현 : 그는 각 팀 리더(대신)들에게 전폭적인 신뢰를 보내고 권한을 위임했다. 덕분에 이 대표는 미시적인 문제에 현혹되지 않고 회사의 큰 전략 방향에 집중할 수 있었다.

體群臣 체군신 → 報禮重 보례중 : 모든 직원(군신)들의 애로사항에 귀를 기울이고 그들의 복지에 힘썼다. 덕분에 직원들은 회사를 위해 자발적으로 헌신하며 높은 성과로 보답했다.

子庶民 자서민 → 百姓勸 백성권 : 그는 고객의 작은 피드백에도 귀를 기울이고, 고객을 '자식처럼' 아끼는 마음으로 서비스를 개선했다. 덕분에 고객들은 회사의 제품을 적극적으로 추천하고 신규고객 유치에 기여했다.

來百工 래백공 → 財用足 재용족 : 그는 다양한 분야의 프리랜서 개발자, 디자이너 등 외부 전문가(백공)들과 적극적으로 협력했다. 덕분에 회사는 적은 비용으로도 창의적인 아이디어를 얻고 제품 개발에 필요한 자원을 풍족하게 확보할 수 있었다.

柔遠人 유원인 → 四方歸之 사방귀지 : 해외시장 진출 시, 현지 문화에 대한 이해와 존중을 바탕으로 해외 파트너(원인)들을 부드럽게 대하고 협력했다. 덕분에 다양한 국가에서 그의 기업에 대한 긍정적인 평판이 퍼져나갔다.

懷諸侯 회제후 → 天下畏之 천하외지 : 경쟁 관계에 있는 다른 기업들과도 상생을 위한 협력 방안을 모색하고(제후를 포용), 업계 전체의 발전을 위해 노력했다. 덕분에 그의 기업은 단순히 '경쟁사'가 아닌, '업계의 존경을 받는 리더 기업'으로 자리매김했다.

이 대표의 사례는 '구경'이라는 아홉 가지 리더십 강령을 꾸준히 실천했을 때, 개인의 성장을 넘어 조직과 사회에 이르는 총체적인 성공과 긍정적인 파급 효과를 가져올 수 있음을 생생하게 보여준다.

나를 바꾸는 질문
'구경 효과' 상상하기

Q1 : 리더의 위치에 있거나, 어떤 팀/조직의 일원으로서 '구경九經'의 효과 중 가장 크게 경험해 보고 싶은 변화는 무엇인가?

Q2 : 나의 삶에서 '수신修身'의 결과로 '도道가 서서' 모범이 된 경험이 있다면 무엇인가? 아니면 '존현尊賢'을 통해 '미혹되지 않았던(不惑)' 경험이 있는가?

Q3 : '구경'의 각 강령들이 서로 연결되어 '선순환'을 이룬다는 점을 바탕으로, 나의 현재 위치에서 어떤 한 가지 강령을 선택하여 실천한다면, 그것이 나의 주변에 어떤 '효과'들을 연쇄적으로 가져올 것이라고 예상하나?

'구경'의 구체적인 실천 방법

齊明盛服, 非禮不動, 所以修身也; 去讒遠色, 賤貨而貴德, 所以勸賢也.
재명성복, 비례부동, 소이수신야; 거참원색, 천화이귀덕, 소이권현야

"몸과 마음을 정돈하고 예복을 갖추며, 예가 아니면 움직이지 않는 것.
이것이 자신을 닦는 방법이다. 남의 험담을 내치는 것과 여색을 멀리하고,
재물을 천하게 여기며 덕을 귀하게 여기는 것.
이것이 현명한 사람들을 등용하는 방법이다."

주자의 주석으로 읽는
중용

주자는 이 단락이 '구경九經의 구체적인 실천 방법(事)'을 설명하는 부분임을 밝히고 있다.

修身 수신 : 몸을 깨끗이 하고(齊明) 의복을 단정히 하며(盛服), 예禮가 아니면 움직이지 않는 것이 자신을 수양하는 방법이라고 설명한다. 이는 외적인 단정함과 내면의 도덕적 규율을 통해 자신을 다스리는 것을 의미한다.

尊賢 존현 : 아첨하는 말을 멀리하고(去讒), 여색을 멀리하며(遠色), 재물을 천하게 여기고, 덕을 귀하게 여기는 것(賤貨而貴德)이 현명한 사람들을 권장하는 방법이다.

이는 지도자가 사사로운 욕심을 버리고 공정하게 덕을 숭상할 때 진정한 현인들이 모여든다는 의미다.

親親 친친 : (친족의) 지위를 높여주고(尊其位) 녹봉을 후하게 하며(重其祿), 그들의 좋고 싫음을 같이 하는 것(同其好惡)이 친족을 사랑하는 것을 권장하는 방법이다.

이는 가까운 친족에게 실질적인 배려와 정서적 공감을 통해 유대감을 강화하는 것을 의미한다.

敬大臣 경대신 : 관직을 풍성하게 하여 (그들에게) 임무를 맡기는 것(官盛任使)이 대신大臣을 공경하는 방법이다.

주자는 '관성임사'는 '관료 조직이 많고 풍성하여 임무를 맡기기에 충분하다는 것'으로, 대신이 마땅히 사소한 일을 직접 처리하지 않아야 하므로 그들을 우대하는 방식이 이와 같다고 설명한다. 이는 핵심 인재에게 충분한 권한과 지원을 제공하여 그들의 역량을 최대한 발휘하게 하는 것을 의미한다.

體群臣 체군신 : (모든) 신하(士)들을 충성스럽게 대하고 신의를 보이며(忠信), 후한 녹봉을 주는 것(重祿)이 선비들을 권장하는 방법이다.

주자는 '충신중록'을 '정성으로 대하고 풍족하게 봉양하는 것'으로, 지도자가 아랫사람의 입장에서 그들이 의지하는 바가 무엇인지 헤아려야 함을 강조한다. 이는 직원들에게 신뢰를 보여주고 합당한 대우를 해 줄 때 그들의 충성을 이끌어낼 수 있음을 의미한다.

子庶民 자서민 : 때에 맞게 부역을 시키고(時使) 세금을 가볍게 거두

는 것(薄斂)이 백성들을 권장하는 방법이다.

이는 백성들의 삶의 어려움을 헤아리고 부담을 덜어주는 '애민(愛民) 정신'의 실천이다.

來百工 래백공 : 매일 살피고 매달 시험하여(日省月試), 재화와 양식을 그 일에 맞게 지급하는 것(旣稟稱事)이 모든 장인匠人과 기술자들을 오게 하는 방법이다.

주자는 '기품旣稟'을 '조금씩 지급하는 식량'으로, '칭사稱事'는 『주례周禮』 고인稾人 직책에 "활과 쇠뇌를 시험하여 그 먹이를 상하로 조절한다"는 말처럼, 업무 성과에 따라 합당한 보상을 하는 것을 의미한다고 설명한다. 이는 능력에 따른 공정한 보상과 지속적인 평가를 통해 전문가들의 역량을 독려하는 것을 의미한다.

柔遠人 유원인 : 떠나는 이를 정중히 보내고 오는 이를 환영하며(送往迎來), 잘하는 것을 칭찬하고(嘉善) 부족한 것을 불쌍히 여기는 것(矜不能)이 멀리 있는 사람들을 부드럽게 대하는 방법이다.

주자는 "가는 사람에게는 신표를 주어 보내고, 오는 사람에게는 풍성한 물자를 갖추어 맞이한다"고 부연한다. 이는 타문화권 사람들을 존중하고 이해하며, 그들의 장점을 인정하고 부족한 점을 포용하는 글로벌 리더십을 의미한다.

懷諸侯 회제후 : 끊어진 세대를 이어주고(繼絶世) 멸망한 나라를 다시 일으키며(擧廢國), 혼란을 다스리고 위태로움을 붙잡아주고(治亂持危), 제후들의 조빙朝聘을 때에 맞게 하며(朝聘以時), (선물을) 후하게 보내고 (공물을) 적게 받는 것(厚往而薄來)이 제후들을 포용하고 회유하는 방법이다.

주자는 '조朝'는 제후가 천자를 알현하는 것이고, '빙聘'은 제후가

대부를 보내 예물을 바치는 것이라고 설명하며, "두터이 보내고 적게 받는다"는 것은 '연회와 하사품은 후하게 하고 조공은 적게 받는 것'을 의미한다고 한다. 이는 강대국으로서 약소국을 배려하고, 위기 상황에서 국제적 리더십을 발휘하며, 상호 존중을 바탕으로 한 외교를 펼칠 때 진정한 영향력을 얻을 수 있음을 의미한다.

현대적 해석
단계별 리더십 전략의 실행 지침

이 단락은 현대사회의 '단계별 리더십 전략'에 대한 구체적인 실행 지침을 제공한다. 앞서 제시된 '구경九經'의 원리들을 실제 경영이나 조직 운영, 사회적 역할에서 어떻게 적용할 것인지에 대한 상세한 매뉴얼과 같다. 각 강령별 실천 방법은 리더가 조직의 다양한 구성원들과 외부 이해관계자들을 효과적으로 이끌고 관계를 맺는 데 필요한 실질적인 전략들을 담고 있다.

修身 수신 : '자기관리와 인격 함양'은 리더의 '외적 신뢰와 내적 평온'의 기반이다. 겉모습의 단정함과 내면의 도덕성을 통해 리더의 권위가 확립된다.

尊賢 존현 : '투명하고 공정한 인사'와 '능력 중심의 인재 등용'은 조직의 '혁신 동력'을 강화한다. 사사로운 감정이나 편견 없이 덕과 능력을 우선할 때, 진정한 인재들이 모여들고 능력을 발휘한다.

親親 친친 : '내부 구성원 간의 심리적 안정'은 조직의 '결속력'을

높인다. 핵심 팀원들에게 합당한 대우와 정서적 지원을 제공할 때, 그들은 조직에 대한 강한 소속감을 느낀다.

敬大臣 경대신 : '권한 위임과 신뢰 기반의 소통'은 리더의 '전략적 집중력'을 확보하게 한다. 유능한 중간관리자에게 충분한 자율성을 줄 때, 리더는 더 큰 비전을 그릴 수 있다.

體群臣 체군신 : '직원 복지 향상'과 '정서적 지지'는 '조직 충성도'를 증대시킨다. 직원의 필요를 헤아리고 진심으로 지원할 때, 직원들은 더 큰 헌신으로 보답한다.

子庶民 자서민 : '고객중심 서비스'와 '사회적 기여'는 대중의 자발적 지지를 이끌어낸다. 이윤 추구를 넘어 고객과 사회의 니즈를 충족시킬 때 기업의 지속 가능성이 보장된다.

來百工 래백공 : '성과 기반 보상'과 '협력적 인재 관리'는 '창의적 자원 유치'를 가능하게 한다. 공정한 평가와 보상을 통해 다양한 전문가들의 협력을 이끌어낼 수 있다.

柔遠人 유원인 : '문화적 포용성'과 '열린 소통'은 글로벌 네트워크 확장을 촉진한다. 외국인 근로자나 파트너를 존중하고 배려할 때 국제적인 협력 관계가 강화된다.

懷諸侯 회제후 : 지속 가능한 상생 전략과 '글로벌 리더십 발휘'는 업계 내 영향력을 극대화한다. 경쟁자나 국제사회 구성원들을 존중하고 지원할 때, 강력한 리더십과 함께 광범위한 존경을 받게 된다.

이처럼 '구경'의 실천 방법들은 서로 유기적으로 연결되어 있으며, 리더의 작은 행동 하나하나가 복잡한 조직과 사회 시스템에 긍정적인 파급 효과를 가져올 수 있음을 명확히 보여준다. 이는 단편적인 성공이 아닌 지속 가능하고 포괄적인 성공 을 위한 덕치德治의 구체적인 로드맵이라 할 수 있다.

일상의 중용 실천
고객 경험을 최우선하는 서비스 기업

한 서비스 기업의 CEO 중수감重水坎 씨는 '구경'의 실천 방법을 자신의 경영 철학으로 삼았다.

修身 수신 : 그는 늘 정갈한 옷차림과 단정한 태도로 직원들에게 모범을 보였고, 개인적인 약속과 비즈니스 윤리를 철저히 지켰다.

尊賢 존현 : 그는 자신의 마케팅 성공 경험을 과시하지 않고, 최신 트렌드를 잘 아는 젊은 인재들의 의견을 적극적으로 경청하고 중요한 직책에 등용했다.

親親 친친 : 그는 초기 창업 멤버들과 주기적으로 비공식적인 자리를 가지며, 그들의 개인적인 어려움까지도 함께 고민하고 지원했다.

敬大臣 경대신 : 각 부서의 임원들에게는 프로젝트 전반에 대한 막강한 권한을 위임하고, 그들이 소신껏 일할 수 있도록 전폭적인 신뢰를 보냈다.

體群臣 체군신 : 그는 직원들의 복지에 아낌없이 투자하고, 사내 심리상담 프로그램을 운영하여 직원들의 정서적 어려움을 체휼(공감)하려 노력했다.

子庶民 자서민 : 그는 '고객은 우리의 자식'이라는 마음으로 고객 서비스 교육을 강화하고, 고객의 작은 불만에도 신속하게 대응하여

해결했다.

來百工 래백공 : 그는 새로운 서비스 개발을 위해 외부 디자인 전문가, 소프트웨어 개발자 등 다양한 분야의 프리랜서들과 협력하며, 그들의 기여에 합당한 보상을 제공했다.

柔遠人 유원인 : 해외시장 진출 시, 현지 채용 직원들을 동등한 파트너로 대하고, 그들의 문화적 차이를 이해하려는 노력을 아끼지 않았다.

懷諸侯 회제후 : 경쟁사들과도 시장 확대를 위한 공동 캠페인을 기획하고, 업계 전반의 서비스 품질 향상을 위해 정보를 공유하는 등 상생의 길을 모색했다.

이러한 '구경'의 구체적인 실천 덕분에 이 기업은 높은 고객 만족도와 낮은 이직률을 자랑하며 업계에서 가장 빠르게 성장하는 기업 중 하나가 되었다. CEO 중수감 씨의 사례는 리더의 덕성德性이 구체적인 행동 지침(行)으로 구현될 때, 그것이 조직 전체, 나아가 시장과 사회에 얼마나 강력하고 긍정적인 변화를 가져올 수 있는지를 보여주는 현대적 예시다.

나를 바꾸는 질문
나의 '덕치德治' 구체화

Q1 : 내가 리더의 위치에 있거나, 팀/조직의 일원으로서 '구경九經' 중 가장 구체적으로 실천해 보고 싶은 한 가지 강령은 무엇인가?

Q2 : 그 강령을 실천하기 위해 나는 어떤 '구체적인 행동 지침'을 세울 수 있을까? (예: 존현을 위한 '칭찬과 감사 표현 구체화', 자서민을 위한 '고객 피드백 분석 시스템 마련' 등)

Q3 : 나의 이러한 실천이 궁극적으로 가져올 '효과(效)'는 무엇일 것이라고 기대하며, 그것이 나 개인적인 성장뿐만 아니라 속한 공동체에 어떤 긍정적인 변화를 가져올 것이라고 생각하는가?

아홉 가지 강령을 실천하는 근본

凡爲天下國家有九經, 所以行之者一也. 一者, 誠也
범위천하국가유구경, 소이행지자일야. 일자, 성야

"무릇 천하와 국가를 다스리는 데에는 아홉 가지의 떳떳한 도리가 있으니, 그 아홉 가지를 실천하는 방법은 오직 성실함뿐이다."

주자의 주석으로 읽는
중용

주자는 앞서 제시된 '구경九經'을 실천하는 근본이 '하나(一)'이며, 이 '하나'가 바로 '성誠'이라고 선언한다. "一者, 誠也. 일자, 성야.", 즉 모든 것은 '성'이라는 진정성에서 비롯된다는 것이다.

주자는 이어서 "一有不誠, 則是九者皆爲虛文矣, 此九經之實也. 일유불성, 즉시구자개위허문의, 차구경지실야, 즉 한 번이라도 성실하지 못하면, 이 아홉 가지 강령은 모두 헛된 문구(虛文)가 되고 말며, '성'이야말로 이 아홉 가지 강령의 '실질(實)'이라고 강조한다. 아무리 훌륭한 원칙이라도 진심이 담기지 않으면 의미가 없다는 뜻이다.

다음으로 모든 일에 대한 '예비(豫)'의 중요성을 설명한다.

凡事豫則立, 不豫則廢. 범사예즉립, 불예즉폐.

"모든 일이 미리 예비되어 있으면 성공하고(立), 예비되어 있지 않으면 실패한다.(廢)"

주자는 여기서 '모든 일(凡事)'은 '오달도五達道', '삼달덕三達德', '구경九經'과 같은 모든 도리를 의미한다고 설명한다. '예豫'는 '미리 정해두는 것(素定也)'을 뜻한다.

공자는 이를 구체적인 네 가지 예시로 설명한다.

言前定則不跲 언전정즉불겁 : 말이 미리 정해져 있으면 막히지 않는다. ('겁'은 넘어지는 것) 미리 생각해 두고 준비하면 말이 막힘없이 나온다는 뜻이다.

事前定則不困 사전정즉불곤 : 일이 미리 정해져 있으면 곤란하지 않다. 계획을 미리 세우면 예상치 못한 어려움에 빠지지 않는다는 뜻이다.

行前定則不疚 행전정즉불구 : 행동이 미리 정해져 있으면 후회하거나 병들지 않는다. ('구疚'는 병이 되는 것) 미리 계획하고 실천하면 잘못된 행동으로 인한 후회나 마음의 병이 없다는 뜻이다.

道前定則不窮 도전정즉불궁 : 도道가 미리 정해져 있으면 궁색하지 않다. 삶의 방향과 원칙이 분명하면 어떤 상황에서도 길을 잃거나 막다른 골목에 다다르지 않는다는 뜻이다.

주자는 이 구절이 앞선 내용을 이어받아 모든 일이 "먼저 성실함에 기초해야 함(先立乎誠)"을 강조하는 것이라고 설명하며, 다음 구절들에서 더 자세히 논의될 것이라고 덧붙였다.

현대적 해석
진정성의 리더십과 사전계획의 중요성

이 단락은 현대사회의 '진정성 있는 리더십'과 '사전계획의 중요성'을 강력하게 강조하고 있다. "아홉 가지 강령을 실천하는 근본은 성誠에 있다. 성실하지 못하면 모두 헛된 문구가 된다"는 것은, 아무리 훌륭한 비전이나 전략, 그리고 윤리적 원칙을 내세워도 '진심'이 담겨 있지 않으면 결국 실패할 수밖에 없음을 의미한다. 이는 오늘날 'ESG경영', '윤리경영' 등 기업의 사회적 책임이 강조될 때, 단순한 '그린 워싱(greenwashing)'이나 '보여주기 식' 행위가 아닌 '진정한 의지'와 '투명성'이 바탕이 되어야 함을 일깨운다. 리더의 말과 행동에 진정성이 없을 때, 아무리 좋은 시스템도 직원들에게는 '허울 좋은 말'로 느껴지게 된다.

모든 일이 미리 예비 되어 있으면 성공하고, 예비 되어 있지 않으면 실패한다(凡事豫則立, 不豫則廢) : 이 구절은 현대 경영에서 '선제적 대응'과 '위기관리'의 중요성을 강조한다. 불확실성이 높은 시대에 미래를 예측하고 대비하는 능력은 조직과 개인의 생존과 성장에 필수적이다.
말이 미리 정해져 있으면 막히지 않는다.(言前定則不跲) : 이는 '명확한 의사소통'과 '준비된 프레젠테이션'의 중요성을 보여준다. 미리 생각하고 정리된 말은 설득력을 높이고 오해를 줄인다.

일이 미리 정해져 있으면 곤란하지 않다.(事前定則不困) : 이는 '꼼꼼한 계획 수립'과 '리스크 관리'의 중요성을 강조한다. 사전에 철저히 계획하면 예상치 못한 문제에도 당황하지 않고 대처할 수 있다.

행동이 미리 정해져 있으면 후회하거나 병들지 않는다.(行前定則不疚) : 이는 '윤리적 기준 확립'과 '자기 통제'의 중요성을 시사한다. 자신의 행동 원칙을 미리 정해두면 충동적인 실수를 줄이고, 그로 인한 후회나 죄책감에 시달리지 않을 수 있다.

"**도道가 미리 정해져 있으면 궁색하지 않다.**(道前定則不窮)" : 이는 '삶의 비전 설정'과 '가치관 확립'의 중요성을 역설한다. 자신의 삶의 방향과 핵심가치가 분명하면 어떤 어려움 속에서도 길을 잃거나 좌절하지 않고, 끊임없이 나아갈 수 있는 힘을 얻게 된다.

결론적으로, 이 단락은 '진정성(誠)'이라는 내면의 기반 위에 '사전 계획(豫)'이라는 실천적 지혜가 더해질 때 비로소 아홉 가지 강령과 같은 원대한 목표들이 성공적으로 이루어질 수 있음을 보여준다. 이는 단순히 아는 것뿐만 아니라 진심을 담아 미리 계획하고 꾸준히 실천하는 것이 중용의 도를 완성하는 핵심임을 강조한다.

일상의 중용 실천
목표 달성을 위한 '성誠'과 '예비豫'의 시너지

직장인 중화리重火離 씨는 올해 개인적인 목표로 '외국어 능력 향상'과 '재정 안정'이라는 두 가지를 세웠다. 그녀는 과거에도 비슷한 목표를 세웠다가 '작심삼일'로 끝난 적이 많아 고민이 많았다. 그녀는 이번에 『중용』에서 배운 '성誠'과 '예비(豫)'의 원리를 적용하기로 했다.

첫째, 그녀는 목표 달성에 대한 '진정성(誠)'을 다졌다. '단순히 남에게 보여주기 위한 공부가 아니라, 진정으로 내 삶의 성장을 위한 것'이라고 스스로에게 되뇌었다. '성'이 없으면 모든 노력이 '헛된 문구(虛文)'가 될 것임을 인지했다.

둘째, 그녀는 목표 달성을 위한 '철저한 예비(豫)'에 들어갔다.
"말이 미리 정해져 있으면 막히지 않는다."
"일이 미리 정해져 있으면 곤란하지 않다." : 한 달 단위의 재정 계획을 미리 세우고, 예상 지출과 수입을 꼼꼼히 기록하여 불필요한 지출을 미리 차단했다.
"행동이 미리 정해져 있으면 후회하거나 병들지 않는다." : 충동구매 금지와 같은 자신만의 소비 원칙을 미리 정해두고, 이를 어겼을 때는 스스로 반성하는 시간을 가졌다.
도道가 미리 정해져 있으면 궁색하지 않다." : 꾸준함과 '자기 통제'라는 삶의 큰 방향(道)을 미리 정해두었기에, 중간에 찾아오는 어려움에도 흔들리지 않고 목표를 향해 나아갈 수 있었다.

이러한 '성誠을 바탕으로 한 예비(豫)' 덕분에 중화리 씨는 올해 목표를 성공적으로 달성할 수 있었다. 그녀의 경험은 복잡한 개인 목표 설정에서도 '진정성 있는 의지'와 '체계적인 사전 계획'이 결합될 때 얼마나 큰 힘을 발휘하는지를 보여주는 좋은 예시다. 이는 궁극적으로 중용의 도를 삶에 구현하는 핵심적인 방법이 된다.

나를 바꾸는 질문
나의 '성誠과 예비(豫)' 전략 수립

Q1 : 현재 진행 중이거나 앞으로 시작하고 싶은 어떤 중요한 일(프로젝트, 학습, 습관 형성 등)에서 '진정성(誠)'이 가장 필요한 부분은 무엇이라고 생각하는가?

Q2 : 내가 성공적으로 이루고 싶은 한 가지 목표를 위해 '미리 예비(豫)'하고 싶은 것은 무엇인가? (예: 세부계획 수립, 필요한 자원 확보, 리스크 분석 등)

Q3 : 특히 '말, 일, 행동, 도'에 대한 네 가지 예비 방법(言前正, 事前正, 行前正, 道前正) 중, 목표 달성에 가장 중요하다고 생각하는 두 가지를 선택하여 구체적인 실천 방안을 세워보자.

덕치의 지침과 변화

在下位不獲乎上, 民不可得而治矣. 獲乎上有道: 不信乎朋友, 不獲乎上矣;

재하위불획호상, 민불가득이치의. 획호상유도: 불신호붕우, 불획호상의;

不信乎朋友, 不順乎親, 不信乎朋友矣;

불신호붕우, 불순호친, 불신호붕우의;

不順乎親, 不知乎身體, 不順乎親矣.

불순호친, 부지호신체, 불순호친의.

"아랫자리에 있으면서 윗사람의 신뢰를 얻지 못하면,
백성을 다스릴 수 없다. 윗사람의 신뢰를 얻는 방법이 있다:
친구들에게 신뢰를 얻지 못하면, 윗사람의 신뢰도 얻지 못할 것이다.
친구들에게 신뢰를 얻지 못하는 것은 부모에게 효도하지 못했기 때문이고,
부모에게 효도하지 못하는 것은
자신의 몸과 마음을 제대로 알지 못했기 때문이다."

주자의 주석으로 읽는

중용

"아래 직위에 있는 사람이 윗사람의 신뢰를 얻지 못하면, 백성들

을 다스릴 수 없다."

이는 조직 내에서 리더십을 발휘하기 위해 윗사람과의 관계가 얼마나 중요한지를 보여준다.

이어서 윗사람의 신뢰를 얻는 방법을 역순으로 제시한다.

反諸身不誠, 不順乎親矣. 反諸身不誠, 不明乎善矣. 誠者, 天之道也. 誠之者, 人之道也. 반저신불성, 불순호친의. 반저신불성, 불명소선의. 성자, 천지도야. 성지자, 인지도야.

"자기 몸을 돌이켜 보아 성실하지 않으면, 부모에게 순할 수 없다. 자기 몸을 돌이켜 성실하면, 선을 밝히지 않을 수 없다. 성誠이란 하늘의 도요, 성실하려는 것은 사람의 도이다."

주자는 여기서 '反諸身不誠 반저신불성'을 "자신을 돌이켜 살펴보아, (마음속에) 간직하고 (밖으로) 발현하는 것이 진실 되고 거짓됨이 없는 '성실함'에 이르지 못하는 것"이라고 풀이한다. 즉 내면의 진정성이 부족한 상태를 말한다.

誠身有道: 不明乎善, 不誠乎身矣. 성신유도: 불명호선, 불성호신의.
"자신을 성실하게 하는 방법은, 선善을 밝게 알지 못하면, 자신을 성실하게 하지 못한다."

주자는 '不明乎善 불명호선'을 "인간의 마음과 하늘의 명에 부여된 본래의 그러함을 명확히 살피지 못하여, '지극한 선(至善)'이 어디에 있는지 진정으로 알지 못하는 것"이라고 설명한다. 즉 무엇이 진정으로 옳은지 깨닫지 못하면 자신을 성실하게 할 수 없다는 것이다.

주자는 이 단락이 '아래 직위에 있는 사람'의 입장에서 '미리 정해두는 것(素定)'의 의미를 추론하여 설명한 것이라고 덧붙인다. 이는 결국 모든 관계에서의 성공과 리더십 발휘가 가장 근본적인 '선善에 대한 앎'과 '자신의 성실함'에서 시작됨을 강조하는 것이다.

현대적 해석
'바텀 업 리더십'과 신뢰의 피라미드

이 단락은 현대사회의 '바텀업 리더십(bottom-up leadership)과 신뢰의 피라미드(Pyramid of trust)'라는 개념과 깊은 연관성을 가진다. "아래 직위에 있는 사람이 윗사람의 신뢰를 얻지 못하면 백성들을 다스릴 수 없다"는 명제는, 직급이 낮거나 영향력이 적은 위치에 있는 사람도 결국 윗사람의 신뢰를 얻어야만 팀이나 조직 내에서 자신의 역할을 제대로 수행하고 변화를 이끌 수 있다는 현실적인 조언이다. 이는 단순히 윗사람의 눈치를 본다는 의미가 아니라 수직적 관계에서도 역량과 신뢰를 통해 영향력을 확장하는 방법을 제시한다.

'윗사람의 신뢰를 얻는' 역순의 단계는 '신뢰가 형성되는 과정'을 역추적한 피라미드 구조와 같다.

윗사람의 신뢰(獲乎上) ← 친구의 신뢰(信乎朋友)

윗사람의 신뢰는 단순히 업무 성과뿐 아니라 주변 동료(친구)들과의 관계에서 형성된 평판과 신뢰에서 비롯된다. 동료들이 신뢰하지 않는 사람을 윗사람이 전적으로 믿기는 어렵다.

친구의 신뢰(信乎朋友) ← 어버이에게 순종(順乎親)

친구의 신뢰는 가장 기본적이고 친밀한 관계(어버이)에서의 순종(사랑과 공경)에서 출발한다. 가족을 대하는 태도가 곧 그 사람의 인격과 신뢰성을 보여주는 시금석이 된다.

어버이에 대한 순종(順乎親) ← 자신을 성실하게 함(誠身)

가족에게 순종하고 사랑하는 마음은 자신을 속이지 않고 진실하며 성실한 태도(誠身)에서 비롯된다. 내면의 거짓됨 없이 자신에게 정직할 때 비로소 진정한 사랑과 존경을 표현할 수 있다.

자신을 성실하게 함(誠身) ← 선善을 밝게 앎(明乎善)

자신을 성실하게 하는 것은 궁극적으로 무엇이 '선善'인지 명확히 깨닫는 것에서 시작된다. 자신의 본성과 하늘의 이치, 즉 보편적인 선한 가치를 이해할 때, 그에 따라 자신의 말과 행동을 진실되게 일치시키려는 동기가 생긴다.

결국 이 단락은 모든 리더십과 신뢰의 근원이 바로 '무엇이 옳고 그른지 아는 것(明乎善)'에서 출발하여, 그 앎을 바탕으로 '자신에게 진실하게 행동하는 것(誠身)', 그리고 이 성실함이 '가장 가까운 관계(親)'에서 실천될 때 '주변 관계(朋友)'로 확장되고, 마침내 '조직 내 리더십(上)'으로 이어져 궁극적으로 '백성을 다스리는(治民)' 영향력을 가지게 됨을 보여주는 '수직적 신뢰 구축 모델'을 제시한다. 이는 현대사회에서 개인의 인격과 진정성이 얼마나 중요한 자산인지를 역설한다.

일상의 중용 실천
인턴의 성장과 리더십 발휘

새내기 인턴인 택산함澤山咸 씨는 회사에서 큰 프로젝트의 일부분을 맡게 되었다. 그녀는 "아래 직위에 있는 사람이 윗사람의 신뢰를 얻지 못하면 백성을 다스릴 수 없다"는 가르침을 떠올리며, 자신이 먼저 팀 리더의 신뢰를 얻어야 한다는 것을 깨달았다.

그녀는 먼저 '선善을 밝게 알기(明乎善)' 위해 노력했다. 회사와 팀의 목표가 무엇인지, 자신의 업무가 전체 프로젝트에 어떻게 기여하는지, 그리고 동료들과 어떤 방식으로 협력하는 것이 가장 효율적인지 끊임없이 배우고 질문했다. 업무 윤리와 고객 가치라는 '선'의 의미를 명확히 했다.

이러한 앎을 바탕으로 그녀는 '자신을 성실하게 하는(誠身)' 데 집중했다. 맡은 업무는 마감기한보다 일찍 제출하고, 실수했을 때는 변명하지 않고 솔직하게 인정하며 개선했다. 그녀의 언행은 항상 진실했고, 겉으로만 열심히 하는 척하지 않았다. '내면의 진정성'을 지키려 노력했다.

그녀의 이러한 '성실함'은 가장 가까운 관계에서 빛을 발했다. 퇴근 후 지친 부모님을 위해 저녁식사 준비를 돕거나 집안일을 먼저 하는 등 '어버이에게 순종하는(順乎親)' 모습을 보였다. 이는 그녀가 진정으로 '인간으로서의 도리'를 다하는 사람임을 보여주었다.

이러한 모습은 곧 팀원들(친구들)에게도 이어졌다. 그녀는 팀원들의 어려움을 자신의 일처럼 돕고, 필요한 경우 적극적으로 협력했다. 개인적인 이익보다 팀의 목표를 우선시하는 그녀의 태도로 인해 팀원들로부터 깊은 '신뢰(信乎朋友)'를 얻을 수 있었다.

결국 그녀의 이러한 '성실함'과 '선한 영향력'은 팀장에게도 자연스럽게 전달되었다. 팀장은 그녀를 깊이 신뢰하게 되었고, 점차 그녀에게 더 큰 책임과 권한을 부여하며 작은 프로젝트의 리더 역할까지 맡겼다.

택산함 씨의 경험은 가장 근본적인 '앎'과 '자기 성실함'에서 출발하여, 가장 가까운 관계에서부터 점진적으로 '신뢰'를 쌓아나가며 결국 '리더십'을 발휘하게 되는 '신뢰의 피라미드'를 보여주는 좋은 예시다.

나를 바꾸는 질문
나의 '신뢰 구축' 단계 설정

Q1 : 내가 현재 속한 조직이나 관계에서 '윗사람(혹은 핵심 인물)의 신뢰'를 얻는 것이 왜 중요하다고 생각하나? 그 신뢰를 얻기 위해 가장 어렵게 느껴지는 점은 무엇인가?

Q2 : '선善을 밝게 아는 것(明乎善)'과 '자신을 성실하게 하는 것(誠

身)' 중에서, 내가 현재 리더십(혹은 영향력)을 키우기 위해 더욱 집중하고 싶은 부분은 무엇인가? 어떻게 실천해 볼 수 있을까?

　Q3 : '어버이에게 순종하고(順乎親) 친구에게 신뢰를 얻는(信乎朋友)' 단계가 윗사람의 신뢰를 얻는 데 중요하다고 한다. 나의 일상에서 가장 가까운 관계에서 '신뢰'를 구축하기 위해 어떤 구체적인 노력을 해볼 수 있을까?

성誠의 단계와 본질

誠者, 天之道也; 誠之者, 人之道也.
성자, 천지도야; 성지자, 인지도야.

誠者, 不勉而中, 不思而得, 從容中道, 聖人也.
성자, 불면이중, 불사이득, 종용중도, 성인야.

"'성誠' 그 자체는 하늘의 도道이고, '성을 이루려고 노력하는 것'은 사람의 도이다. '성'을 지닌 사람은 억지로 노력하지 않아도(不勉) 도리에 맞고(中), 생각하지 않아도(不思) 이치를 깨달으며(得), 조용하고 평온하게(從容) 도를 행한다(中道). 이런 경지에 이른 사람이 바로 성인聖人이다."

주자의 주석으로 읽는
중용

"'성誠' 그 자체는 '하늘의 도(天之道)'이며, '성誠하게 하는 것(誠之者)'은 사람의 도(人之道)"라는 이 구절은 앞서 "자신을 성실하게 한다(誠身)"는 내용을 이어받아 '성'의 본질을 더 깊이 설명한다.

주자는 '성'의 두 가지 차원을 다음과 같이 설명했다.

誠者 (성자: 하늘의 도)

'성誠'은 애쓰지 않아도 중도中道에 맞고(不勉而中), 생각하지 않아도 얻어지며(不思而得), 여유롭게 중도를 따르는 것(從容中道)으로, 이것이 바로 성인(聖人)의 경지다.

주자는 '성'을 '진실하고 거짓됨이 없는 것(眞實無妄之謂)'이며, '하늘의 이치(天理)의 본래 그러함'이라고 정의한다. 성인의 덕은 온전히 하늘의 이치로서, 진실 되고 거짓됨이 없어 애써 생각하거나 노력하지 않아도 저절로 중도를 따르므로, 이것 또한 하늘의 도리라는 것이다.

誠之者 (성지자: 사람의 도)

誠之者, 擇善而固執之者也. 성지자, 택선이고집지자야. : '성誠하게 하는 것'은 선善을 선택하여 굳게 지키는 자(擇善而固執之者)이다. 주자는 '성지자'를 '아직 진실하고 거짓됨이 없지 못하지만, 진실하고 거짓됨이 없기를 바라는 것'으로, '인사人事의 당연함'이라고 설명한다. 성인의 경지에 이르지 못한 일반 사람(未至於聖)은 '인간적인 사사로운 욕심(人欲之私)'이 없을 수 없고, 그 덕 또한 모두 진실될 수 없다. 그러므로 "未能不思而得, 則必擇善, 然後可以明善. 미능불사이득, 즉필택선, 연후가이명선, 즉 생각하지 않아도 얻을 수 없는 경지에 이르지 못했으므로, 반드시 선善을 선택해야 그 후에 선을 밝게 알 수 있고", "未能不勉而中, 則必固執, 然後可以誠身. 미능불면이중, 즉필고집, 연후가이성신, 즉 애쓰지 않아도 중도에 맞을 수 없는 경지에 이르지 못했으므로,

반드시 굳게 지켜야(固執) 그 후에 자신을 성실하게 할 수 있다(誠身)"고 설명한다. 이것이 바로 '사람의 도(人之道)'라는 것이다.

주자는 생각하지 않아도 얻는 것(不思而得)은 '생이지지(生知)'와 같고, 애쓰지 않아도 중도에 맞는 것(不勉而中)은 '안이행지(安行)'와 같다고 앞선 장과 연결한다. 그리고 선을 선택하는 것(擇善)은 학이지지(學知) 이하의 일이고, 굳게 지키는 것(固執)은 리이행지(利行) 이하의 일이라고 덧붙인다. 이는 일반인들이 노력하여 성실함에 이르는 구체적인 방법과 단계를 제시한다.

현대적 해석
자동화된 선행과 '의지적 노력'의 조화

이 단락은 현대인에게 '자동화된 선행'으로서의 성인과 '의지적 노력'으로서의 일반인을 대비하며, 궁극적으로 '진정성'이 어떻게 내면화 되는지를 설명한다.

"성誠은 하늘의 도요, 성誠하게 하는 것은 사람의 도다."라는 구절은, '완벽한 본질'과 '그 본질을 향한 노력'이라는 두 가지 측면의 진정성을 제시한다.

하늘의 도(誠者) : 마치 AI가 완벽하게 학습하여 '애쓰지 않아도 정답을 찾아내고, 생각하지 않아도 최적의 행동을 수행하는' 것처럼, 성인은 도덕적 행위가 완전히 내면화되어 '무의식적으로도 선을 행하는 경지'에 이른 상태이다. 이는 타고난 천재성뿐만 아니라 오랜 수양을 통해 덕이 체화된 상태를 의미한다. 이들에게 선행은 '노력'이 아니라 '존재' 그 자체이다.

사람의 도(誠之者) : 우리 대부분은 성인이 아니다. 우리는 '아직 진실 되고 거짓됨이 없는 경지에 이르지 못했지만, 그렇게 되고자 노력하는' 사람들이다. 이는 마치 새로운 기술이나 습관을 익히기 위해 '의식적으로 반복 훈련을 하는 과정'과 같다. 우리는 무엇이 '선善'인지 선택하고(擇善), 그것을 '굳게 지키려(固執)' 끊임없이 노력해야 한다.

이 과정에서 '인간적인 사사로운 욕심(人欲之私)'과 싸우고, 때로는 '애쓰고 생각하는(勉思)' 단계를 거쳐야 한다. 이는 의지적 노력을 통해 자신의 덕성을 개발하고 '진정성 있는 자신(誠身)'이 되기 위한 '성장 마인드 셋'의 핵심이다.

결론적으로, 이 단락은 진정성이라는 '덕'이 어떻게 '본성(天之道)'으로서 성인에게 구현되고, 동시에 '노력(人之道)'을 통해 일반인에게 성취될 수 있는지를 보여준다. 즉 '성'은 단순히 타고나는 것이 아니라 꾸준한 자기 성찰과 실천을 통해 내면화될 수 있는 지극한 덕목이라는 메시지를 전달한다.

이는 현대인에게 "완벽하지 않아도 괜찮다, 중요한 것은 꾸준히 선을 지향하고 노력하는 것이다."라는 위로와 동기 부여를 동시에 제공한다.

일상의 중용 실천
습관 형성과 자기계발의 여정

직장인 뇌풍항雷風恒 씨는 건강한 생활습관을 만들고 싶었다. 매일 아침 일찍 일어나 운동하고 독서하는 것이 목표였다..

처음에 그는 그런 습관이 '성인'처럼 '애쓰지 않아도 저절로 되고, 생각하지 않아도 얻어지는(不勉而中, 不思而得)' 사람들을 부러워했다. 그러나 자신은 '억지로 노력해야 하는(勉强而行之)' 일반 사람이었다. 이것이 그에게는 '성하게 하는 것(誠之者), 사람의 도道'였다.

그는 먼저 무엇이 진정으로 '선善'한 습관인지 '선택(擇善)'했다. 단순히 유행을 따르기보다 자신의 몸과 마음에 가장 이로운 독서와 유산소운동을 하기로 결정했다. (이것이 '명선明善'의 과정이다.)

그리고 이 습관을 '굳게 지키기(固執)' 위해 노력했다. 아무리 피곤해도 알람이 울리면 일어나고, 책상에 앉아 10분이라도 독서를 했다. 때로는 '내면의 게으름'이라는 '人欲之私인욕지사'가 발동하여 유혹에 빠질 뻔했지만, "이것이 나를 성실하게 하는 길이다.(誠身)"라고 스스로 다짐하며 버텨냈다. (이것이 '수신修身'의 과정이다.)

몇 달 후, 놀랍게도 그는 '애쓰지 않아도' 아침 일찍 일어나는 것이 자연스러워졌고, 운동과 독서가 일상의 '편안한 행함(安行)'이 되었다. 이제 그는 '생각하지 않아도' 다음 날 아침의 루틴을 계획하고 실행하는 경지에 이르렀다. 마치 '성인'처럼 '불면이중, 불사이득'의 경지에 가까워진 것이다.

뇌풍항 씨의 경험은 '사람의 도道'인 의지적 노력이 쌓여 '하늘의 도'인 자연스러운 진정성으로 내면화될 수 있음 을 보여주는 좋은 예시다. 그는 '성실하게 하려는 노력'을 통해 '진정한 성실함'에 이른 것이다.

나를 바꾸는 질문
나의 '진정성 내면화' 프로젝트

Q1 : 삶에서 '성인'처럼 '애쓰지 않아도 저절로 되고, 생각하지 않아도 얻어지는 경지'에 이르고 싶은 '덕목'이나 '습관'이 있다면 무엇인가?

Q2 : 현재 나는 그 덕목/습관에 대해 '사람의 도'처럼 '선을 선택하고 굳게 지키는' 단계에 있나? 그렇다면 그 '선'은 무엇이며, 어떻게 '굳게 지키고' 있나?

Q3 : 나의 삶에서 '성실함(誠)'이 '하늘의 도'처럼 완전히 내면화되어 '자동화된 선행'으로 나타나기 위해, '인간적인 사사로운 욕심'과 싸우며 꾸준히 노력해야 할 부분은 무엇이라고 생각하나?

성誠을 이루는 다섯 단계

博學之, 審問之, 愼思之, 明辨之, 篤行之. 此誠之之目也.
박학지, 심문지, 신사지, 명변지, 독행지. 차성지지목야.

"널리 배우고, 자세히 묻고, 신중하게 생각하고, 명확하게 분별하며, 성실하게 실천한다. 이 다섯 가지가 성을 이루는 구체적인 단계이다."

주자의 주석으로 읽는
중용

주자는 '博學 박학', '審問 심문', '愼思 신사', '明辨 명변', '篤行 독행'을 통해 일반 사람이 어떻게 선善을 깨닫고 굳게 실천하여 성실함에 이를 수 있는지 설명하며, 꾸준한 노력의 중요성을 강조했다.

주자는 이 구절이 '성誠하게 하는 것'의 구체적인 항목(目)이라고 설명한다. 이는 일반 사람이 성실함에 이르기 위한 다섯 가지 필수적인 실천 단계로서 이 다섯 가지 항목의 역할을 다음과 같이 구분했다.

學학, 問문, 思사, 辨변 : 이 네 가지는 '선善을 선택하여 아는 것(擇善

而爲知)'을 위한 것이며, 이는 '배워서 아는 것(學而知)'에 해당한다고 설명한다. 즉 올바른 지식을 습득하고 이해하는 과정이다.

篤行 독행 : 이는 '굳게 지켜 인仁을 이루는 것(固執而爲仁)'을 위한 것이며, 이는 '이로움을 알아 행하는 것(利而行)'에 해당한다고 설명한다. 즉 깨달은 선을 꾸준히 실천하는 과정이다.

주자는 정자程子의 말을 인용하여 이 다섯 가지의 중요성을 강조한다.

이 다섯 가지 중 하나라도 폐하면, 진정한 배움이 아니다. 이는 어느 하나라도 소홀히 해서는 안 되는 유기적인 과정임을 설명하며, 이어서 '포기하지 않는 끈기'를 강조한다.

有弗學, 學之弗能弗措也. 유불학, 학지불능불조야 : 배우지 않을지언정, 일단 배우기 시작하면 능숙해지지 않고는 그만두지 않는다.

有弗問, 問之弗知弗措也. 유불문, 문지불지불조야 : 묻지 않을지언정, 일단 물으면 알게 되지 않고는 그만두지 않는다.

有弗思, 思之弗得弗措也. 유불사, 사지불득불조야 : 생각하지 않을지언정, 일단 생각하면 깨닫지 않고는 그만두지 않는다.

有弗辨, 辨之弗明弗措也. 유불변, 변지불명불조야 : 분별하지 않을지언정, 일단 분별하면 명확해지지 않고는 그만두지 않는다.

有弗行, 行之弗篤弗措也. 유불행, 행지불독불조야 : 행하지 않을지언정, 일단 행하면 독실해지지 않고는 그만두지 않는다.

그리고 '남보다 더 큰 노력'을 강조한다.

人一能之己百之, 人十能之己千之. 인일능지기백지, 인십능지기천지 : 남이 한 번에 할 수 있다면 자신은 백 번을 하고, 남이 열 번에 할 수 있다면 자신은 천 번을 한다. 이러한 태도가 바로 군자君子의 배움이라고 설명한다.

君子之學, 不爲則已, 爲則必要其成, 故常百倍其功. 군자지학, 불위즉이, 위즉필요기성, 고상백배기공 : 군자의 배움은 하지 않을지언정, 일단 하면 반드시 그 완성을 요구하므로, 항상 그 공을 백 배로 한다.

주자는 이것이 바로 '곤란함을 겪으며 알아가고(困而知), 애써서 행하는 자(勉而行者)'의 모습이며, 이는 '용기(勇)의 일(勇之事)'이라고 강조한다. 즉 어려움을 두려워하지 않고 꾸준히 노력하는 용기 있는 태도가 성실함에 이르는 길임을 역설하였다.

현대적 해석
'학습-사고-실행'의 반복적 성장 사이클

이 단락은 현대사회에서 '학습-사고-실행'의 반복적 성장 사이클을 통해 '전문성과 진정성'을 구축하는 방법을 제시한다. '박학, 심문, 신사, 명변, 독행'은 단순히 지식을 쌓는 것을 넘어, 그것을 깊이 이해하고 자신의 것으로 만들어 삶에 적용하는 '전인적인 성장 로드맵'과 같다.

博學之 박학지 : '넓은 시야로 정보 습득'을 의미한다. 다양한 분야의 지식을 탐구하고, 고정관념을 벗어나 새로운 정보를 받아들이는

개방적인 태도가 필요하다. 이는 '크로스 러닝(cross-learning)'과 연결된다.

審問之 심문지: '비판적 질문과 심층 탐구'를 의미한다. 단순히 정보를 수용하는 것을 넘어, '왜?', '어떻게?'와 같은 질문을 통해 본질을 파고들고, 전문가나 경험자에게 적극적으로 묻는 자세를 가져야 한다.

愼思之 신사지: '신중한 분석과 통합적 사고'를 의미한다. 습득한 정보를 맹목적으로 믿지 않고, 자신의 경험과 기존 지식에 비추어 숙고하며, 다양한 관점에서 문제를 바라보는 능력을 키워야 한다.

明辨之 명변지: '명확한 판단과 의사결정'을 의미한다. 복잡한 정보와 다양한 의견 속에서 옳고 그름, 중요하고 중요하지 않은 것을 명확히 구분하여 올바른 결정을 내리는 능력이다.

篤行之 독행지: '강력한 실행력과 꾸준한 실천'을 의미한다. 아무리 좋은 지식과 판단도 실행으로 옮기지 않으면 무용지물이다. 깨달은 바를 굳건한 의지로 꾸준히 실천하여 자신의 것으로 만들어야 한다. 이는 "실행이 답이다."라는 현대적 격언과 일맥상통한다.

정자程子의 "다섯 가지 중 하나라도 폐하면 진정한 배움이 아니다."라는 말은, 이 과정이 유기적으로 연결되어 있으며 어느 하나라도 소홀히 해서는 안 되는 '통합적 성장 모델'임을 강조한다.

또한, "남이 한 번에 할 수 있다면 자신은 백 번을 하고, 남이 열 번에 할 수 있다면 자신은 천 번을 한다"는 구절은 '그릿grit'과 '성장 마인드 셋'의 중요성을 역설한다. 타고난 재능이 부족하더라도, '포기하지 않는 끈기'와 '지속적인 노력'을 통해 결국 목표를 달성할 수 있다는 메시지다.

이는 어려움을 두려워하지 않고(困而知), 스스로를 채찍질하며(勉而行) 나아가는 '용기(勇)'가 모든 성장의 근본임을 보여준다. 현대사회의 빠른 변화 속에서 끊임없이 배우고, 깊이 사고하며, 끈기 있게 실행하는 자세가 개인과 조직의 지속 가능한 성장을 이끄는 핵심 역량임을 시사한다.

일상의 중용 실천
데이터 분석가의 '성장 여정'

신입 데이터 분석가인 산수몽山水蒙 씨는 복잡한 데이터를 다루는 업무에 어려움을 겪었다. 그는 '성誠을 이루는 다섯 가지 단계'를 자신의 성장 로드맵으로 삼았다.

博學之 박학지 : 그는 데이터 분석 관련 서적, 온라인 강의, 최신 논문 등 다양한 자료를 닥치는 대로 섭렵했다. 단순히 자신의 업무 분야뿐 아니라 인공지능, 통계학 등의 분야까지 폭넓게 학습했다.

審問之 심문지 : 그는 모르는 것이 있으면 주저하지 않고 선배들에게 자세히 질문했고, 온라인 커뮤니티에서도 활발하게 토론하며 궁금증을 해결했다.

愼思之 신사지 : 그는 단순히 배운 것을 외우는 데 그치지 않고, 왜 이런 분석 방법이 필요한지, 다른 대안은 없는지 신중하게 생각하고 다양한 시나리오를 그려보며 깊이 탐구했다.

明辨之 명변지 : 그는 수많은 데이터와 분석 결과 속에서 핵심적인

의미와 가치를 명확히 분별 해내는 훈련을 했다. 어떤 정보가 신뢰할 수 있고, 어떤 결론이 가장 합리적인지 판단하는 능력을 길렀다.

篤行之 독행지 : 그는 배운 지식과 분석 결과를 실제 프로젝트에 적극적으로 적용하고, 끊임없이 코드를 수정하며 개선했다. 때로는 밤샘 작업을 하며 오류를 잡고, 더 나은 결과물을 만들기 위해 독실하게 노력했다.

산수몽 씨는 이 과정에서 수많은 좌절과 어려움을 겪었다. 남들보다 이해가 느리다고 느낄 때도 있었고, 복잡한 문제 앞에서 포기하고 싶을 때도 있었다. 하지만 그는 "남이 한 번에 할 수 있다면 자신은 백 번을 하고, 남이 열 번에 할 수 있다면 자신은 천 번을 한다"는 마음가짐으로 꾸준히 노력했다. "배우지 않을지언정, 배우면 능숙해지지 않고는 그만두지 않는다"는 태도로 임했다.

그 결과, 산수몽 씨는 불과 2년 만에 팀 내에서 가장 뛰어난 데이터 분석가 중 한 명이 되었다. 그의 성장은 '박학'에서 '독행'으로 이어지는 체계적인 학습과 실천, 그리고 '끈기'와 '용기'를 바탕으로 한 꾸준한 노력이 어떻게 개인의 전문성을 극대화하고 진정한 성실함에 이르게 하는지 보여주는 좋은 예시다.

나를 바꾸는 질문
나의 '성장 사이클' 계획

Q1 : 현재 배우고 있거나, 앞으로 배우고 싶은 분야에서 '博學박학,

審問심문, 愼思신사, 明辨명변, 篤行독행' 중 가장 중요하다고 생각하는 두 가지 단계는 무엇이라고 생각하는가. 그 이유는 무엇인가?

Q2 : 어떤 목표를 달성하기 위해 '포기하지 않고 끝까지 해낼 것'이라고 다짐하는 한 가지 일은 무엇인가? 그 일을 위해 어떤 어려움을 감수할 각오가 되어 있나?

Q3 : "남이 한 번에 할 수 있다면 자신은 백 번을 하고, 남이 열 번에 할 수 있다면 자신은 천 번을 한다"는 구절처럼, 어떤 분야에서 '압도적인 노력'을 통해 '진정한 전문가'가 되고 싶은 목표가 있다면 무엇인가? 그 목표를 위해 어떤 구체적인 '백 번' 또는 '천 번'의 노력을 해볼 수 있을까?

성誠의 궁극적 효과

果能此道矣, 雖愚必明, 雖柔必强.
과능차도의, 수우필명, 수유필강.

"이 도를 진정으로 실천할 수 있다면, 비록 어리석더라도 반드시 밝아질 것이고, 비록 유약하더라도 반드시 강해질 것이다."

주자의 주석으로 읽는
중용

주자는 '밝아지는 것(明)은 선善을 선택하는 공효(擇善之功)' 때문이고, '강해지는 것(强)은 굳게 지키는 공효(固執之效)' 때문이라고 설명한다. 이는 '성誠'이라는 진정성을 바탕으로 '박학, 심문, 신사, 명변'을 통해 선을 택하고, '독행'을 통해 굳게 지키는 노력이 궁극적으로 인간의 본성을 변화시킴을 강조한다.

주자는 여씨呂氏 의 말을 인용하여 이 의미를 심화한다.
"군자가 배우는 까닭은 오직 기질氣質을 변화시키기 위함이다.(君子所以學者, 爲能變化氣質而已.)"

주자는 "덕德이 기질을 이기면(德勝氣質), 어리석은 자도 밝아지고

(愚者可進於明), 나약한 자도 강해질 수 있다(柔者可進於強)"고 설명한다. 그러나 "덕이 기질을 이기지 못하면(不能勝之), 비록 배움에 뜻이 있더라도 어리석은 자는 밝아질 수 없고, 나약한 자는 (뜻을) 세울 수 없을 뿐"이라고 경고한다.

주자는 인간의 본성(性)과 재질(才)의 차이를 다음과 같이 설명한다.

蓋均善而無惡者, 性也, 人所同也; 昏明強弱之稟不齊者, 才也, 人所異也. 개균선이무악자, 성야, 인소동야; 혼명강약지품부제자, 재야, 인소이야

"본래 모두 선하고 악함이 없는 것은 본성(性)으로, 사람들이 다 동일하게 가지고 있는 것이다. 그러나 흐릿함과 밝음, 강함과 약함을 타고난 것이 가지런하지 않은 것은 재질(才)로, 사람들이 각기 다른 것이다."

즉 인간의 본성은 모두 선하지만, 타고난 기질적 차이로 인해 앎과 행함에 편차가 생긴다는 것이다.

하지만 중요한 것은 "誠之者所以反其同而變其異也. 성지자소이반기동이변기이야, 즉 성誠하게 하는 것은 타고난 동일한 본성으로 돌아가고 타고난 다른 재질을 변화시키는 방법이다.". 성실하게 노력하면 타고난 기질의 한계를 극복하고 본래의 선한 본성을 회복할 수 있다는 것이다.

주자는 이러한 노력의 중요성을 역설하며, 노력을 포기하는 태도를 강하게 비판한다.

夫以不美之質, 求變而美, 非百倍其功, 不足以致之. 부이불미지질, 구변이미, 비백배기공, 부족이치지.

"아름답지 못한 재질(不美之質)을 가지고 아름답게 변화시키려 한다면, 백 배의 공功을 들이지 않고서는 이룰 수 없다.

今以鹵莽滅裂之學, 或作或輟, 以變其不美之質, 及不能變, 則曰天質不美, 非學所能變. 是果於自棄, 其爲不仁甚矣! 금이노모멸렬지학, 혹작혹철, 이변기불미지질, 급불능변, 즉왈천질불미, 비학소능변. 시과어자기, 기위불인심의!

"이제 거칠고 소홀한 배움으로(鹵莽滅裂之學), 혹은 하다가 그만두는 식(或作或輟)으로 그 좋지 못한 기질을 변화시키려 하다가, 변화시키지 못하게 되면 '타고난 자질이 좋지 못하여 배움으로 변화시킬 수 없다. 이는 결국 스스로를 버리는 것이니, 그 불인不仁함이 심하도다!"

노력 없이 재능 탓만 하는 것은 스스로를 포기하는 '불인'한 태도라는 것이다.

현대적 해석
'기질 극복'과 '노력 불변의 법칙'

이 단락은 현대인에게 '기질 극복'의 가능성과 '노력 불변의 법칙'을 강력하게 강조한다.

"진실로 이 도를 행할 수 있다면, 아무리 어리석은 사람이라도 반드시 밝아지고, 아무리 나약한 사람이라도 반드시 강해질 것이다."라는 메시지는, 타고난 재능이나 성격(기질)의 한계에 좌절하는 대신 '꾸준한 노력'을 통해 얼마든지 변화하고 성장할 수 있음을 역설한다. 이는 '고정 마인드 셋(fixed mindset)'을 버리고 '성장 마인드셋(growth mindset)'을 가지라는 현대적 조언과 일맥상통한다.

"군자가 배우는 까닭은 오직 기질을 변화시키기 위함이다."라는 여상呂尙의 말은, '자기계발의 궁극적인 목표'를 제시한다. 단순히 지식을 쌓거나 기술을 익히는 것을 넘어, 자신의 나약함, 편견, 게으름과 같은 부정적인 기질을 극복하고 긍정적인 방향으로 변화시키는 것이 진정한 배움의 목적이라는 것이다. 이는 '내면의 변화'가 곧 '삶의 변화'를 이끈다는 핵심 진리이다.

주자가 '성誠하게 하는 것이 타고난 동일한 본성으로 돌아가고 타고난 다른 재질을 변화시키는 방법'이라고 강조한 것은, 우리가 본래 지닌 선한 본성(性)으로 돌아가는 것이 곧 나쁜 습관이나 기질(才)을 고치는 방법임을 의미한다. 그리고 "아름답지 못한 재질을 아름답게 변화시키려면 백 배의 공을 들여야 한다"는 것은, '노력의 양과 성과'의 비례 관계를 분명히 한다. 타고난 재능이 부족하다면, 그만큼 더 많은 시간과 노력을 투자해야 한다는 현실적인 조언이다. 특히, "거칠고 소홀한 배움으로 하다가 그만두는 식으로 (기질을) 변화시키려 하다가, 변화시키지 못하게 되면 타고난 자질 탓만 한다. 이는 결국 스스로를 버리는 것이니, 그 불인함이 심하도다!"라는 주자의 강한 비판은, '노력하지 않고 핑계만 대는 태도'에 대한 경고이다.

오늘날 많은 사람들이 "나는 원래 이래", "나는 재능이 없어."라며 쉽게 포기하거나 스스로를 한정 짓는 경향이 있다. 그러나 『중용』은 이러한 태도가 '불인不仁'한, 즉 인간 본연의 선한 마음을 저버리는 행위라고 단언하며, 꾸준한 노력과 의지야말로 인간 본연의 덕을 발현하는 유일한 길임을 강조한다. 이는 '자신을 포기하지 않는 용기'와 '자기 책임감'의 중요성을 일깨운다.

일상의 중용 실천
내성적인 사람의 발표 공포증 극복

대학생 화지진火地晉 씨는 극도로 내성적인 성격 탓에 사람들 앞에서 발표하는 것을 두려워했다. 그녀는 "나는 원래 발표를 못해.", "나는 이 분야에는 재능이 없어."라며 자신을 나약한 사람(柔者)이라고 여겼고, 스스로를 한정 짓는 어리석음(愚者)'에 빠져 있었다. 이는 주자가 비판한 '스스로를 버리는(自棄)' 태도와 유사했다.

하지만 그녀는 언젠가 발표 능력이 필요하다는 것을 직감했고, 『중용』의 "성誠을 행하면 나약함도 강해진다"는 가르침을 떠올렸다. 그녀는 발표 공포증을 극복하는 것을 '성誠하게 하는 도道'로 삼았다.

"擇善 택선": 그녀는 단순히 발표를 잘하는 것을 넘어, '타인에게 나의 지식을 명확하고 효과적으로 전달하는 것'이 진정한 '선'임을 깨달았다.

固執 고집 : 매일 아침 거울 앞에서 발표 연습을 하고, 친구들 앞에서 작은 발표를 반복하며 피드백을 받았다. 남들이 한 번 연습할 때 그녀는 백 번을 하고(人一能之己百之), 열 번 연습할 때 천 번을 하는(人十能之己千之) 노력을 했다.

처음에는 목소리가 떨리고 식은땀을 흘렸지만, '독실하게 행하는(篤行)' 노력을 멈추지 않았다. 그녀는 "타고난 기질은 다르지만, 스스로 쉬지 않고 노력하면 도달하는 바는 하나로 동일하다(氣稟不同, 然能自强不息, 則其至一也)'는 믿음을 굳게 지켰다. 자신의 나약함을 기질 탓으로 돌리지 않고, 꾸준한 노력으로 극복하려 했다.

결과적으로 그녀는 학기 말 프로젝트 발표에서 뛰어난 성과를 보여주었다. 그녀의 발표는 자신감 있고 명확했으며, 청중을 사로잡는 힘이 있었다. 그녀의 경험은 "어리석음은 밝아지고, 나약함은 강해진다(雖愚必明, 雖柔必强)"는 『중용』의 가르침을 증명하는 살아 있는 예시가 되었다. 그녀는 스스로를 포기하지 않고 '백 배의 공'을 들여 기질을 변화시킨 것이다.

나를 바꾸는 질문
나의 '기질 변화' 도전

Q1 : '어리석음(愚)' 혹은 '나약함(柔)' 때문에 극복하기 어렵다고 느꼈던 나의 '기질'이나 '특성'이 있다면 무엇인가?

Q2 : 이 단락의 가르침처럼, 나의 그 '기질'을 '변화시키기 위해 '성誠을 행하는 도'를 실천한다면 어떤 구체적인 노력을 해볼 수 있을까?

Q3 : 만약 내가 '백 배의 공(百倍其功)'을 들여 그 기질을 성공적으로 변화시킬 수 있다면, 나의 삶에는 어떤 긍정적인 변화가 나타날 것이며, 이는 내게 어떤 '진정한 강함(强)'이 될 것이라고 예상하나?

성인의 경지와 현인의 배움

自誠明, 謂之性; 自明誠, 謂之敎. 誠則明矣, 明則誠矣.
자성명, 위지성; 자명성, 위지교. 성즉명의, 명즉성의.

"성인聖人처럼 타고난 진실함(誠)으로 인해 저절로 지혜와 밝음(明)이 드러나는 것을 '본성'이라고 부르고, 일반인이 배우고 노력하며 얻은 지혜(明)를 바탕으로 성실함(誠)을 완성해 나가는 것을 '가르침'이라고 부른다.
진실하면 곧 밝아지고, 밝아지면 곧 진실해진다."

주자의 주석으로 읽는
중용

주자는 이 단락이 앞 장에서 공자가 말한 '천도天道와 인도人道'의 뜻을 자사子思가 이어받아 세운 말씀이라고 설명한다. 또한, '자自'는 '~로부터'라는 뜻이라고 풀이한다.

'성誠과 명明'의 두 가지 관계를 제시하면서 "自誠明, 謂之性. 자성명, 위지성"을 풀이함에 있어 주자는 이를 "덕德이 진실되지 않음이 없고(德無不實), 밝음이 비추지 않음이 없는(明無不照) 성인聖人의 덕"이라고 설명한다. 이것은 '본성적으로 가지고 있는 것(所性而有者)'이며,

곧 '하늘의 도(天道)'이다. 성인은 애쓰지 않아도 저절로 도에 합치되는 경지, 즉 본성이 완전히 발현된 상태를 의미한다.

自明誠, 謂之敎 자명성, 위지교, 밝음에서 비롯되어 성실해지는 것을 '교敎', 즉 가르침이라고 한다는 해설에서, 주자는 이를 "먼저 선善을 밝게 알고(先明乎善), 그 후에야 그 선을 진실하게 실천할 수 있는 (而後能實其善者) 현인賢人의 배움"이라고 설명한다. 이것은 '가르침을 통해 들어가는 것(由敎而入者)'이며, 곧 '사람의 도(人道)'이다. 현인은 배움과 노력을 통해 무엇이 선한지 깨달아 성실함에 이르는 일반인의 수양 과정을 의미한다.

주자는 이 둘의 상호관계를 "誠則明矣, 明則誠矣. 성즉명의, 명즉성의"라고 하여, "성실하면 밝아지고, 밝으면 성실해진다"고 요약하였다. "성실하면 무언가 밝아지지 않는 것이 없을 것이고" 진실되고 거짓 없는 마음으로 임하면 모든 것이 명확해지고 통찰력을 얻게 된다.

"밝으면 성실함에 이를 수 있다(明則可以 至於誠矣)"는 말은, 무엇이 진정으로 옳은지 깨닫게 되면 그 깨달음을 바탕으로 진실 되게 행동하려는 노력을 통해 성실함의 경지에 도달할 수 있음을 말한다.

현대적 해석
내재된 잠재력 발현과 의식적 학습 성장

이 단락은 현대인에게 '내재된 잠재력의 자연스러운 발현(自誠明)'과 '의식적 학습을 통한 성장(自明誠)'이라는 두 가지 중요한 자기계발 경로를 제시한다.

본성에서 비롯된 밝음(自誠明) : 이는 '타고난 재능과 잠재력의 자연스러운 발현'을 의미한다. 자신의 내면에 깊이 자리한 진정성(誠)과 핵심가치(性)에 충실할 때, 굳이 애쓰거나 생각하지 않아도 직관적으로 올바른 길을 보고(明), 그에 따라 행동하게 되는 경지다. 이는 마치 천재적인 예술가가 노력 없이도 탁월한 작품을 만들어내거나, 특정 분야의 전문가가 오랜 경험을 통해 '몸으로 익힌' 통찰력을 발휘하는 것과 유사하다. 이러한 '천도(天道)'는 진정한 자기 인식을 통해 자신의 강점과 열정을 발견하고, 그에 따라 삶을 살아갈 때 자연스럽게 나타나는 '몰입'과 '자기실현'의 상태다.

밝음에서 비롯된 성실함(自明誠) : 이는 우리 대부분이 경험하는 '의식적인 학습과 노력을 통한 성장'을 의미한다. 먼저 무엇이 '선善'하고 옳은지 배우고(明) 깨달은 후에야, 그 깨달음을 바탕으로 자신의 말과 행동을 '성실하게(誠)' 일치시키려 노력하는 과정이다. 이는 '사람의 도(人道)'로서, 자기계발서나 교육을 통해 지식을 얻고, 그 지식을 실제 삶에 적용하여 습관으로 만드는 노력과 같다. '시행착오를 통해 배우고, 반성을 통해 성장하는' 것이 바로 이 '자명성'의 과정이다.

"성실하면 밝아지고, 밝으면 성실해진다(誠則明矣, 明則誠矣)"는 구절은 '진정성과 통찰력의 선순환 관계'를 강조한다. 진정성 있는 태도로 임하면(誠), 막혔던 것이 뚫리고 새로운 통찰을 얻게 되며(明), 그렇게 얻은 통찰은 다시 우리의 행동을 더욱 진실 되고 일관되게 만들어(誠), 궁극적으로 더욱 깊은 깨달음으로 이끄는 끊임없는 성장 사이클을 형성한다. 이는 학습과 실천이 유기적으로 연결되어야만 진정한 성장이 가능함을 시사하고 있다.

일상의 중용 실천
번아웃을 극복하고 성장한 리더

한 기업의 팀장인 택산함澤山咸 씨는 몇 년 전 극심한 '번아웃'을 겪었다. 일에 대한 열정은 컸지만, 갈수록 무기력과 방향을 잃어버리는 느낌이었다. 그녀는 자신의 상태가 '밝음이 부족하여 성실함에 이르지 못하는(不明乎善, 不誠乎身矣)' 상황과 유사하다고 느꼈다.

번아웃을 극복하기 위해 그녀는 자신을 돌아보는 시간을 가졌다. 먼저, "무엇이 나에게 진정으로 중요한가?"라는 질문을 통해 자신의 '핵심가치(善)'를 '밝게 아는(明乎善)' 데 집중했다. (예: 진정한 리더십은 성과뿐 아니라 팀원의 성장에서 나온다.) 그리고 그 깨달음을 바탕으로 자신의 일상과 태도를 '성실하게(誠)' 변화시키려 노력했다. 이것이 그녀에게는 '자명성自明誠, 가르침을 통한 사람의 도'였다.

몇 달 후, 그녀는 점차 활력을 되찾고 업무에 몰입할 수 있게 되었다. 그녀의 '성실한 노력(誠)'은 팀원들의 신뢰와 존경으로 이어졌고, 팀 전체의 성과도 눈에 띄게 좋아졌다. 팀원들이 그녀의 변화를 통해 '리더십의 본질'을 깨닫는 것을 보며, 그녀는 자신이 '노력하지 않아도 저절로 올바른 리더의 길을 걷는(不勉而中, 從容中道)' 순간들을 경험하게 되었다. 그녀의 내면에서 진정한 리더의 '본성(性)'이 발현되는, 즉 본성에서 비롯된 하늘의 도'의 경지에 가까워진 것이다.

택산함 씨의 경험은 "성실하면 밝아지고, 밝으면 성실해진다(誠則明矣, 明則誠矣)"는 순환을 보여준다. 그녀의 성실한 자기성찰과 실천이 '리더십'에 대한 깊은 깨달음을 가져왔고, 그 깨달음이 다시 그녀를 더욱 진실하고 효과적인 리더로 만들었다. 이는 현대인이 자신의 잠재력을 발현하고 지속적으로 성장하는 데 있어 '진정성'과 '깨달음'의 상호작용이 얼마나 중요한지를 보여주는 좋은 예시다.

나를 바꾸는 질문
나의 '성誠-명明 순환' 설계

Q1. 나의 삶에서 '성실함(誠)'이 어떤 새로운 '깨달음이나 통찰(明)'을 가져다준 경험이 있다면 무엇인가?

Q2 : 반대로, 어떤 '깨달음이나 지식(明)'이 당신의 행동이나 태도를 '더욱 성실하게(誠)' 변화시킨 경험이 있다면 무엇인가? (예: 특정 건강정보를 알게 된 후 식습관이 개선된 경험 등.)

Q3 : 당신의 삶에서 '성誠'과 '명明'의 긍정적인 순환고리를 강화하기 위해, 오늘부터 어떤 구체적인 노력을 해볼 수 있을까?

천인합일의 완성

唯天下至誠, 爲能盡其性. 能盡其性, 則能盡人之性.
유천하지성, 위능진기성. 능진기성, 즉능진인지성.

"세상에서 오직 지극한 성실함(至誠)을 지닌 사람만이
자신의 본성(性)을 온전히 다할 수 있다.
자신의 본성을 온전히 다할 수 있으면,
다른 사람의 본성도 온전히 다하게 할 수 있다."

주자의 주석으로 읽는
중용

주자는 "唯天下至誠, 爲能盡其性. 유천하지성, 위능진기성."을 풀어 "오직 천하에 지극한 성실함(至誠)만이 자신의 본성(性)을 다할 수 있다"고 하였다. 여기서 '天下至誠 천하지성'은 "성인聖人의 덕德이 지극히 진실하여, 천하에 그 어떤 것도 능가할 수 없는 경지(德之實, 天下莫能加也)"를 의미한다고 설명한다. 그 본성을 다한다(盡其性)는 것은 "덕이 진실 되지 않음이 없으므로(德無不實), 사사로운 인간의 욕심이 없고(無人欲之私), 하늘이 나에게 부여한 본성(天命之在我者)을 살피고(察之)

그에 따라 행하여(由之), 크고 작고 정미하며 거친 것에 이르기까지 (巨細精粗) 털끝만큼도 다하지 못함이 없는 상태"라고 한다. 이는 성인이 자신의 본성을 완벽하게 깨닫고 그것을 삶의 모든 부분에 실천하는 경지를 의미한다.

주자는 이어지는 문구인, 지극한 성실함이 가져오는 파급력을 다음과 같은 단계로 설명한다.

能盡其性, 則能盡人之性. 능진기성, 즉능진인지성.
"자신의 본성을 다하게 할 수 있으면, 다른 사람의 본성을 다하게 할 수 있다."

能盡人之性, 則能盡物之性. 능진인지성, 즉능진물지성.
"다른 사람의 본성을 다하게 할 수 있으면, 만물(物)의 본성을 다하게 할 수 있다."

주자는 "인물人物의 본성 또한 나의 본성이지만, 부여받은 형체와 기질이 다르기 때문에 차이가 있을 뿐이다."라고 설명한다. '능히 다하게 하는 것'은 "앎이 밝지 않음이 없고(知之無不明) 처리함이 마땅하지 않음이 없다(處之無不當)"는 것을 의미한다. 즉 성인의 지극한 성실함은 타인의 본성까지도 명확히 이해하고, 그 본성을 올바르게 발현하도록 도울 수 있다는 것이다.

能盡物之性, 則可以贊天地之化育. 능진물지성, 즉가이찬천지지화육.
"만물의 본성을 다하게 할 수 있으면, 천지天地의 조화로운 생육(化育)을 도울 수 있다(贊, 助也)."

可以贊天地之化育, 則可以與天地參矣. 가이찬천지지화육, 즉가이여천지참의
"천지의 만물을 낳고 기르는 작용을 도울 수 있다면, 천지와 더불어 함께 설 수 있게 된다."

與天地參, 謂與天地竝立爲三也. 여천지참, 위여천지병립위삼야천지의.
"천지와 더불어 함께 한다는 것은, 천지와 나란히 서서 셋(三)이 된다는 것을 이른다."

이는 인간의 덕성이 우주적 차원까지 확장되어 천지만물과 조화를 이루는 '천인합일'의 최고 경지를 의미한다. 주자는 이 모든 과정이 "성실함에서 밝아지는 자(성인)의 일"이라고 강조한다. 이는 앞서 '自誠明, 謂之性. 자성명, 위지성.'으로 설명된 성인의 경지, 즉 '하늘의 도(天道)'에 속하는 일임을 다시 한 번 확인시켜 준다.

현대적 해석
'자기 리더십'의 완성에서 '세상을 이롭게 하는 리더십'으로

이 단락은 현대사회에서 '자기 리더십'의 완성이 어떻게 '세상을 이롭게 하는 리더십'으로 확장되는지에 대한 심오한 통찰을 제공한다.

"오직 천하에 지극한 성실함만이 자신의 본성을 다할 수 있다(唯天下至誠, 爲能盡其性)"는 것은, '진정성'과 '자기이해'가 개인의 잠재력을 최대한 발휘하는 핵심임을 강조한다. 자신의 내면을 속이지 않고, 타고난 강점과 약점, 가치관을 명확히 파악하며, 그것을 바탕으

로 삶을 살아갈 때 비로소 진정한 자신을 실현할 수 있다는 것이다. 이는 '인간의 사사로운 욕심'을 극복하고, 하늘이 부여한 본성(天命之性)에 온전히 따르는 '내면의 자유'를 의미한다. 이러한 '자신의 본성을 다하는(盡己之性)' 경지에 이르면, 그 영향력은 파도를 일으키듯 확장된다.

다른 사람의 본성을 다하게 할 수 있다. : 자신의 본성을 이해하고 다스리는 사람은 타인의 본성을 꿰뚫어 보고 그들의 잠재력을 최대한 이끌어낼 수 있는 '공감 능력'과 '멘토십'을 갖게 된다. 이는 개인을 넘어 조직과 공동체의 성장을 돕는 리더십의 시작이다.

만물의 본성을 다하게 할 수 있다. : 사람을 넘어 '자연(物)'의 이치를 이해하고, 모든 사물이 그 본래의 특성을 온전히 발휘하도록 돕는 '생태학적 사고'와 '환경 책임 의식'을 가지게 된다. 이는 지속가능한 발전을 위한 리더십으로 확장된다.

천지의 조화로운 생육을 도울 수 있다. : 이러한 능력은 궁극적으로 '자연의 섭리'와 '우주의 흐름'을 이해하고, 그것에 순응하며 긍정적인 방향으로 영향을 미치는 '창조적 기여'를 가능하게 한다. 이는 혁신, 문제해결, 그리고 미래를 건설하는 데 있어 자연의 지혜를 활용하는 것이다.

천지와 함께 셋이 될 수 있다. : 이는 인간이 단순히 자연의 일부를 넘어, 자연과 동등한 위치에서 우주의 조화를 이루는 데 참여하는 '궁극적인 통합'이자 '존재의 완성'을 의미한다. 이는 '인간이 세상을 변화시키는 주체적인 존재'라는 긍정적인 인식을 담고 있으며, 가장 높은 차원의 '지속 가능성'과 '영성'을 포괄한다.

결론적으로 이 단락은 '지극한 성실함'이 단순한 도덕적 덕목을 넘어, 개인의 내면을 완성하고, 타인과 사회, 나아가 자연과 우주 전체에 긍정적인 영향을 미치는 '우주적 리더십'의 근원임을 강조한다. 이는 '自誠明 자성명', 즉 진정성으로부터 모든 깨달음과 영향력이 시작된다는 『중용』의 핵심 가르침을 집약적으로 보여주고 있다.

일상의 중용 실천
'에너지 절약 앱' 개발자의 천인합일 리더십

환경운동가이자 소프트웨어 개발자인 뇌수해雷水解 씨는 지구온난화 문제에 깊은 책임감을 느끼고 있었다. 그녀는 자신이 할 수 있는 가장 진실된 행동이 무엇일까 고민하다가, 개인의 전력소비를 효율적으로 관리해 주는 앱 개발에 몰두했다. 그녀의 앱 개발에 대한 열정과 환경보호에 대한 '지극한 성실함(至誠)'은 단순히 앱을 만드는 것을 넘어, 자신의 '본성(性)'을 다하는 과정이었다.

앱이 성공적으로 출시되자, 사용자들은 전력소비량을 줄일 수 있게 되었고, 이는 곧 '다른 사람의 본성을 다하게 하는(盡人之性)' 결과로 이어졌다. 사람들은 이 앱을 통해 '에너지 절약'이라는 선한 가치를 실천할 수 있었고, 이는 그들 내면의 환경보호 의식을 일깨웠다.

앱의 성공은 더 나아가 사회 전체의 전력소비 감소에 기여했고, 이는 지구의 탄소 배출량을 줄이는 데도 영향을 미쳤다. 즉 그녀의 노력이 '만물의 본성을 다하게 하는(盡物之性)' 데 일조한 것이다. 자연생태계가 본래의 조화로움을 유지할 수 있도록 돕는 것이다.

궁극적으로 그녀의 앱은 수많은 사람들의 행동 변화를 통해 '천지의 조화로운 생육을 돕고' 지구환경 보호에 이바지했다. 그녀는 자신의 작은 노력으로 시작한 일이 '하늘과 땅과 함께 셋이 되는(與天地參矣)' 것과 같은 위대한 변화를 만들어냈음을 깨달았다.

그녀의 경험은 '개인의 지극한 성실함'이 어떻게 자신을 넘어 타인, 자연, 그리고 우주 전체에 긍정적인 영향을 미치는 '천인합일'의 리더십으로 확장될 수 있는지를 보여주는 현대적 예시다.

나를 바꾸는 질문
나의 '지극한 성실함'으로 세상 바꾸기

Q1 : '지극한 성실함(至誠)'을 통해 '자신의 본성(性)'을 완벽하게 다하고 싶은 한 가지 영역은 무엇인가? (예: 특정재능 개발, 핵심가치 실천, 개인 습관 개선 등)

Q2 : 만약 내가 그 영역에서 '자신의 본성'을 완전히 다할 수 있다면, 그것이 '다른 사람의 본성(盡人之性)'을 발현하도록 돕는 구체적인 방법은 무엇일까?

Q3 : 더 나아가, 당신의 '지극한 성실함'이 '만물의 본성을 다하게 하고', '천지의 조화로운 생육을 돕는' 궁극적인 '천인합일'의 경지에 이르기를 바란다면, 어떤 꿈이나 목표를 설정하고 싶은가?

지극한 성誠에 이르는 길

其次致曲. 曲能有誠. 誠則形, 形則著, 著則明,
기차치곡. 곡능유성. 성즉형, 형즉저, 저즉명,
明則動, 動則變, 變則化. 唯天下至誠, 爲能化.
명즉동, 동즉변, 변즉화. 유천하지성, 위능화.

"그 다음 사람들은 지극히 작은 일에도 정성을 다한다.
작은 일이라도 정성을 다하면 성실함(誠)이 생긴다.
성실해지면 외면으로 드러나고(形), 드러나면 뚜렷해지며(著),
뚜렷해지면 밝아지고(明), 밝아지면 남을 감동시키며(動),
감동시키면 변화하고(變), 변화하면 교화된다(化).
오직 천하에 지극한 성실함을 지닌 사람만이 남을 교화(化)할 수 있다."

주자의 주석으로 읽는
중용

주자는 그 다음 단계(其次)가 '대현大賢 이하의, 성실함(誠)이 아직 지극하지 못한 모든 사람'을 의미한다고 설명한다. '치致'는 "밀어붙여 지극히 하다(推致)"이고, '곡曲'은 한쪽 부분(一偏)을 뜻한다. 즉 아직 온전한 성誠에 이르지 못한 사람은 자신에게 발현된 선한 마음의 '한쪽 부분'에서부터 '지극히 성실함'을 추구해야 한다는 것이다.

주자는 이러한 '치곡致曲'의 과정이 어떻게 궁극적인 '화化'에 이르는지를 다음의 연쇄적인 단계로 설명한다.

曲能有誠 곡능유성 : 작은 부분(曲)에서 성실함(誠)을 가질 수 있으면,

誠則形 성즉형 : 성실함이 (내면에) 쌓여 밖으로 형태를 드러내고(形), (주자는 '형'을 '마음속에 쌓여 밖으로 발현되는 것'이라고 풀이한다.)

形則著 형즉저 : 형태를 드러내면 더욱 '뚜렷해지고(著)' (주자는 '저'를 '더욱 분명해지는 것'이라고 풀이한다.)

著則明 저즉명 : 뚜렷해지면 '밝아지고(明)' (주자는 '명'을 '빛이 발하고 크게 드러나는 성대함'이라고 풀이한다.)

明則動 명즉동 : 밝아지면 다른 사물을 '움직이고(動)' (주자는 '동'을 '성실함이 사물을 감동시키는 것'이라고 풀이한다.)

動則變 동즉변 : 움직이면 사물이 그에 따라 '변하고(變)' (주자는 '변'을 '사물이 그에 따라 바뀌는 것'이라고 풀이한다.)

變則化 변즉화 : 변하면 '화化한다.' (주자는 '화'를 '그렇게 되는 까닭을 알 수 없는 경지'라고 풀이한다.)

이 모든 과정 끝에 "**唯天下至誠爲能化** 유천하지성위능화, 오직 천하에 지극한 성실함(至誠)만이 '화化'할 수 있다"고 말한다. 즉 일반인도 작은 성실함에서 시작하여 노력하면 궁극적으로 성인과 같은 '화'의 경지에 도달할 수 있다는 희망을 제시한다.

주자는 인간 본성(性)의 동일함과 기질(氣)의 다름을 다시 한 번 강

조한다. "蓋人之性無不同, 而氣則有異, 故惟聖人能擧其性之全體而 盡之. 개인지성무부동, 이기즉유이, 고유성인능거기성지전체이진지", 즉 "사람의 본 성은 동일하지만 기질은 다르기 때문에, 오직 성인만이 그 본성의 전체를 들어 다할 수 있다"고 설명한다.

그러나 "其次則必自其善端發見之偏, 而悉推致之, 以各造其極也. 기차즉필자기선단발현지편, 이실추치지, 이각조기극야, '그다음 단계의 사람'은 반드시 '자신에게 발현된 선한 마음의 한쪽 부분'에서부터 시작하여, 이를 모두 밀어붙여 지극히 함으로써 각자 그 극치에 이르러야 한다"고 말한다. 즉 타고난 기질의 한계가 있더라도, 자신에게 드러난 작은 선한 마음의 싹부터 철저하게 실천해나가면 된다는 것이다.

결론적으로 주자는 "曲無不致, 則德無不實, 而形著動變之功自不能已. 곡무불치, 즉덕무불실, 이형저동변지공자불능이"라고 하여, "작은 부분이라도 지극히 성실하게 실천하지 않음이 없으면, 덕이 진실 되지 않음이 없을 것이고, '形 형', '著 저', '動 동', '變 변'의 공효가 저절로 멈추지 않을 것이다."라고 말한다. 그리고 "積而至於能化, 則其至誠之妙, 亦不異於聖人矣. 적이지어능화, 즉기지성지묘, 역불이어성인의"라 하여, 이러한 노력이 쌓여 '化화'할 수 있는 경지에 이르면, 그 지극한 성실함의 묘妙함이 또한 성인과 다르지 않을 것이라고 강조한다.

현대적 해석
'작은 습관'이 만드는 '인생 변혁'의 여정

이 단락은 현대인에게 '작은 습관의 힘'과 '점진적 변화를 통한 궁극적 성장'의 가능성을 제시한다.

'그 다음 단계의 사람(其次)'을 위한 가르침은, 우리가 타고난 성인처럼 완벽하지 않더라도 '자신에게서 발현된 선한 마음의 한쪽 부분(曲)'에서부터 시작하여 꾸준히 노력하면 궁극적인 '화化'의 경지에 이를 수 있다는 희망적인 메시지를 전달한다. 이는 '티끌 모아 태산'처럼, 사소해 보이는 노력이 쌓여 거대한 변화를 일으킬 수 있음을 역설함이다.

'曲能有誠 곡능유성 → 誠則形 성즉형 → 形則著 형즉저 → 著則明 저즉명 → 明則動 명즉동 → 動則變 동즉변 → 變則化 변즉화'로 이어지는 7단계의 변화 과정은 '개인적 변혁의 사다리'이자 '영향력 확장 모델'로 해석될 수 있다.

曲能有誠 곡능유성 : 작은 선한 의지/습관의 시작.(예: 매일 10분 감사일기 쓰기)

誠則形 성즉형 : 내면의 의지가 쌓여 외적 행동으로 드러남.(예: 감사일기를 꾸준히 씀)

形則著 형즉저 : 행동이 반복되어 주변에 명확히 인지됨.(예: 주변 사람들이 '저 사람은 항상 긍정적이야.'라고 알아차림)

著則明 저즉명 : 그 행동이 명확한 가치와 의미로 밝게 빛남.(예: 자신의 긍정적인 태도가 주변에 좋은 영향력을 미치고, 스스로도 긍정의 힘을 깨달음.)

明則動 명즉동 : 밝은 에너지가 타인을 감동시켜 움직이게 함.(예: 다른 사람들도 감사일기를 쓰기 시작하거나 긍정적으로 변화함.)

動則變 동즉변 : 타인의 변화가 환경과 시스템을 변화시킴.(예: 팀 전체의 분위기가 긍정적으로 바뀌고 생산성 향상)

變則化 변즉화 : 변화가 쌓여 본질적이고 근원적인 변혁에 이름.(예: 자신과 주변의 삶 자체가 근본적으로 더 나은 방향으로 전환됨, 그 원인을 알 수 없을 정도로 자연스러워짐)

이 과정은 한 개인의 내면적 성실함이 어떻게 자신을 변화시키고, 나아가 주변사회 전체에 파급력을 미쳐 궁극적인 변화를 이끌어낼 수 있는지를 보여준다. 이는 "개인의 변화가 세상의 변화를 이끈다"는 강력한 메시지를 담고 있다. 특히, 주자가 "아름답지 못한 기질이라도 백 배의 공을 들이지 않고서는 변화시킬 수 없다."라고 말하며, '게으르고 포기하는 태도를 불인不仁하다고 질책'한 부분은, 현대인의 나약함과 노력 부재에 대한 경고로 해석될 수 있다. 타고난 조건이나 환경을 탓하며 스스로를 포기하는 것은 진정한 성장을 가로막는 가장 큰 장애물이라는 것이다. "노력하면 성인과 다르지 않게 화化할 수 있다"는 희망은, 끊임없이 자신을 단련하고 성장하려는 모든 이들에게 강력한 동기 부여를 제공한다.

일상의 중용 실천
작은 친절로 조직문화의 변화를 이끈 팀원

한 대기업의 마케팅 팀원인 산택손山澤損 씨는 팀 내에 만연한 냉소적인 분위기와 개인주의에 답답함을 느꼈다. 그는 "내가 아무리 노력을 한다고 해도 변할 수 있을까?"라는 회의감에 사로잡혔지만, 『중용』의 '其次致曲 기차치곡'의 가르침을 떠올리며 '작은 부분(曲)'에서부터 변화를 시작하기로 했다.

그는 매일 아침 팀원들에게 밝게 인사하고, 점심시간에 먼저 대화를 시도하며, 작은 도움에도 진심으로 감사인사를 전하는 '작은 친절'이라는 '곡曲'에 '성실함(誠)'을 담았다.

誠則形 성즉형 : 그의 진심 어린 친절은 웃음과 따뜻한 말이라는 '형태'로 드러났니다.

形則著 형즉저 : 처음에는 무관심했던 팀원들도 점차 그의 친절을 명확히 인지하기 시작했다.

著則明 저즉명 : 그의 친절이 진심이라는 인식이 퍼지면서, 그의 존재 자체가 팀 내에 긍정적인 '빛'을 발하기 시작했다.

明則動 명즉동 : 팀원 중 몇몇이 그의 친절에 감동하여 먼저 말을 걸거나, 작은 도움을 주기 시작했다.

動則變 동즉변 : 팀원들의 태도가 변하기 시작하면서, 이전에는 볼 수 없었던 팀 내 협업과 칭찬이 늘어났다.

變則化 변즉화 : 이러한 긍정적인 변화는 팀 전체의 분위기를 근본적으로 '변화'시켰다. 팀원들은 더욱 화목해지고 생산성이 향상되었으며, 팀장조차도 '어떻게 이런 변화가 일어났는지' 놀라워했다.

산택손 씨는 '타고난 기질'이 아닌 '작은 친절'이라는 '선한 단서(善端)'에서부터 시작하여 꾸준히 노력(致曲)했다. 그는 '백 배의 공'을 들여 자신의 내성적인 기질을 극복하고, 타인에게 먼저 다가가는 용기를 발휘했다. 그의 경험은 '작은 습관에 담긴 성실함'이 어떻게 개인을 변화시키고, 조직 전체를 '화化'시키는 궁극적인 변혁으로 이어질 수 있는지를 보여주는 현대적 예시다.

나를 바꾸는 질문
나의 '작은 변화'로 시작하는 '화化'의 여정

Q1 : '그 다음 단계의 사람(其次)'으로서, 자신의 삶이나 주변 관계에서 '작은 부분(曲)'에서부터 '성실함(誠)'을 담아 변화시키고 싶은 한 가지는 무엇인가? (예: 작은 친절, 꾸준한 경청, 감사 표현 등)

Q2 : '곡능유성 → 성즉형 → 형즉저 → 저즉명 → 명즉동 → 동즉변 → 변즉화'라는 7단계의 변화 과정 중, 내가 현재 시작하려는 '작은 부분에서의 성실함'이 어떤 단계까지 이어질 것이라고 예상하나?

Q3 : '작은 성실함'이 쌓여 궁극적으로 '화化'의 경지에 이를 때, 나의 삶과 주변에 '어떻게 그렇게 되었는지 알 수 없는' 놀라운 변화가 나타난다면, 그것은 어떤 모습일 것이라고 상상할 수 있는가?

CHAPTER 5

중용의 궁극과
인간의 완성

지극한 성誠과 예지력

至誠之道, 可以前知. 國家將興, 必有禎祥; 國家將亡, 必有妖孽.
지성지도, 가이전지. 국가장흥, 필유정상; 국가장망, 필유요얼.

"지극한 성실함의 도는 앞날을 미리 알 수 있게 하니,
국가가 장차 흥하려면 반드시 상서로운 조짐이 있고,
국가가 장차 망하려면 반드시 불길한 조짐이 있다."

주자의 주석으로 읽는
중용

"지극한 성실함(至誠)의 도는 앞날을 미리 알 수 있다."라는 말은 지극한 성실함이 단순한 도덕적 경지를 넘어, 미래를 예측하는 통찰력까지 부여함을 의미한다. 그 예시로 국가의 흥망성쇠를 든다.

"나라가 장차 흥하려면 반드시 상서로운 징조(禎祥)가 있고 나라가 장차 망하려면 반드시 불길한 요상한 징조(妖孽)가 있다."라는 말이다.

주자는 '정상禎祥'은 복福의 징조이고, '요얼妖孽'은 재앙(禍)의 싹이라고 풀이한다. 이러한 징조들은 "見乎蓍龜, 動乎四體. 현호시귀, 동호사체"라 하여, 점대(蓍)와 거북 껍질(龜)을 통해 나타나고, 몸의 동작이

나 위엄(四體)을 통해 드러난다고 한다.

주자는 '사체四體'를 '동작이나 위엄 사이에 나타나는 것'으로, 예를 들어 옥을 잡는 태도의 높고 낮음이나 몸가짐의 겸손함 등을 의미한다고 설명하고 있다. 이 모든 것은 "이치(理)가 미리 보여주는 것(先見者)"이라고 주자는 강조한다.

결론적으로 "禍福將至: 善, 必先知之; 不善, 必先知之. 화복장지: 선, 필선지지; 불선, 필선지지"라 하여, "화禍와 복福이 장차 닥쳐올 때, 그것이 선한 일이라면 반드시 미리 알고, 선하지 않은 일이라면 반드시 미리 안다"고 말한다. 그러므로 "故至誠如神 고지성여신, 지극한 성실함은 신神과 같다"고 한다.

주자는 여기서 '신神'이 귀신鬼神을 의미한다고 풀이하며, 이는 마치 귀신처럼 눈에 보이지 않는 것까지도 감지하는 예지력을 갖게 됨을 비유한다.

주자는 이러한 능력이 가능한 이유를 "오직 성실함이 지극하여, 털끝만큼의 사사로움이나 거짓도 마음과 눈 사이에 남아 있지 않은 사람만이 그 미미한 기미(幾)를 능히 살필 수 있다"고 설명한다. 이는 개인의 내면에 사심이 전혀 없을 때, 비로소 세상의 미세한 흐름과 징조를 감지할 수 있는 순수한 통찰력을 갖게 됨을 의미한다.

현대적 해석
직관적 통찰력과 리더의 청렴성

이 단락은 현대사회에서 '직관적 통찰력(intuitive insight)'의 중요성과 '리더의 청렴성'이 어떻게 미래 예측 능력으로 이어지는지에 대한 심오한 통찰을 제공한다.

"지극한 성실함의 도는 앞날을 미리 알 수 있다(至誠之道, 可以前知)"는 것은, 단순히 논리적 분석이나 데이터 분석만으로는 파악하기 어려운 '미래의 흐름'을 감지하는 능력을 의미한다. 이는 오랜 경험과 깊은 성찰을 통해 형성된 '촉' 또는 '육감'과 유사하며, 불확실성이 높은 현대사회에서 중요한 의사결정을 내릴 때 결정적인 역할을 한다.

"나라가 흥하려면 상서로운 징조가, 망하려면 불길한 요상한 징조가 있다"는 것은, 모든 큰 변화에는 미리 감지할 수 있는 '신호'가 있음을 시사한다. '점대와 거북 껍질'은 전통적인 예측 도구를 의미하지만, 현대적으로는 '빅데이터 분석', '시장 트렌드', '조직 내 작은 변화' 등으로 해석될 수 있을 것이다. 중요한 것은 이러한 '신호'를 정확히 읽어낼 수 있는 통찰력이다. "몸의 동작이나 위엄을 통해 드러난다"는 것은, 리더의 내면 상태나 조직의 분위기가 외형적인 비언어적 표현으로 나타나 미래를 예측할 수 있는 단서가 됨을 의미한다.

무엇보다 "오직 성실함이 지극하여, 털끝만큼의 사사로움이나 거짓도 마음과 눈 사이에 남아 있지 않은 사람만이 그 미미한 기미를 능히 살필 수 있다"는 구절은 '리더의 청렴성과 사심 없는 태도'가 통찰력의 핵심임을 강조한다. 개인적인 욕심이나 편견, 거짓이 마음에 남아 있으면 세상의 진실된 징조를 왜곡하여 보게 되고, 올바른 판단을 내릴 수 없게 된다는 것이다. 마치 뿌연 안경을 쓰고는 멀리 볼 수 없듯이, 사심이 없는 맑은 마음만이 미래를 꿰뚫어 볼 수 있는 '투명한 렌즈'가 된다는 메시지이다. 이는 진정한 예측 능력이 단순히 기술적 분석력을 넘어, 리더의 도덕적 순수성에 기반함을 역설한다.

"지극한 성실함은 신과 같다(至誠如神)"는 것은, 최고의 리더십이 단순히 인간적인 노력을 넘어, '초인적인 통찰력과 영향력'을 발휘할 수 있음을 보여준다. 이는 리더의 지극한 진정성이 결국 조직과 사회에 '기적'과 같은 긍정적 변화를 가져올 수 있다는 믿음을 담고 있다.

일상의 중용 실천
사심 없는 리더의 위기 예측과 선제적 대응

한 IT기업의 풍천소축風天小畜 씨는 직원들 사이에서 "촉이 좋다", "미래를 내다본다"는 평을 듣고 있다. 그는 실제로 몇 차례 큰 시장 변화나 위기 상황을 미리 감지하고 선제적으로 대응하여 회사를 지켜왔다. 그의 능력은 단순히 데이터 분석팀의 보고서나 시장조사 결과에만 의존하는 것이 아니었다.

풍천소축 씨의 비결은 바로 '지극한 성실함(至誠)'이었다. 그는 개인적인 이익이나 명예를 추구하는 '사사로운 욕심(私僞)'이 거의 없었다. 직원들의 복지와 회사의 지속가능한 성장을 위한 '진심'만이 그의 마음에 가득했다.

이런 '맑은 마음' 덕분에 그는 시장의 미묘한 변화(幾)나 고객들의 작은 불만(妖孼의 싹)을 놓치지 않고 감지할 수 있었다. 마치 '몸의 동작이나 위엄을 통해 드러나는 징조(動乎四體)'처럼, 그는 팀원들의 사소한 표정 변화나 업무 태도에서 조직 내의 숨겨진 문제점들을 읽어내기도 했다.

예를 들어, 어느 날 그는 경쟁사의 신제품 출시 소식도 없었고, 시장보고서에도 특별한 징후가 없었지만, 이상하게 '불길한 요상한 징조(妖孽)'를 느꼈다. 그의 '직관(至誠如神)'이 발동한 것이다.

그는 즉시 팀을 소집하여 새로운 시장 동향에 대한 심층적인 논의를 시작했고, 결국 기존 제품의 약점을 보완할 혁신적인 아이디어를 선제적으로 개발하기 시작했다. 몇 달 후, 경쟁사에서 예상치 못한 신기술을 발표했지만, 그의 기업은 이미 준비된 대응책 덕분에 위기를 기회로 만들 수 있었다.

그의 경험은 '사심 없는 리더의 청렴한 마음'이 어떻게 미래를 예측하는 '직관적 통찰력'으로 발현되어 조직을 성공으로 이끌 수 있는지를 보여주는 현대적 예시다.

나를 바꾸는 질문
나의 '미래 통찰력' 개발

Q1 : 삶에서 '지극한 성실함(至誠)'을 통해 얻고 싶은 가장 큰 능력은 무엇인가? 특히, '미래를 미리 아는 능력(前知)'이 있다면, 어떤 분야에서 어떤 것을 미리 알고 싶은가?

Q2 : '털끝만큼의 사사로움이나 거짓도 마음과 눈 사이에 남아 있

지 않은 사람'만이 '미세한 기미'를 살필 수 있다는 가르침처럼, 나의 '통찰력'을 방해하는 '사사로운 욕심'이나 '편견'이 있다면 무엇이라고 생각하나?

Q3 : 나의 일상에서 '마음과 눈 사이에서 사사로움과 거짓을 제거하여 지극한 성실함'에 다다르기 위해 어떤 구체적인 노력을 해볼 수 있을까? (예: 명상, 솔직한 자기반성, 특정한 욕심 내려놓기 연습 등)

리더십의 사다리

誠者, 非自成己而已也, 所以成物也. 成己, 仁也; 成物, 知也.
성자, 비자성기이이야, 소이성물야. 성기, 인야; 성물, 지야.

性之德也, 合內外之道也, 故時措之宜也.
성지덕야, 합내외지도야, 고시조지의야.

"성誠이라는 것은 자기 자신을 완성하는 것일 뿐만 아니라 만물을 완성하게 하는 것이다. 자신을 완성하는 것은 인仁이고, 만물을 완성하게 하는 것은 지知이니, 인과 지는 본성에서 비롯된 덕이며, 내면과 외면의 도道를 합하는 것이다. 그러므로 때에 맞게 행하면 마땅하다."

주자의 주석으로 읽는
중용

주자는 "성誠은 스스로를 이루는 것(自成)이고, 도道는 스스로 행하는 것(自道)이다."라고 말한다. 여기서 '성'은 '만물(物)이 스스로 이루어지는 이유'이고, '도'는 '사람이 마땅히 스스로 행해야 할 것'이라고 풀이한다. '성'은 마음(心)으로 말하면 '근본(本)'이고, '도'는 이치(理)로 말하면 '작용(用)'이라고 비유한다.

주자는 "誠者物之終始, 不誠無物. 성자물지종시, 불성무물."이라 하여, "성誠은 만물(物)의 시작이자 끝이니, 성誠하지 않으면 만물은 존재할 수 없다"고 강조한다. 천하의 모든 만물은 진실된 이치(實理)의 작용으로 이루어진 것이므로, 반드시 이 이치를 얻은 후에야 비로소 만물이 존재할 수 있다는 것이다. 또한, 얻어진 이치가 다하면 그 만물 역시 다하고 존재하지 않게 된다. 그러므로 "사람의 마음에 한 번이라도 진실하지 못함이 있다면, 비록 무언가를 행하더라도 아무것도 없는 것과 같으니, 군자는 반드시 성誠을 귀하게 여긴다"고 하였다. 즉 진심이 없는 행위는 아무런 의미가 없다는 뜻이다. 주자는 "사람의 마음이 진실되지 않음이 없으면(能無不實), 비로소 스스로 이룰 수 있게 되고, 나에게 있는 도 또한 행해지지 않음이 없을 것이다."라고 덧붙인다.

주자는 '성'의 역할이 자신에게만 국한되지 않음을 밝힌다. "성誠은 단지 자신을 이루는 것에 그치지 않고, 만물을 이루는 것이다."라고 강조하고, 이를 다시 '인仁'과 '지知'로 연결한다.

成己, 仁也 성기, 인야 : 자신을 이루는 것은 인仁이다. (사랑과 자애로움으로 자신의 본성을 완성함.)

成物, 知也 성물, 지야 : 만물을 이루는 것은 지知이다. (지혜로 만물의 이치를 깨달아 각자가 그 본성을 발휘하게 함.)

주자는 '성誠'이 본성(性)의 덕이며, 안팎을 아우르는 도(合外內之道)이므로, 때에 맞게 적용하면 모두 마땅하게 된다고 설명한다.

주자는 다시 한 번 이 의미를 다음과 같이 강조한다.

誠雖所以成己, 然旣有以自成, 則自然及物, 而道亦行於彼矣. 성수소이성기, 연기유이자성, 즉자연급물, 이도역행어피의.

"성誠이 비록 자신을 이루는 것이지만, 이미 스스로를 이룰 수 있다면, 자연스럽게 만물에까지 미치게 되고, 도 또한 저 만물에게서 행해질 것이다."

주자는 '인仁'은 도의 본체가 존재함이고, '지知'는 도의 작용이 발현됨이며, 이 둘은 모두 우리 본성에 본래 갖추어져 있어 안팎의 구별이 없다고 설명한다. 따라서 일단 자신에게 얻어지면(旣得於己), 만나는 모든 일(事)에 때에 맞게 적용하여(時措之) 모두 마땅하게 될 것(皆得其宜也)이라고 마무리하고 있다.

현대적 해석
'자기 경영'에서 '가치 창조'로 확장되는 진정성

이 단락은 현대인에게 '자기 경영'의 궁극적인 목표가 '외부세계의 가치 창조'로 확장되는 과정을 '진정성誠'을 중심으로 설명하고 있다.

"성誠은 스스로를 이루는 것이요, 도道는 스스로 행하는 것이다."라는 구절은, '자기 성장'의 본질은 '진정한 자신'이 되는 것이며, 그 진정한 자신이 되는 과정이 곧 '삶의 올바른 길'임을 강조한다.

"성실하지 않으면 만물은 존재할 수 없다"는 것은, 진정성이 결여된 행위는 아무리 화려해도 결국 허상이며 지속 가능하지 않음을 경고한다. 이는 '겉치레가 아닌 내실'의 중요성을 역설한다.

"성誠이 단지 자신을 이루는 것뿐만 아니라 만물을 이루는 것이다."라는 메시지는, '자기 경영'의 목표가 단순히 개인적인 성공이나 행복에 머무르지 않고, 타인과 사회, 나아가 환경에 긍정적인 가치를 창조하는 데까지 확장되어야 함을 강조한다.

성기成己는 인仁이다 : 자신을 올바르게 완성하는 것은 '내면의 사랑과 조화'를 의미한다. 스스로를 사랑하고 돌보며, 본연의 선함을 회복하는 것이 인仁의 시작이다.

성물成物은 지知이다 : 만물을 완성시키는 것은 '외부세계에 대한 이해와 창조적 기여'를 의미한다. 지혜를 통해 세상의 이치를 깨닫고, 그 이치에 따라 사람과 사물이 각자의 본성을 발휘하도록 돕는 것이다. 이는 사회적 문제 해결, 혁신적인 제품개발, 환경보호 활동 등 구체적인 '가치 창출'로 이어진다.

"성誠이 비록 자신을 이루는 것이지만, 이미 스스로를 이룰 수 있다면 자연스럽게 만물에까지 미치게 되고, 도 또한 저 만물에게서 행해질 것이다."라는 설명은 '진정성의 파급 효과'를 강조한다. 진정성 있는 리더는 굳이 강요하거나 지시하지 않아도, 그의 존재 자체가 주변 사람들에게 긍정적인 영향을 미쳐 그들 또한 자신의 잠재력을 발휘하도록 이끌 수 있다. 이는 조직문화, 팀워크, 고객만족도 등 모든 관계와 시스템에 자연스럽게 '선한 도'가 흐르게 되는 것이다.

'인仁은 본체의 존재이고, 지知는 작용의 발현'이라는 설명은, 내면의 사랑(仁)이 확고할 때 외부세계를 이해하고 변화시키는 지혜(知)가 자연스럽게 발현됨을 보여준다. 이는 '내면의 성숙이 곧 외부세계에 대한 영향력'으로 이어진다는 중요한 통찰이다.

일상의 중용 실천
'지속가능한 경영'을 실천하는 CEO

한 기업의 CEO 중수감重水坎 씨는 창업 초기부터 '지속가능한 경영'이라는 가치에 '지극한 성실함(誠)'을 담아 실천했다. 그녀는 단순히 이윤 추구에만 매몰되지 않고, 자신의 기업이 사회와 환경에 어떤 영향을 미치는지 끊임없이 성찰했다. 이것은 그녀 스스로를 완성시키는 '성기成己'의 '인仁'이었다.

그녀의 이러한 '성誠'은 곧 만물을 완성시키는 '성물成物'의 '지知'로 확장되었다. 그녀는 기업의 생산공정을 친환경적으로 바꾸고, 에너지효율을 높이는 기술을 도입했다. 제품수명 주기 전반에 걸쳐 환경 영향을 최소화하기 위한 지혜로운 결정을 내렸다. 또한, 직원들에게 환경보호 교육을 실시하고, 지역 사회의 환경정화 활동에도 적극적으로 참여하도록 독려했다. 그녀의 진심은 직원들에게도 전달되어, 직원들 스스로가 친환경적인 아이디어를 제안하고 실천하는 문화가 자리 잡았다.

중수감 씨의 기업은 '성실함'을 바탕으로 자신을 완성하고, 나아가 제품, 생산 방식, 직원, 지역사회 등 '만물'에 긍정적인 영향을 미쳐 그들이 '본성을 다하게' 도왔다. 그녀의 노력은 단순히 환경보호에 그치지 않고, 기업의 이미지 제고와 사회적 책임 이행으로 이어져 결국 높은 고객 신뢰와 매출 증대라는 결과로 이어졌다.

이는 '성誠'이 '자신을 이루는 것'에 그치지 않고, '만물을 이루는' 지혜로 확장되어 '도道'가 사회에 행해지는 모습을 보여주는 현대적 예시다. 그녀의 기업은 마치 '인仁이라는 본체가 존재하고, 지知라는 작용이 발현되어' 선순환을 이루는 과정을 보여주었다.

나를 바꾸는 질문
나의 '성誠'으로 '세상의 변화' 시도하기

Q1 : 나의 삶에서 '성誠'이라는 '진정성'을 바탕으로 가장 먼저 '자신을 이루고(成己)' 싶은 한 가지는 무엇인가? (예: 특정한 능력 개발, 건강습관 형성, 내면의 평온 유지 등)

Q2 : 만약 내가 그 영역에서 '자신을 이루는 것'에 성공한다면, 그 '성誠'이 어떻게 '만물(물건, 관계, 환경 등)을 이루는(成物)' 구체적인 방법으로 확장될 수 있을까? (예: 건강한 습관으로 주변 사람에게 긍정적 영향, 깨끗한 환경 조성 등)

Q3 : "성誠이 인仁과 지知를 통해 자신을 이루고 만물을 이룬다"는 가르침을 바탕으로, 나의 '진정한 자신'이 세상에 긍정적인 '가치를 창조'하는 리더로 성장하기 위해 오늘부터 어떤 작은 실천을 시작해 볼 수 있을까?

지극한 성誠의 무궁한 영향력

故至誠無息. 不息則久, 久則徵, 徵則悠遠, 悠遠則博厚, 博厚則高明.

고지성무식. 불식즉구, 구즉징, 징즉유원, 유원즉박후, 박후즉고명.

博厚, 所以載物也; 高明, 所以覆物也; 悠遠, 所以成物也.

박후, 소이재물야; 고명, 소이부물야; 유원, 소이성물야.

"그러므로 지극한 성실함(至誠)은 쉼이 없다. 쉼이 없으면 오래가고, 오래가면 징험徵驗이 나타나며, 징험이 나타나면 유원悠遠해지고, 유원해지면 넓고 두터워지며(博厚), 넓고 두터워지면 높고 밝아진다(高明). 넓고 두터움은 만물을 싣기 때문이요, 높고 밝음은 만물을 덮기 때문이요, 유원함은 만물을 완성하기 때문이다."

주자의 주석으로 읽는
중용

주자는 "故至誠無息 고지성무식"의 구절로 시작하면서 "성誠이 이미 허위가 없으므로(旣無虛假), 스스로 끊어짐이 없다(自無間斷)"는 것을 의미한다고 설명한다. 즉 진정성은 본질적으로 끊임없이 지속되는 속성을 지닌다는 것이다.

이어서 '지극한 성실함'이 쉬지 않고 지속될 때 나타나는 연쇄적인 효과를 설명한다.

不息則久 불식즉구 : 쉬지 않으면 '오래간다.(久)' 주자는 '오래감(久)'이 '마음속에 항상 존재함(常於中也)'을 의미한다고 풀이한다.

久則徵 구즉징 : 오래가면 "징험이 나타난다.(徵)" 주자는 '징험(徵)'이 '외부에 증명되는 것(驗於外也)'이라고 설명하며, 정씨(정자程子)가 말한 "지극한 성실함의 덕이 사방에 드러난다.(至誠之德, 著於四方)"는 것이 이 뜻이라고 덧붙인다. 즉 내면의 성실함이 외적으로 드러나 증명된다는 것이다.

徵則悠遠 징즉유원 : 징험이 나타나면 "유구하고 멀리까지 미친다."(悠遠) 주자는 "마음속에 있는 것이 이미 오래되면, 외부에 드러나는 것이 더욱 유구하고 끝이 없어진다"고 설명한다.

悠遠則博厚 유원즉박후 : 유구하고 멀리 미치면 "넓고 두터워진다.(博厚)" "유구하고 멀리 미치므로 그 쌓이는 바가 넓고 깊다"고 설명한다.

博厚則高明 박후즉고명 : 넓고 두터워지면 "높고 밝아진다.(高明)" "넓고 두터우므로 그 발현되는 바가 높고 광명하다"고 설명한다.

주자는 이 모든 것이 '외부에 증명되는 것(驗於外者)'을 통해 설명된 것이라고 정리한다.

이어서 '지극한 성실함'이 천지와 함께하는 경지를 설명한다.

博厚, 所以載物也 박후, 소이재물야 : 넓고 두터운 것은 만물을 실어 나르는 것이다. (땅의 덕)

高明, 所以覆物也 고명, 소이부물야 : 높고 밝은 것은 만물을 덮는 것이다. (하늘의 덕)

悠久, 所以成物也 유구, 소이성물야 : 유구한 것은 만물을 이루는 것이다. 주자는 여기서 '유구悠久'가 앞선 '유원悠遠'과 같은 뜻으로, 안팎을 겸하여 말하는 것이라고 설명한다. 이는 '본래 유구하고 멀리 미침으로써 높고 두터움을 이루었으나, 높고 두터움 또한 유구하기 때문'이라고 부연한다.

주자는 "此言聖人與天地同用. 차언성인여천지동용, 이것은 성인聖人이 천지天地와 함께 작용함(同用)을 말한다"고 강조한다. 즉 성인의 덕이 천지만물을 포용하고 생육하는 천지의 공용과 같다는 것이다.

나아가 더욱 높은 경지를 설명한다. "博厚配地, 高明配天, 悠久無疆. 박후배지, 고명배천, 유구무강"이라 하여, "넓고 두터움은 땅에 짝하고, 높고 밝음은 하늘에 짝하며, 유구함은 끝이 없다"고 말한다. "此言聖人與天地同體. 차언성인여천지동체, 이것은 성인이 천지와 함께 한 몸을 이룸(同體)을 말한다"고 설명한다. 이는 성인의 덕이 천지의 본질과 합치되어 완벽한 합일을 이룬 경지를 의미한다.

이러한 지극한 경지에 이르면, 성인의 행위는 다음과 같은 특징을 가진다. "如此者, 不見而章, 不動而變, 無爲而成. 여차자, 불현이장, 부동이변, 무위이성"이라 하여, "이와 같은 자는 보이지 않아도 드러나고(不見而章), 움직이지 않아도 변하며(不動而變), 함이 없어도 이루어진다(無爲而成)"고 말한다.

不見而章 불현이장 : 보이지 않아도 드러나는 것은 '땅에 짝하는 것

(配地)'과 관련하여 설명한다. (땅은 드러나지 않지만 만물을 실어 만물을 드러나게 하므로)

不動而變부동이변 : 움직이지 않아도 변하는 것은 '하늘에 짝하는 것(配天)'과 관련하여 설명한다. (하늘은 스스로 움직이지 않아도 만물을 변화시키므로)

無爲而成무위이성 : 함이 없어도 이루어지는 것은 '유구함이 끝이 없는 것(無疆)'과 관련하여 설명한다. (지극한 성실함은 인위적인 노력 없이도 자연스럽게 모든 것을 완성시키므로)

현대적 해석
비전 리더십과 '지속가능성'의 최고 경지

이 단락은 현대사회에서 '비전 리더십'과 '지속가능성'의 최고 경지를 '지극한 성실함(至誠)'을 통해 설명한다. "지극한 성실함은 쉬지 않는다(至誠無息)"는 것은, "진정한 리더의 영향력은 끊임없이 지속되며, 시간과 공간에 제약받지 않는다"는 메시지를 준다.

이는 단순히 단기적인 성과에 그치지 않고, 장기적인 비전과 일관된 가치로 꾸준히 나아갈 때 얻을 수 있는 '지속적인 영향력'을 의미한다. "쉬지 않으면 오래가고(久), 오래가면 징험이 나타나고(徵), 징험이 나타나면 유구하고 멀리까지 미치고(悠遠), 유구하고 멀리 미치면 넓고 두터워지고(博厚), 넓고 두터워지면 높고 밝아진다(高明)"는 성의 5단계 확장은 '개인의 진정성이 공동체의 지속가능한 번영으로 확장되는 과정'을 보여주는 훌륭한 모델이다.

오래감(久) : 리더의 진정성이 내면에서 꾸준히 유지될 때.

징험(徵) : 그 진정성이 외부적으로 가시적인 성과와 신뢰로 증명된다.

유구(悠遠) : 그 영향력이 시간과 공간을 넘어 멀리까지 확산된다. (예: 기업의 브랜드 가치가 오랜 시간 유지되고 전 세계로 퍼져나감.)

박후博厚 : 그 영향력이 깊고 넓어져 다양한 사람과 시스템을 포용한다. (예: 기업의 영향력이 단순히 제품 판매를 넘어 사회적 책임 이행, 환경보호 등으로 확장됨.)

고명高明 : 영향력이 지극히 높아져 존경받는 비전과 통찰력을 가지게 된다. (예: 기업이 단순히 성공을 넘어 시대의 아이콘이자 새로운 표준을 제시하는 존재가 됨.)

"넓고 두터운 것은 만물을 실어 나르고(博厚載物), 높고 밝은 것은 만물을 덮으며(高明覆物), 유구한 것은 만물을 이룬다(悠久成物)"는 구절은 '성인 리더의 우주적 책임감'을 강조한다. 즉 진정한 리더는 자신의 조직을 넘어 사회와 환경, 그리고 미래 세대에까지 긍정적인 영향을 미쳐 '세상을 더 나은 곳으로 만드는 데 기여'해야 한다는 것이다. 이는 현대 경영에서 'ESG(환경, 사회, 지배구조)'가 강조되는 것과 일맥상통하며, 기업의 존재 이유가 단순히 이윤 추구를 넘어선 사회적 가치 창출에 있음을 시사한다.

궁극적으로 "성인이 천지와 함께 작용하고(與天地同用) 한몸을 이룬다(與天地同體)"는 것은 '리더십의 최고 경지'를 의미한다. 이는 리더가 자연의 순리(天道)에 완벽히 합치하여 인위적인 노력 없이도(無爲而成), 마치 자연처럼(不見而章, 不動而變) 모든 것을 조화롭게 만들고 완성하는 경지에 이른 것을 말한다. 이러한 리더는 자신의 존재만으로도 주변을 변화시키고, 세상에 긍정적인 에너지를 불어넣는 '살아 있는 비전'이 된다.

일상의 중용 실천
사회적 영향력을 갖춘 기업가 정신

한 유명 비영리단체의 창립자인 최 대표는 평생을 사회문제 해결에 헌신했다.

그의 활동은 처음에는 작은 움직임이었지만, 그가 가진 '지극한 성실함(至誠)'은 조금도 쉬지 않고(無息) 꾸준히 이어졌다.

不息則久 불식즉구 : 그의 진정성 있는 헌신은 수십 년간 꾸준히 지속 되었다.

久則徵 구즉징 : 그의 노력은 수많은 사람들의 삶을 변화시키는 가시적인 성과로 나타났고, 사회적 지표 개선으로 증명되었다.

徵則悠遠 징즉유원 : 그의 영향력은 처음 활동했던 지역을 넘어 전국적, 나아가 국제적으로까지 확산되었다. 그의 이름은 '신뢰와 헌신'의 대명사가 되었다.

悠遠則博厚 유원즉박후 : 그의 활동은 단순히 특정 문제를 해결하는 것을 넘어, 빈곤, 교육, 환경 등 다양한 사회문제 영역으로 확대되었고, 수많은 자원봉사자와 후원자들이 그의 뜻에 동참했다.

博厚則高明 박후즉고명 : 그는 이제 한국을 넘어 국제사회에서도 존

경받는 사회적 리더이자 비전을 제시하는 인물이 되었다.

최 대표의 리더십은 "넓고 두터운 것은 만물을 싣고, 높고 밝은 것은 만물을 덮으며, 유구한 것은 만물을 이룬다"는 것처럼, 사회의 다양한 문제와 사람들을 품고(博厚), 희망과 방향을 제시하며(高明), 오랜 시간 동안 사회 전체의 긍정적인 변화를 이루어냈다(悠久). 그는 마치 '보이지 않아도 드러나고, 움직이지 않아도 변하며, 함이 없어도 이루어지는(不見而章, 不動而變, 無爲而成)' 경지에 이른 듯 보였다. 그의 존재 자체가 사회에 선한 변화를 불러일으키는 원천이 된 것이다.

최 대표의 경험은 개인의 지극한 성실함이 어떻게 우주적 차원의 영향력과 지속가능한 가치 창조로 확장될 수 있는지를 보여주는 현대적 예시다.

나를 바꾸는 질문
나의 '지속가능한 영향력' 비전

Q1 : 나의 삶에서 '지극한 성실함(至誠)'을 통해 '쉬지 않고(無息)' 꾸준히 이어가고 싶은 한 가지 노력은 무엇인가? (예: 꾸준한 학습, 봉사 활동, 건강관리 등)

Q2 : 나의 그 노력이 '오래가고(久) 징험이 나타나(徵), 유구하고 멀리 미치며(悠遠), 넓고 두터워지고(博厚), '높고 밝아지는(高明)' 5단계

의 변화를 가져온다면, 각 단계에서 어떤 구체적인 '효과'가 나타날 것이라고 예상하나?

Q3 : 궁극적으로 나의 '지극한 성실함'이 '천지와 함께 작용하고(與天地同用), 한 몸을 이루어(與天地同體), 보이지 않아도 드러나고, 움직이지 않아도 변하며, 함이 없어도 이루어지는(不見而章, 不動而變, 無爲而成)' 경지에 도달한다면, 당신은 어떤 비전이나 꿈을 이루고 싶은가?

무궁한 성誠

天地之道, 可一言而盡也. 其爲物不貳, 則其生物不測.

천지지도, 가일언이진야. 기위물불이, 즉기생물불측

"천지의 도는 한마디 말로 다할 수 있다. 그것이 사물을 다룸에 두 마음이 없으니, 만물을 낳고 기르는 것이 헤아릴 수 없이 크다."

주자의 주석으로 읽는
중용

주자는 이 단락부터 다시 천지天地의 이치를 통해 '지극한 성실함(至誠)이 쉬지 않는(無息) 공용功用'을 설명할 것이라고 밝힌다.

공자는 "天地之道, 可一言而盡也. 천지지도, 가일언이진야, 천지의 도는 한마디 말로 다할 수 있다"고 말했는데, 주자는 이 '한마디 말'이 '성誠'일 뿐(不過曰誠而已)이라고 명확히 밝힌다. 즉 천지의 모든 이치는 '성誠'이라는 본질로 귀결된다는 것이다.

주자는 천지의 도가 '성誠'인 이유를 설명하며, "천지가 만물을 대함에 있어 두 마음(不貳)을 품지 않기 때문에, 만물을 헤아릴 수 없이 낳고 기를 수 있다"고 하였다. 주자는 '불이不貳'가 곧 '성誠'을 의미한다고 설명한다. 천지가 만물을 대할 때 사심 없이 한결같고 진실하기 때문에, 그 생육生育의 힘이 무궁무진하다는 것이다. "성실하므로 쉬지 않고(誠故不息), 만물을 낳는 수가 많아 그러한 까닭을 알 수 없는 것(有莫知其所以然者)이 있다"고 덧붙여, '성'이 지닌 무궁한 생명력과 불가사의한 창조력을 강조한다.

다음으로 주자는 "天地之道: 博也, 厚也, 高也, 明也, 悠也, 久也. 천지지도: 박야, 후야, 고야, 명야, 유야, 구야."라고 하여, 천지의 여섯 가지 특성을 열거한다.

博박: 넓음, 厚 후: 두터움, 高 고: 높음, 明 명: 밝음, 悠 유: 유원함, 久 구: 오래감.

주자는 이 여섯 가지 특성이 곧 앞서 말한 '성실하고(誠) 한결같으며(一) 두 마음을 품지 않는(不貳)' 천지의 도가 '각자 지극한 번성함(各極所盛)'을 이룬 결과이며, 그로 인해 이후에 설명할 '만물을 낳는 공로(生物之功)'가 있게 되는 것이라고 설명한다. 이는 '성誠'이라는 하나의 근본이 어떻게 천지의 위대한 속성으로 발현되는지를 보여준다.

현대적 해석
시스템의 일관성과 창조적 잠재력

이 단락은 현대사회에서 '시스템의 일관성'이 가져오는 '무궁한 창조적 잠재력'에 대한 심오한 통찰을 제공한다. "천지의 도는 한마디로 성誠일 뿐이다."라는 구절은, 자연계의 모든 복잡한 현상과 질서가 결국 '진정성'과 '일관성'이라는 근본 원리로 설명될 수 있음을 시사한다. 즉 천지가 거짓 없이 한결같은 법칙으로 운행되기 때문에, 그로부터 예측 가능하고 조화로운 자연현상이 발생한다는 것이다.

"천지가 만물을 대함에 있어 두 마음을 품지 않기 때문에, 만물을 헤아릴 수 없이 낳고 기를 수 있다(其爲物不貳, 則其生物不測)"는 구절은 "시스템의 신뢰성이 '창조적 확장성'으로 이어진다"는 중요한 메시지를 전달한다. 기업이나 조직이 고객이나 직원들에게 '두 마음', 즉 이중적인 태도를 보이지 않고 일관된 진정성을 유지할 때, 이는 구성원들의 창의성을 촉발하고 예측 불가능할 정도의 '혁신과 성장(生物不測)'을 이끌어낼 수 있다. 반대로 원칙 없이 자주 바뀌거나 불투명한 시스템은 혼란과 불신을 야기하며 잠재력을 억압한다.

주자가 언급한 천지의 여섯 가지 특성(博, 厚, 高, 明, 悠, 久)은 '성誠을 기반으로 한 시스템의 이상적인 특성'으로 해석될 수 있다.

博, 厚 박, 후 : 포괄성과 깊이. 다양한 요소를 수용하고 견고한 기반을 가짐. (예: 다각적인 포트폴리오와 탄탄한 재무 구조)

高, 明 고, 명 : 비전과 투명성. 명확한 목표와 방향성을 제시하고 모든 것을 투명하게 공개함. (예: 명확한 기업 비전과 공개적인 소통)

悠, 久 유, 구 : 지속가능성과 장기적 관점. 단기적인 이익을 넘어 오랜 시간 지속될 수 있는 안정성과 연속성을 가짐. (예: 지속가능한 경영과 장기적인 R&D 투자) 이러한 특성들은 모두 '성실하고 한결같은(誠一不貳)' 태도에서 비롯되며, 이는 조직이나 시스템이 번영하고 만물을 생성하는 '공로(功)'를 가질 수 있는 근본 바탕이 된다. 결국 이 단락은 눈에 보이지 않는 '진정성'과 '일관성'이라는 무형의 가치가 실제 세상의 모든 생명력과 번영의 근원이 된다는 심오한 통찰을 제공한다.

일상의 중용 실천
'고객 중심' 경영의 지속가능한 성공

온라인 쇼핑몰 '에버그린'은 창업 초부터 '고객 중심'이라는 가치를 내세웠다. 다른 쇼핑몰들이 단기적인 이윤을 좇아 과장광고를 하거나 저품질 제품을 팔 때, 에버그린은 오직 고객의 만족을 최우선으로 두었다. 이는 마치 '천지의 도가 두 마음을 품지 않는 것'처럼, 고객에게 한결같고 진실된(誠) 태도를 유지했다.

에버그린은 단순히 물건을 파는 것을 넘어, 고객의 삶에 가치를 더하는 것을 목표로 삼았다. 문제가 발생하면 즉시 해결하고, 고객의 피드백을 적극적으로 반영하여 서비스를 개선했다. 이러한 '성실함' 덕분에 에버그린의 고객들은 높은 신뢰를 보냈고, 입소문을 통해 고객수가 기하급수적으로 늘어났다. 이는 '만물을 헤아릴 수 없이 낳고 기르는' 천지의 이치처럼 기업의 성실함이 무궁한 고객 유치와 성장으로 이어지는 현상이었다.

에버그린의 경영은 다음과 같은 천지의 속성과 닮아갔다.

博, 厚 박, 후 : 다양한 고객층을 포용하고, 고객 데이터 기반의 깊이 있는 맞춤 서비스를 제공했다.

高, 明 고, 명 : "고객의 삶을 풍요롭게 한다"는 명확한 비전을 제시하고, 모든 경영 정보를 투명하게 공개했다.

悠, 久 유, 구 : 단기적인 세일보다는 장기적인 고객 관계 형성에 집중하며, 10년, 20년을 내다보는 지속 가능한 경영을 실천했다.

이러한 '성실하고 한결같은(誠一不貳)' 경영 덕분에 에버그린은 단순히 큰 기업을 넘어, 고객들이 가장 신뢰하고 애용하는 브랜드가 되었다. 이는 '천지의 도'가 '성'을 통해 만물을 번성시키듯이, 기업의 진정성과 일관성이 어떻게 지속가능한 성공과 무궁한 가치 창출로 이어질 수 있는지를 보여주는 현대적 예시다.

나를 바꾸는 질문
나의 '성誠' 기반 시스템 구상

Q1 : 내가 속한 조직(혹은 개인의 삶)에서 '천지가 만물을 대함에 두 마음을 품지 않는(不貳)' 것처럼 한결같고 진실 되게 지켜나가고 싶은 '핵심 원칙이나 가치'는 무엇인가?

Q2 : 나의 그 '핵심 원칙'이 '넓고, 두텁고, 높고, 밝고, 유원하고,

오래가는' 천지의 여섯 가지 특성처럼 발현된다면, 당신의 삶이나 조직에 어떤 긍정적인 변화가 나타날 것이라고 기대하나?

Q3. '성실하므로 쉬지 않고, 만물을 낳는 수가 많아 그 그러한 까닭을 알 수 없는' 천지의 창조력처럼 당신의 '진정성과 일관된 노력'이 궁극적으로 어떤 '예측 불가능한 긍정적 결과나 무궁한 잠재력'을 발현시키기를 바라고 있는가?

작음에서 시작되어 광대함으로

今夫天, 斯昭昭之多, 及其無窮也, 日月星辰繫焉, 萬物覆焉.
금부천, 사소소지다, 급기무궁야, 일월성신계언, 만물부언.

"이제 저 하늘을 보라. 저렇게 작은 빛들(昭昭)이 쌓여 이루어진 듯하지만,
그 무궁함에 이르러서는 해와 달과 별들이 매달려 있고,
온갖 만물을 그 아래 덮고 있다."

주자의 주석으로 읽는
중용

주자는 이 단락이 천지자연의 예시를 통해 앞서 설명한 '두 마음을 품지 않고(不貳) 쉬지 않는(不息) 지극한 성실함(至誠)의 공용(功用)'을 밝히려는 의도라고 설명한다.

공자는 네 가지 자연물에 대해 이야기한다.

하늘(天) : "今夫天, 斯昭昭之多, 及其無窮也, 日月星辰繫焉, 萬物覆焉. 금부천, 사소소지다, 급기무궁야, 일월성진계언, 만물부언."

"지금 저 하늘은 작은 밝음(昭昭)이 쌓인 듯한 존재이지만, 그 무

궁無窮함에 이르면 해와 달과 별들이 매달려 있고, 만물을 덮어주고 있다."

주자는 '소소昭昭'가 '작은 밝음(小明)'을 의미하며, 이는 하늘의 일부분을 가리키는 것이라고 설명한다. 그러나 '그 무궁함에 이르면'은 제12장에서 '그 지극한 경지에 이르면(及其至也)'이라는 의미와 같다고 하여, 이는 하늘 전체를 두고 하는 말임을 강조한다.

땅(地) : "今夫地, 一撮土之多, 及其廣厚, 載華嶽而不重, 振河海而不洩, 萬物載焉. 금부지, 일촬토지다, 급기광후, 재화악이부중, 진하해이불설, 만물재언."

"지금 저 땅은 한 줌의 흙(一撮土)이 쌓인 듯한 존재이지만, 그 넓고 두터움에 이르면 화산(華嶽) 같은 큰 산을 싣고도 무겁지 않고, 강과 바다를 감싸 안고도 새지 않으며, 만물을 싣고 있다."

주자는 '진振'을 '거두어들이는 것(收)'이라고 풀이한다.

산(山) : "今夫山, 一卷石之多, 及其廣大, 草木生之, 禽獸居之, 寶藏興焉. 금부산, 일권석지다, 급기광대, 초목생지, 금수거지, 보장흥언."

"지금 저 산은 한 덩이의 돌(一卷石)이 쌓인 듯한 존재이지만, 그 넓고 큼에 이르면 초목이 자라고, 금수가 살며, 보물들이 솟아난다."

주자는 '권(卷)'을 '덩어리(區)'로 풀이한다.

물(水) : "今夫水, 一勺之多, 及其不測, 黿鼉, 蛟龍, 魚鱉生焉, 貨財殖焉. 금부수, 일작지다, 급기불측, 원타, 교룡, 어별생언, 화재식언."

"지금 저 물은 한 국자(一勺)에 불과하지만 그 깊이가 헤아릴 수 없음(不測)에 이르면 자라와 악어, 교룡蛟龍, 물고기와 자라 등이 생겨나고, 재화가 그 속에 불어난다."

주자는 '작勺'이 '국자'를 의미한다고 설명한다.

이 네 가지 비유는 모두 "아주 작고 미미해 보이는 시작점으로부터 지극히 광대하고 무한한 존재가 되며, 그 안에서 무궁한 생명과 가치가 창출된다"는 공통된 메시지를 담고 있다.

주자는 이 네 가지 비유가 "불이不貳하고 불식不息함으로써 성대해지고 만물을 낳을 수 있음을 발명發明하는 것"이라고 총괄한다. 즉 천지자연이 한결같고, 진실하며, 쉬지 않고 작용하기 때문에 이러한 위대한 창조력을 가질 수 있다는 것이다.

다만 주자는 "그러나 하늘, 땅, 산, 물은 실제로 쌓여서 커진 것이 아니니 독자들은 말에 얽매여 뜻을 해치지 말아야 한다"고 덧붙인다.

이는 비유를 문자 그대로 받아들이지 말고, 그 비유가 담고 있는 본질적인 의미, 즉 '작은 것에서 시작하여 지극함에 이르는 성誠의 무궁한 힘'에 집중하라는 학자적인 당부이다.

현대적 해석
시스템의 성장 법칙과 눈에 보이지 않는 잠재력

이 단락은 현대사회에서 '시스템의 성장법칙'과 '눈에 보이지 않는 잠재력'에 대한 심오한 통찰을 제공한다. 하늘, 땅, 산, 물이라는 자연의 요소들은 겉보기에는 각기 다른 특성을 지니지만, 그들이 지닌 '성실하고 두 마음을 품지 않는(不貳)' 본질 덕분에 무한한 성장과 생명력을 발휘할 수 있다는 메시지를 준다.

하늘 : '작은 아이디어의 무한한 확장'을 비유한다. 처음에는 보잘것없어 보이는 작은 생각이라도, 그 본질에 '진정성과 일관성'이 있다면 결국 해와 달과 별처럼 수많은 아이디어와 혁신을 품고, 모든 것을 포괄하는 거대한 시스템으로 성장할 수 있음을 시사한다.

땅 : '작은 실천의 견고한 기반 형성'을 비유한다. 한 줌의 흙(一撮土)처럼 미미한 노력이라도, 꾸준히 쌓이고 '진정성(誠)'을 갖추면 화산처럼 거대한 어려움도 짊어지고, 강과 바다처럼 방대한 지식도 담아내며, 모든 성과를 포용하는 견고한 기반이 될 수 있음을 의미한다.

산 : '작은 자원의 무한한 가치 창출'을 비유한다. '한 덩이의 돌(一卷石)'처럼 흔해 보이는 자원이라도, 그 가치를 제대로 인식하고 활용하면 초목과 금수를 길러내고, 보물까지 솟아나게 하는 무궁한 가치를 창출할 수 있음을 시사한다. 이는 '자원의 재해석'과 '가치 혁신'의 중요성을 강조한다.

물 : '작은 지식의 예측 불가능한 잠재력'을 비유한다. 한 국자의 물(一勺之多)처럼 미미한 정보나 지식이라도, 그 본질을 깊이 탐구하고 활용하면 헤아릴 수 없는 깊이와 넓이를 가지며, 다양한 생명과 재화를 번성시키는(黿鼉, 蛟龍, 魚鼈生焉, 貨財殖焉) 무궁한 잠재력을 발휘

할 수 있음을 의미한다. 이는 '데이터의 힘'과 '지식의 축적'이 가져오는 미래를 암시한다.

이 네 가지 비유는 모두 겉으로 드러나는 작고 미미한 것 속에 무한한 잠재력과 창조적 힘이 숨어 있으며, 이는 '두 마음을 품지 않는', 즉 '한결같고 진실한(不貳不息)' 태도에서 비롯된다는 공통된 메시지를 전달한다. 현대인이 표면적인 현상에만 집착하지 않고, 모든 것의 근원에 있는 진정성과 일관성의 가치를 추구할 때, 개인의 삶과 조직, 사회 전체에서 무궁한 성장과 가치 창조를 이룰 수 있음을 역설한다.

일상의 중용 실천
작은 습관이 만든 성공적인 스타트업

한 젊은 창업가는 처음에는 작은 아이디어와 소수의 팀원으로 스타트업을 시작했다. 그의 사업은 마치 '한 줌의 흙'처럼 미미한 존재'로 보였다. 그러나 그는 고객과의 약속은 '한 점의 거짓 없이(不貳)' 지키고, 제품 개선에서도 '쉬지 않고(不息)' 몰두했다. 이는 그가 가진 '지극한 성실함(至誠)'이었다.

그의 스타트업은 천지자연의 비유처럼 성장했다.

하늘 : 처음에는 아주 작은 아이디어였지만, 고객의 신뢰를 바탕으로 그들의 니즈를 충족시키며 무한히 확장되었다. 새로운 기능과

서비스가 계속해서 추가되며 '만물을 덮듯이' 고객의 일상에 스며들었다.

땅 : 한정된 자원과 작은 팀으로 시작했지만, 고객과의 견고한 신뢰를 기반으로 흔들림 없는 조직으로 성장했다. '화산처럼 무거운' 경쟁과 위기 속에서도 흔들리지 않고 버텨낼 수 있었다.

산 : 단순한 제품 판매를 넘어, 고객들의 삶에 긍정적인 영향을 미치고 사회적 가치를 창출하는 '보물寶藏'과 같은 존재가 되었다.

물 : 처음에는 작은 시장의 틈새를 공략했지만, 고객 데이터와 피드백을 깊이 분석하여 '헤아릴 수 없는' 성장 가능성을 발견했다. 다양한 고객층을 아우르며 '재화가 번성'했다.

이 창업가는 "실제로 쌓여서 커진 것이 아니니 말에 얽매이지 말라"는 주자의 당부처럼, 자신의 작은 시작을 겸손히 여기면서도 '성실하고 한결같은 태도(不貳不息)'를 놓지 않았다.

그의 스타트업은 이제 수많은 고객에게 사랑받는 성공적인 기업이 되었고, 이는 겉보기에 작은 시작 속에 숨겨진 '성誠'이라는 위대한 힘이 어떻게 무궁한 생명력과 가치를 창출하는지를 보여주는 현대적 예시가 되었다.

나를 바꾸는 질문
나의 '작은 시작, 큰 꿈' 비전

Q1 : 내가 시작하려는 혹은 이미 시작한 어떤 일이나 프로젝트에서, '한 줌의 흙이나 한 국자의 물'처럼 현재는 미미하게 느껴지지만 '무한한 잠재력'을 가지고 있다고 믿는 것은 무엇인가?

Q2 : 이 단락에서 비유된 '하늘, 땅, 산, 물'의 속성(광대함, 두터움, 밝음, 헤아릴 수 없음 등) 중 당신의 그 '작은 시작'이 미래에 어떤 속성을 가장 크게 발휘하기를 기대하나? 그 이유는 무엇인가?

Q3 : 당신의 '작은 시작'이 '두 마음을 품지 않고 쉬지 않는(不貳不息) 지극한 성실함(至誠)'을 통해 궁극적으로 '천지자연의 위대함'처럼 무궁한 생명력과 가치를 창출하기 위해 오늘부터 어떤 구체적인 노력을 해볼 수 있을까?

지극한 성실함의 영원성

詩曰:「惟天之命, 於穆不已!」 夫如是, 故無聲無臭.
시왈:「유천지명, 오목불이!」 부여시, 고무성무취.

"『시경』에 이르기를
'오직 하늘의 명命이여, 아! 깊고도 그치지 않는도다!'라고 하였다.
무릇 이와 같으므로 소리도 없고 냄새도 없는 것이다."

주자의 주석으로 읽는
중용

주자는 『시경』「주송周頌 유천지명維天之命」편의 구절 "維天之命, 於穆不已! 유천지명, 오목불이!"를 인용하며 해설을 시작한다.

이 구절은 "오직 하늘의 명령이여, 아아! 깊고도 그치지 않는도다!"라는 뜻이다. 주자는 여기서 '오(於)'는 감탄사이고, '목穆'은 '깊고 멀다(深遠)'는 의미라고 풀이한다. 주자는 이 구절이 '하늘이 하늘인 까닭(天之所以爲天也)'을 말한다고 설명한다. 즉 하늘은 그 명령(섭리, 운행)이 깊고 끝없이 지속되기 때문에 하늘이라는 본질을 유지한다는 것이다.

다음으로 공자는 "於乎不顯! 文王之德之純! 오호불현! 문왕지덕지순!"이라는 구절을 인용한다. 이는 "아아! 어찌 드러나지 않겠는가! 문왕文王의 덕德의 순수함이여!"라는 뜻이다. 주자는 '불현不顯'이 '어찌 드러나지 않겠는가(豈不顯也)'와 같다고 풀이한다.

주자는 이 구절이 '문왕이 문왕인 까닭(文王之所以爲文也)'을 말한다고 설명하며, 그 덕의 순수함(純) 또한 끝이 없다고 강조한다. 여기서 '순純'은 '순일하고 섞임이 없음(純一不雜)'을 의미한다.

주자는 이 두 시 구절을 인용한 이유가 바로 '지극한 성실함(至誠)이 쉬지 않는(無息)다는 뜻을 밝히기 위함(以明至誠無息之意)'이라고 명확히 한다. 즉 하늘의 운행이 끝없이 이어지듯이, 문왕의 덕이 순수하고 끊이지 않듯이, '지극한 성실함' 또한 영원히 지속된다는 것이다.

정자程子의 말을 인용하여 이 뜻을 더욱 분명히 한다.

天道不已, 文王純於天道, 亦不已. 천도불이, 문왕순어천도, 역불이.
"하늘의 도(天道)는 그치지 않으니, 문왕이 하늘의 도에 순수하여 역시 그치지 않았다."

정자는 "순수하면 둘이 없고 섞임이 없으며(純則無二無雜), 그치지 않으면 끊어짐이 없고, 선후先後가 없다(不已則無間斷先後)"고 설명한다. 이는 '순수함(純)'이 '진정성(誠)'의 핵심 속성인 '두 마음 없음(不貳)'과 '섞임 없음(不雜)'을 의미하며, '끝없음(不已)', '지속성(無間斷)'과 '영원성(無先後)'을 의미함을 강조한다.

현대적 해석
흔들림 없는 가치와 영향력의 지속성

이 단락은 현대사회에서 '흔들림 없는 가치'와 '영향력의 지속성'이라는 관점에서 중요한 의미를 가진다. "하늘의 명령은 깊고도 그치지 않는다(於穆不已)"는 것은, "보편적인 진리와 자연의 섭리가 변함없이 지속된다"는 메시지를 준다. 아무리 시대가 변하고 기술이 발전해도 인간 본연의 가치, 사랑, 정의와 같은 근본 원리들은 영원히 유효하다는 것이다. 이는 혼란스러운 세상 속에서 우리가 무엇을 믿고 따라야 할지 방향을 제시하는 '영원한 나침반'과 같다.

"문왕의 덕은 순수하여 그치지 않는다(文王之德之純, 純亦不已)"는 것은, '진정성 있는 리더십이 시대와 세대를 넘어 지속적인 영향력을 발휘한다'는 점을 강조한다. '순수함(純)'은 '두 마음을 품지 않고(無二), 사심이 섞이지 않은(無雜) 진정한 의지와 동기'를 의미한다. 이러한 순수한 동기를 바탕으로 한 리더의 행동은 '끊어짐 없이(無間斷), 시간의 선후에 관계없이(無先後)' 지속적인 선한 영향력을 만들어낸다. 문왕은 수천 년이 지난 오늘날까지도 '이상적인 리더'의 대명사로 기억되듯이, 진정한 리더십은 단기적인 성과를 넘어 '영원히 기억되고 계승되는 가치'를 창출한다.

결론적으로, 이 단락은 '지극한 성실함(至誠)'이 곧 '순수함(純)'을 의미하며, 이러한 순수함은 '끝없이 지속되는(不已)' 힘을 가진다는 것을 보여준다. 이는 개인이든 조직이든, 단기적인 이익이나 외적인 성공만을 추구하는 것을 넘어, 근본적인 '진정성과 가치'를 지니고 꾸준히 실천할 때 비로소 진정한 의미의 '지속 가능한 영향력'을 가질 수 있음을 역설한다. 이는 '변치 않는 본질'을 추구하는 것이야말로 진정한 '강함'과 '지속 가능성'의 원천이라는 메시지를 전달한다.

일상의 중용 실천
변치 않는 가치로 지속 성장하는 기업

한 글로벌 가구기업은 '모두를 위한 더 나은 일상'이라는 핵심 가치를 내세운다. 이 기업은 단순히 가구를 판매하는 것을 넘어, 사람들이 '더 나은 일상'을 살 수 있도록 돕는 데 '지극한 성실함(至誠)'을 보였다. 겉으로만 ESG 경영을 내세우는 것이 아니라 제품의 모든 생산 과정에서 친환경 재료를 사용하고, 공정 무역을 실천하며, 직원의 복지를 최우선으로 생각했다. 이는 마치 '하늘의 명령이 그치지 않는(維天之命, 於穆不已)' 것처럼 그들의 핵심 가치 실천이 꾸준히 지속되었다.

경쟁사들이 가격 경쟁에 몰두하거나 유행을 좇아 자주 사업 방향을 바꿀 때, 이 기업은 '문왕의 덕처럼 순수하여 그치지 않는(文王之德之純, 純亦不已)' 경영 철학을 고수했다. 그들의 '순수함(純)'은 '두 마음 없이(無二) 오직 고객의 삶의 질 향상'이라는 목표에 집중하고, '섞임 없이(無雜)' 불필요한 마케팅이나 편법을 사용하지 않는 것을 의미했다. 그리고 이러한 원칙은 수십 년간 '끊어짐 없이(無間斷)' 지켜졌다.

그 결과, 이 기업은 단기적인 매출에 연연하지 않고 장기적인 신뢰와 브랜드 가치를 구축했다. 고객들은 이 기업의 '진정성'을 높이 평가했고, 제품 구매를 넘어 그들의 '가치'를 지지하는 충성고객이 되었다. 전 세계적으로 '착한 기업'이라는 명성을 얻으며, 단순한 제품을 넘어 '더 나은 삶'이라는 철학을 전파했다.

이 기업의 사례는 '진정성 있는 가치'를 '끊임없이' 실천하는 것이 어떻게 기업을 '지속 가능하게' 만들고, '시간과 공간을 초월하는 영향력'을 발휘하게 하는지를 보여주는 현대적 예시다.

나를 바꾸는 질문
나의 '변치 않는 가치' 설정

Q1 : 나의 삶에서 '하늘의 명령이 그치지 않는 것처럼(於穆不已)' 변함없이 꾸준히 지키고 싶은 '핵심 가치'나 '원칙'이 있다면 무엇인가?

Q2 : '문왕의 덕처럼 순수하여 그치지 않는(純亦不已)' 태도를 나의 일상에서 실천한다면, 어떤 분야에서 당신의 '진정성(純)'을 보여주고 싶나? (예: 특정 관계, 직업윤리, 취미활동 등)

Q3 : 당신의 '변치 않는 가치'를 '끊임없이' 실천했을 때, 그 '지속적인 영향력'이 당신의 삶과 주변에 어떤 긍정적인 '흔적'을 남길 것이라고 예상하며, 그 '흔적'이 어떻게 미래 세대에까지 이어질 것이라고 기대하는가?

도는 은미하며 날마다 빛난다

大哉聖人之道! 洋洋乎! 發育萬物, 峻極于天.
대재성인지도! 양양호! 발육만물, 준극우천.

"위대하구나, 성인의 도道여! 넓고 충만하구나!
만물을 자라게 하고 하늘에 닿을 만큼 높구나."

주자의 주석으로 읽는
중용

공자는 "大哉聖人之道! 대재성인지도!, 위대하도다! 성인聖人의 도道여!"라고 감탄하여 말한다. 그리고 성인의 도가 지닌 광대함에 대해 "洋洋乎! 發育萬物, 峻極于天. 양양호! 발육만물, 준극우천", 넘실넘실 넓고 크게! 만물을 발육시키며, 높고 크게 하늘에 닿는다"고 말한다.

주자는 이 구절에서 '준峻'을 '높고 크다(高大)'는 의미라고 풀이하며, 이는 "도道가 지극히 큰 곳에 이르러 바깥이 없음"을 말한다고 설명한다. 즉 성인의 도는 마치 하늘처럼 만물을 낳고 기르는 무한한 생명력을 지니며, 그 광대함은 끝이 없다는 것이다.

다음으로 주자는 성인의 도가 지닌 미세함을 설명한다.

優優大哉! 禮儀三百, 威儀三千. 우우대재! 예의삼백, 위의삼천.
"넉넉하고 풍요롭고도 위대하도다! 예의禮儀가 삼백 가지요, 위의威儀가 삼천 가지로다."

주자는 '우우優優'를 "충분하고 남음이 있는 것(充足有餘之意)"이라고 풀이하였다. '예의禮儀'는 경례經禮, 즉 큰 틀의 예법이고, '위의威儀'는 곡례曲禮, 즉 세밀한 행동 규범을 의미한다. 주자는 이는 "도道가 지극히 작은 곳에 들어가 틈이 없음(道之入於至小而無閒也)"을 말한다고 설명한다. 즉 성인의 도는 광대한 원리뿐만 아니라 일상생활의 지극히 미세한 부분까지 빈틈없이 적용되는 구체적인 실천 규범까지 포괄한다는 것이다.

결론적으로 공자는 말한다.

待其人而後行. 대기인이후행.
"그 사람(人)이 있은 후에야 행해진다."

주자는 이 구절이 위에 언급된 '광대함'과 '미세함'이라는 두 가지 측면을 총괄하여 결론짓는 것이라고 설명한다. 아무리 위대한 도라 할지라도, 그것을 실천할 인재가 없으면 의미가 없다는 것이다.

공자께서 말씀하셨다.
故曰, 苟不至德, 至道不凝焉. 고왈, 구불지덕, 지도불응언.
"그러므로 진실로 지극한 덕(至德)이 없으면, 지극한 도(至道)는 응결되지 않는다.(凝焉)"

주자는 '지덕至德'을 '그 사람(其人)'을 의미하며, '지도至道'는 위에 언급된 두 가지(광대함과 미세함) 도를 가리킨다고 설명한다. '응凝'은 모이는 것(聚), 이루어지는 것(成)을 뜻한다. 이는 지극한 덕을 갖춘 사람(至德之君子)이 있어야만 지극한 도(至道)가 현실에서 구현되고 완성될 수 있음을 강조하는 것이다.

현대적 해석
비전과 디테일의 리더십, 그리고 인재의 가치

이 단락은 현대사회에서 '비전과 디테일'을 겸비한 리더십의 중요성, 그리고 그러한 리더십을 구현할 '인재의 절대적 가치'를 강조한다.

"위대하도다, 성인의 도여!"라는 찬사는, 진정한 리더십이 추상적인 이념을 넘어 구체적인 현실에서 발휘될 때 나타나는 경이로운 영향력을 보여준다.

"만물을 발육시키고 하늘에 닿는(發育萬物, 峻極于天)"것은 비전과 스케일을 갖춘 리더십을 의미한다. 이는 조직의 목표가 단기적인 이익을 넘어 사회 전체에 긍정적인 가치를 창출하고, 끊임없이 혁신을 추구하여 불가능해 보이는 꿈을 실현하려는 '원대한 비전'을 상징한다. 마치 스타트업이 처음에는 작은 아이디어로 시작하지만, 궁극적으로는 세상을 변화시키는 거대한 영향력을 꿈꾸는 것과 유사하다.

"禮儀三百, 威儀三千. 예의삼백, 위의 삼천."은 디테일과 실행력을 갖춘 리더십을 의미한다. 아무리 훌륭한 비전이라도 그것을 현실로 만들려면, 구체적인 행동지침과 세밀한 프로세스가 필요하다. 이는 '경영 전략'의 큰 틀(經禮)뿐만 아니라 일상적인 업무에서의 작은 규칙과 에티켓(曲禮)까지도 완벽하게 갖추어야 한다는 것이다. "디테일이 성공을 좌우한다"는 현대 경영 원칙과도 맞닿아 있다.

그러나 이 모든 것보다 중요한 것이 바로 "그 사람(人)이 있은 후에야 (도가) 행해진다(待其人而後行)"는 결론이다. 아무리 훌륭한 비전과 치밀한 전략, 완벽한 시스템이 있어도 그것을 실행하고 이끌어갈 '지극한 덕(至德)'을 갖춘 인재(리더)가 없다면, 그 모든 것은 '응결되지 않는(不凝) 허상'에 불과하다. 이는 "기업은 결국 사람이다."라는 인재중심 경영의 핵심을 꿰뚫는 통찰이다. 리더의 인품, 비전, 실행력, 그리고 팀원들의 역량이 조화를 이루어야만 비로소 조직의 '도道'가 현실에서 구현될 수 있다는 것이다.

"지극한 덕이 없으면 지극한 도는 응결되지 않는다"는 경고는, 겉으로 화려해 보이는 성공이나 시스템 뒤에 '리더의 부재'나 '도덕성 결여'가 있다면, 결국 그 성공은 지속 가능하지 않음을 시사한다. 진정한 성공은 '지극한 덕'을 갖춘 '사람'의 존재로부터 비롯됨을 강조하며, 이는 '인재 육성'과 '리더의 자기 수양'이 모든 시대에 걸쳐 가장 중요한 과제임을 일깨우고 있다.

일상의 중용 실천
창업자의 비전과 팀워크가 성공을 이끈 스타트업

한 IT 스타트업은 '모든 사람이 코딩을 할 수 있는 세상'이라는 원대한 비전(만물을 발육시키고 하늘에 닿는 비전)을 가지고 시작했다. 창업자 풍천소축風天小畜 씨는 이 비전을 실현하기 위해 교육 커리큘럼부터 온라인 플랫폼 개발까지 세밀한 계획(禮儀三百, 威儀三千)을 세웠다. 그의 아이디어와 계획은 겉으로 보기에 완벽했다.

그러나 이 스타트업은 초기 투자유치에 실패하고 팀원들이 이탈하면서 위기를 맞았다. 풍천소축 씨는 "위대한 도가 그 사람을 기다려야만 행해진다(待其人而後行)"는 『중용』의 가르침을 떠올리며, 자신이 진정으로 '지극한 덕至德'을 갖춘 사람인지 성찰했다. 그는 비전과 계획만으로는 부족하며, 그것을 현실로 만들 '사람들', 즉 '팀워크'가 핵심임을 깨달았다.

그는 자신의 리더십을 재정비했다. 기술적 능력뿐만 아니라 인간적인 매력과 진정성으로 팀원들을 다시 모으고, 그들의 잠재력을 이끌어내는 데 집중했다. 팀원들의 의견을 경청하고, 개인의 성장을 지원하며, 작은 성공도 함께 축하했다. 그의 진심 어린 태도는 팀원들에게 깊은 신뢰를 주었고, 이들은 '지극한 덕'을 갖춘 풍천소축 씨를 중심으로 굳게 뭉쳤다.

결과적으로, 이 스타트업은 다시금 활력을 되찾고 성공적으로 투자를 유치하여 플랫폼을 출시했다. 그들의 서비스는 수많은 사람들에게 코딩 교육의 기회를 제공하며 그의 원대한 비전을 현실로 만들었다. 이 사례는 아무리 훌륭한 '도道'라도, 그것을 실천하고 '응결시킬(凝) 지극한 덕을 갖춘 사람(至德)'이 없다면 결국 빛을 발할 수 없다는 『중용』의 가르침을 보여주는 좋은 예시다. 리더의 인격과 팀원들과의 진정한 유대가 성공의 핵심 동력이라는 것이다.

나를 바꾸는 질문
나의 '지도至道'를 위한 '지덕至德' 준비

Q1 : 내가 가지고 있는 '가장 원대한 꿈이나 비전(至大之道)'은 무엇인가? 그것이 얼마나 '만물을 발육시키고 하늘에 닿는(發育萬物, 峻極于天)' 것처럼 거대한가?

Q2 : 나의 그 원대한 꿈을 실현하기 위해 필요한 '구체적이고 세밀한 계획이나 준비(至小之道)' 중 현재 가장 부족하다고 느끼는 부분은 무엇인가? (예: 특정기술 습득, 자금확보, 팀원 구성 등)

Q3 : "지극한 덕(至德)이 없으면 지극한 도(至道)는 응결되지 않는다(苟不至德, 至道不凝焉)"는 가르침을 바탕으로, 당신의 원대한 꿈을 현실로 만들기 위해 가장 먼저 갖추어야 할 리더로서의 인격적 덕목(至德)은 무엇이라고 생각하며, 이를 위해 어떤 노력을 해볼 수 있을까?

중용의 완성

君子之道, 費而隱. 夫婦之愚, 可以與知焉.

군자지도, 비이은. 부부지우, 가이여지언.

及其至也, 雖聖人亦有所不知焉.

급기지야, 수성인역유소불지언.

"군자의 도는 널리 쓰여 드러나면서도(費) 깊이 숨어 있다(隱).
어리석은 부부라도 함께 알 수 있는 부분이 있다.
그러나 그 지극한 경지에 이르러서는
비록 성인이라도 알지 못하는 바가 있다."

주자의 주석으로 읽는
중용

주자는 "故君子尊德性而道問學. 고군자존덕성이도문학, 군자는 덕성을 높이고(尊), 묻고 배우는 길(問學)을 간다(道)"고 설명한다.

'존尊'은 공경하고 받들어 지니는 것(恭敬奉持之意), 덕성德性은 우리가 하늘로부터 부여받은 바른 이치(吾所受於天之正理), '도道'는 '~을 통하여 ~을 따르다.(由也)' 즉 군자는 타고난 본성(덕성)을 소중히 여기고, 이를 바탕으로 끊임없이 묻고 배우는 길을 따른다는 것이다.

주자는 이러한 수양의 구체적인 목표를 제시한다.

"致廣大而盡精微 치광대이진정미": 광대함에 이르고 정미함(미세함)을 다하며, "極高明而道中庸 극고명이도중용": 고명함에 이르러 중용中庸의 길을 간다.

주자는 이 두 구절이 '修德凝道 수덕응도의 큰 단서大端'라고 설명한다. 즉 덕을 닦아 도를 응결시키는 중요한 두 축이다.

尊德性존덕성: 마음을 보존하여 도의 본체(道體)의 거대함에 이르는 것(極乎道體之大也)을 의미한다. (덕성의 본체는 광대함.)

道問學도문학: 지식을 지극히 하여 도의 본체(道體)의 미세함까지 다하는 것(盡乎道體之細也)을 의미한다. (문학은 정미함을 다함.)

다음으로 군자의 수양 방법을 두 가지로 나눈다.

존덕성의 실천(存心之屬): "不以一毫私意自蔽, 不以一毫私欲自累, 涵泳乎其所已知. 敦篤乎其所已能. 불이일호사의자폐, 불이일호사욕자루, 함영호기소이지. 돈독호기소이능, 털끝만큼의 사사로운 생각으로 스스로를 가리지 않고, 털끝만큼의 사사로운 욕심으로 스스로를 얽매지 않으며, 이미 아는 바에 깊이 잠기고(涵泳), 이미 능한 바에 돈독하게 힘쓴다." 이는 내면의 순수함을 지키고 이미 습득한 덕을 굳건히 하는 것이다.

도문학의 실천(致知之屬): "析理則不使有毫釐之差, 處事則不使有過

不及之謬, 理義則日知其所未知, 節文則日謹其所未謹. 석리즉불사유호리지차, 처사즉불사유과불급지류, 이의즉일지기소미지, 절문즉일근기소미근, 이치를 분석할 때는 털끝만큼의 오차도 없게 하고, 일을 처리할 때는 지나치거나 미치지 못하는 오류가 없게 하며, 이치와 의리에 대해서는 날마다 알지 못했던 것을 알아가고, 예절과 법도(節文)에 대해서는 날마다 삼가지 못했던 것을 삼간다." 이는 지식과 실천의 정밀함을 추구하는 것이다.

주자는 이 둘의 관계를 "蓋非存心無以致知, 而存心者又不可以不致知. 故此五句, 大小相資, 首尾相應, 聖賢所示入德之方, 莫詳於此, 學者宜盡心焉. 개비존심무이치지, 이존심자우불가이불치지. 고차오구, 대소상자, 수미상응, 성현소시입덕지방, 막상어차, 학자의진심언, 마음을 보존하지 않으면 지식을 지극히 할 수 없고, 마음을 보존하는 자 또한 지식을 지극히 하지 않을 수 없다. 그러므로 이 다섯 구절(존덕성, 도문학, 치광대, 진정미, 극고명, 도중용, 온고이지신, 돈후이숭례)은 크고 작음이 서로를 돕고, 처음과 끝이 서로 응하며, 성현이 덕으로 들어가는 방법으로 이보다 상세한 것은 없으니, 배우는 자는 마땅히 마음을 다해야 한다"고 총괄한다. 이는 '내면 수양(存心)'과 '지식 탐구(致知)'가 상호 보완적임을 강조한다.

마지막으로 공자는 군자의 덕성을 갖춘 모습에 대해 말한다.

是故居上不驕, 爲下不倍, 國有道其言足以興, 國無道其默足以容. 詩曰, 旣明且哲, 以保其身, 其此之謂與! 시고거상불교, 위하불패, 국유도기언

족이흥, 국무도기묵족이용. 시왈, 기명차철, 이보기신, 기차지위여!

"그러므로 윗자리에 있으면서도 교만하지 않고(居上不驕), 아랫사람으로서도 배반하지 않으며(爲下不倍), 나라에 도가 있을 때는 그 말이 충분히 (나라를) 흥하게 할 수 있고(足以興), 나라에 도가 없을 때는 그 침묵(黙)이 충분히 (자신을) 용납하게 할 수 있다."

주자는 "『시경』「대아大雅 증민烝民」편의 '이미 밝고 또 현명하여, 그 몸을 보전한다(旣明且哲, 以保其身)'는 것이 바로 이것을 말하는 것이 아니겠는가?"하고 말한다.

주자는 '배倍'가 '배반하다(背)'와 같다고 풀이하며, '흥興'은 '자리에서 일어남(興起在位)'을 의미한다고 한다. 이는 '내면의 덕성을 완성한 군자는 어떠한 상황에서도 자신의 도리를 다하며, 지혜롭게 처신하여 자신을 보전할 수 있다'는 점을 강조한다.

현대적 해석
자기 리더십의 완성에서 상황에 맞는 지혜로

이 단락은 현대인에게 '자기 리더십'의 완성이 어떻게 '상황에 맞는 지혜'로 발현되는지를 상세하게 보여준다. '덕성德性을 높이고 묻고 배우는 길(問學)을 가는 것'은 '내면의 성숙과 지식의 확장'이라는 두 축을 통해 진정한 리더가 되는 길임을 제시한다.

"광대함에 이르고 정미함을 다하며, 고명함에 이르러 중용을 행하는 것"은 현대 리더에게 요구되는 전략적 사고와 실행의 디테일의 조화를 의미한다. 비전이 원대하더라도 구체적인 실행계획이 없다면 탁상공론에 불과하고, 아무리 세부적인 계획이라도 큰 그림을 보지 못하면 길을 잃기 쉽다. 군자는 이 두 가지를 동시에 추구하며, 나아가 고차원적인 통찰력(高明)으로 평범한 상황에서 가장 적절한 균형점(中庸)을 찾아낸다.

"털끝만큼의 사사로운 생각이나 욕심으로 스스로를 가리지 않고 얽매이지 않는 것"은 '자기 인식과 청렴성'을 강조한다. 리더가 자신의 편견이나 욕망에 사로잡히지 않고 객관적인 시각을 유지할 때 비로소 올바른 판단을 내릴 수 있다.

"이미 아는 바에 깊이 잠기고 능한 바에 돈독하게 힘쓴다는 것"은 '기존 강점의 심화와 전문성의 내재화'를 의미하며, 이는 리더의 핵심 역량을 더욱 공고히 하는 방법이다.

"이치를 분석하고 일을 처리하며, 날마다 새로운 지식을 얻고 예절을 삼가는 것"은 '문제 해결 능력과 지속적인 학습 태도'를 강조한다. 복잡한 문제를 정확히 진단하고 해결하며, 늘 배우고 개선하려는 자세를 가질 때 리더는 시대를 앞서갈 수 있다. 이 모든 과정이 '내면의 덕을 보존(存心)하는 것과 지식을 지극히 하는(致知)' 것이 상호보완적이라는 점은, '하드 스킬과 소프트 스킬'이 균형을 이루어야 진정한 역량이 발휘됨을 시사한다.

결론적으로, "윗자리에 있으면서 교만하지 않고, 아랫사람으로서도 배반하지 않으며, 나라에 도가 있을 때는 말로써 기여하고, 도가 없을 때는 침묵으로써 자신을 보전하는 군자의 모습"은 '상황에 맞는 지혜로운 처세술과 변치 않는 도덕적 원칙'을 가진 리더십의 표본을 제시한다. 이는 현대사회에서 리더가 어떤 위치에 있든, 자신의 역할을 충실히 수행하며 지혜롭게 자신을 보전하고 영향력을 발휘하는 방법을 보여준다.

"이미 밝고 또 현명하여 그 몸을 보전한다"는 시 구절처럼, 덕과 지혜를 겸비할 때 개인은 어떤 상황에서도 흔들리지 않는 내면의 평화와 지속 가능한 성장을 이룰 수 있다.

일상의 중용 실천
위기 속 윤리적 리더의 빛나는 처신

한 기업이 예상치 못한 경제 위기로 대규모 구조조정을 단행해야 하는 상황에 처했다. 이때 CEO 지뢰복地雷復 씨는 '덕성德性을 높이고 문학問學을 닦는' 리더십을 보여주었다.

致廣大而盡精微, 極高明而道中庸 치광대이진정미, 극고명이도중용 : 그는 위기 상황에서 감정적으로 대응하지 않고, 냉철하게 시장을 분석하고(정미함), 장기적인 기업 생존이라는 큰 그림(광대함)을 그렸다. 가장 고차원적인 시각(고명함)에서 모든 이해 관계자의 고통을 최소화하는 '중용적 해법'을 모색했다.

溫故而知新, 敦厚而崇禮 온고이지신, 돈후이숭례 : 과거 경제위기 극복 사례들을 분석하고(온고이지신), 직원들과의 약속을 지키기 위해 최선을 다하는 진정성(돈후)으로 예법(예: 정당한 절차, 투명한 소통)을 숭상했다.

그는 구조조정 과정에서 '털끝만큼의 사사로운 욕심도 없이(不以一毫私欲自累)' 자신의 보수를 삭감하고, 모든 절차를 투명하게 공개했다. 이는 그의 '존덕성(存心)'을 보여주었다. 또한, 해고 대상자 한 명 한 명에게 직접 만나 상황을 설명하고, 재취업 지원 프로그램을 마련하는 등 '이치를 분석하고 일을 처리하며(致知), 지나치거나 미치지 않는 오류가 없게(無過不及之謬)' 하려 노력했다.

이러한 지뢰복 씨의 리더십은 직원들 사이에서 큰 신뢰를 얻었다. 그가 "윗자리에 있으면서도 교만하지 않고(居上不驕), 어려운 상황에서도 침묵으로써 자신을 보전하며(國無道其黙足以容)" 옳은 길을 묵묵히 걸었기 때문이다. 덕분에 기업은 위기상황에서도 최소한의 인력 유출과 윤리적 평판을 유지하며 재기에 성공할 수 있었다. 지뢰복 씨의 사례는 '덕성과 지혜를 겸비하여 상황에 맞는 지혜로운 처신'이 어떻게 위기를 극복하고 리더의 진정성을 빛나게 하는지 보여주는 현대적 예시다.

나를 바꾸는 질문
나의 중용적 리더십 설계

Q1 : 현재 배우고 있거나 앞으로 배우고 싶은 분야에서 '광대함에

이르고 정미함을 다하며, 고명함에 이르러 중용을 행하는' 궁극적인 목표는 무엇인가?

Q2 : '털끝만큼의 사사로운 생각이나 욕심으로 스스로를 가리지 않고 얽매지 않는' 군자의 태도처럼, 당신의 '내면의 순수함'을 지키기 위해 어떤 노력을 해볼 수 있을까?

Q3 : '윗자리에 있으면서 교만하지 않고, 아랫사람으로서도 배반하지 않는' 태도를 당신의 삶에서 어떻게 적용할 수 있을까? 특히, '나라에 도가 있을 때 말로써 흥하게 하고, 도가 없을 때 침묵함으로써 자신을 보전하는' 지혜로운 처신을 위한 당신만의 원칙은 무엇인가?

어리석음과 비천함의 폐해

愚而好自用, 賤而好自專, 生乎今之世, 反古之道.
如此者, 烖及其身者也.
우이호자용, 천이호자전, 생호금지세, 반고지도. 여차자, 재급기신자야.

"어리석으면서 자기 마음대로 하기를 좋아하고,
신분이 낮으면서도 제멋대로 행하기를 좋아하며,
지금 시대에 살면서 옛날의 도를 거스르는 것.
이와 같은 사람은 재앙이 그 몸에 미치게 될 것이다."

주자의 주석으로 읽는
중용

공자는 "어리석으면서도 제멋대로 쓰기를 좋아하고(好自用), 비천하면서도 독단적으로 행하기를 좋아하며(好自專), 지금 세상에 살면서 옛 도를 거스르는(反古之道) 자들"을 비판하면서 이처럼 행동하는 자들은 "재앙이 그 몸에 미치는(凶及其身者也)" 것이라고 경고한다.

주자는 여기서 '흉凶'이 '재앙 재災' 자와 같다고 설명한다. '반反'은 '되풀이하다, 거스르다'의 의미라고 풀이한다. 이는 자신의 능력과 위치를 알지 못하고 분수를 넘는 행동을 하면 결국 스스로에게 해가 돌아온다는 의미다.

주자는 이 위까지는 공자孔子의 말을 자사子思가 인용한 것이고, 다음부터는 자사子思 자신의 말이라고 구분한다.

자사는 "非天子, 不議禮, 不制度, 不考文. 비천자, 불의례, 불제도, 불고문, 천자天子가 아니면 예禮를 의논하지 않고, 제도制度를 만들지 않으며, 문자(文)를 상고(考)하지 않는다"고 말한다.

'예禮'는 친소親疎와 귀천貴賤이 서로 접하는 방식(相接之體), '도度'는 품격과 제도를 만드는 것(品制), '문文'은 문서의 명칭(書名)이 세 가지(예, 제도, 문자 통일)는 천자가 아니면 함부로 관여해서는 안 될 지극히 중요한 권한임을 강조한다.

이어서 자사는 말한다.

今天下車同軌, 書同文, 行同倫. 금천하거동궤, 서동문, 행동륜.

"지금 세상에 수레의 궤적(軌)이 같고, 글(書)이 같으며, 사람의 행실(行)에 질서(倫)가 같다."

주자는 여기서 '금今'이 자사가 말하는 '당시當時'를 의미한다고 설명한다. '궤軌'는 '수레바퀴 자국의 폭'을, '륜倫'은 '차례와 질서'를 뜻한다. 자사는 이 세 가지가 모두 같다는 것은 "천하가 통일되었다"는 것을 의미한다고 보았다. 이는 진시황의 통일정책을 염두에 둔 것일 수 있으며, 통일된 사회에서 질서와 규범이 얼마나 중요한지를 강조하는 맥락이다.

하지만 중요한 것은 권한의 정당성이다.

雖有其位, 苟無其德, 不敢作禮樂焉; 雖有其德, 苟無其位, 亦不敢作禮樂焉. 수유기위, 구무기덕, 불감작예악언; 수유기덕, 구무기위, 역불감작예악언.

"비록 그 지위(位)가 있더라도 진실로 그 덕德이 없으면 감히 예악禮樂을 만들지 못하며; 비록 그 덕이 있더라도 진실로 그 지위가 없으면 또한 감히 예악을 만들지 못한다."

주자는 이 구절에 정자程子의 말을 인용하여 "예악을 만드는 자는 반드시 성인聖人이 천자天子의 지위에 있어야 한다"고 덧붙인다. 이는 예악과 같은 중요한 규범을 제정하는 것은 '지위(權力)와 덕(道德)'이 완벽하게 결합된 성인聖人 군주만이 할 수 있는 일임을 역설하고 있다.

현대적 해석
역량 없는 독단과 권한과 책임의 일치

이 단락은 현대사회에서 '역량 없는 독단'이 가져오는 폐해와 '권한과 책임의 일치'라는 리더십 원칙의 중요성을 강조한다.

'어리석으면서 제멋대로이고, 비천하면서 독단적인 자'에 대한 공자의 비판은 오늘날 '전문성 없는 리더의 독단적 의사결정'이나, '자신의 역량을 넘어선 권한 남용'에 대한 경고로 해석될 수 있다. 소셜 미디어를 통해 누구나 발언권을 가질 수 있는 시대에, 충분한 지식이나 배경 없이 자신의 의견을 맹목적으로 주장하거나(好自用), 낮은 위치에 있으면서도 전문가의 영역을 침범하여 함부로 결정하려는(好自專) 태도는 결국 '재앙이 그 몸에 미치는(凶及其身)' 결과를 초래할 수 있다.

이는 '지나친 자신감과 분수에 넘치는 행동'이 개인과 조직에 얼마나 큰 해악을 끼칠 수 있는지를 보여준다. "지금 세상에 살면서 옛 도를 거스른다"는 것은, 시대의 변화를 이해하지 못하고 과거의 비효율적인 방식을 고집하거나 보편적인 윤리적 원칙을 무시하는 태도를 의미한다.

"천자가 아니면 예禮를 의논하지 않고, 제도制度를 만들지 않으며, 문자(文)를 상고하지 않는다"는 자사의 가르침은 '권한과 책임의 명확한 구분과 전문성 존중'의 중요성을 강조한다. 중요한 의사결정이나 시스템 개편은 반드시 그에 합당한 권한과 전문성, 그리고 책임감을 가진 주체만이 할 수 있음을 의미한다. 기업에서 중대한 경영방침을 정하거나 국가의 법률을 제정하는 일은 아무나 할 수 없듯이, 각자의 역할과 권한을 명확히 인지하고 존중해야 조직의 질서와 효율성이 유지된다.

무엇보다 "비록 그 지위가 있더라도 진실로 그 덕이 없으면 감히 예악을 만들지 못하며, 비록 그 덕이 있더라도 진실로 그 지위가 없으면 또한 감히 예악을 만들지 못한다"는 구절은 '권한(位)과 덕德의 완벽한 조화'가 진정한 리더십의 필수 조건임을 강조한다. 최고 의사결정권자(天子)는 단순히 권력을 쥐고 있다고 해서 리더가 되는 것이 아니라 지극한 도덕성과 지혜(德)를 겸비해야만 사회의 근본적인 규범과 가치를 올바르게 수립할 수 있다는 것이다.

반대로 아무리 뛰어난 능력과 인품을 가졌어도 합당한 권한이 없으면 자신의 뜻을 실현하기 어렵다. 이는 "실력과 인품을 겸비한 사람이 적절한 위치에서 영향력을 발휘해야 한다"는 인재 등용의 원칙과도 연결된다.

일상의 중용 실천
무리한 리더의 실패와 덕치의 중요성

한 중소기업의 이사는 뛰어난 영업 실적 덕분에 빠르게 승진했다. 하지만 그는 자신의 능력을 과신하여 다른 부서의 전문적인 영역에까지 함부로 개입하고, 심지어는 회사의 장기적인 비전을 독단적으로 수정하려 했다. 그는 '어리석으면서도 제멋대로인(愚而好自用)', '비천하면서도 독단적인(賤而好自專)' 태도를 보였다.

그가 내린 비전문적이고 독단적인 결정들로 인해 회사의 업무 효율은 떨어지고 직원들의 불만은 커졌다. 결국 그는 자신의 '재앙이 그 몸에 미치는(凶及其身)' 것처럼 회사에서 입지가 좁아지고 불명예스럽게 퇴사했다.

반면, 이 기업의 창업주인 건손乾巽 회장은 "예악을 만드는 자는 반드시 성인이 천자의 지위에 있어야 한다"는 가르침을 신조로 삼았다. 그는 자신이 이제 현역에서 물러나 '지위'가 없음을 인정하고, '예악을 만들 권한'이 없다고 생각했다.

그러나 그는 여전히 '지극한 덕德'을 갖추고 있었기에, 새로운 경영진에게 조언을 할 때도 강요하거나 독단적으로 나서지 않고, '덕德이 있더라도 지위가 없으면 감히 예악을 만들지 않는(雖有其德, 苟無其位, 亦不敢作禮樂焉)' 자세를 보였다.

대신 그는 비공식적인 자리에서 신임 경영진에게 '회사 전체의 화합과 장기적인 성장'이라는 큰 틀의 원칙을 제시하고, 그들이 스스로 현명한 결정을 내리도록 도왔다.

건손乾巽 회장의 이러한 '덕과 지위의 조화'에 대한 이해는 회사에 안정적인 승계와 지속적인 성장을 가져왔다. 이는 개인의 역량과 위치를 정확히 인지하고, 과도한 욕심을 버린 채 합당한 권한과 덕성을 결합하여 리더십을 발휘할 때 진정한 가치와 성공이 찾아옴을 보여주는 현대적 예시다.

나를 바꾸는 질문
나의 '권한과 덕성' 조화시키기

Q1 : 내가 속한 조직이나 관계에서 '어리석으면서 독단적이거나(愚而好自用), 비천하면서 제멋대로인(賤而好自專)' 사람의 행동으로 인해 어려움을 겪었던 경험이 있다면 무엇인가?

Q2 : "천자가 아니면 예악을 만들지 않는다"는 가르침처럼, 당신이 현재 '권한이 없음에도 불구하고 지나치게 개입하거나 주장했던' 경험이 있는가? 그때 어떤 결과가 있었나?

Q3. "지위가 있더라도 덕이 없으면 안 되고, 덕이 있더라도 지위가 없으면 안 된다"는 가르침을 바탕으로, 당신이 앞으로 리더십을 발휘하고자 할 때 '권한(位)'과 '덕성(德)'을 어떻게 조화시켜 나가고 싶은가?

시대 정신과 실용적 지혜

吾說夏禮, 杞不足徵也; 吾學殷禮, 有宋存焉; 吾學周禮, 今用之, 吾從周

오설하례, 기부족징야; 오학은례, 유송존언; 오학주례, 금용지, 오종주

"내가 하夏나라의 예禮를 말할 수 있지만,

기杞나라(하나라의 후예)가 (그 예법을 증명하기에) 부족하다.

내가 은殷나라의 예禮를 배웠는데, 송宋나라(은나라의 후예)가 존재한다.

내가 주周나라의 예禮를 배웠는데, 지금 세상에서 사용되고 있으니,

나는 주나라를 따르겠다."

주자의 주석으로 읽는
중용

주자는 이 단락이 다시 공자孔子의 말씀을 인용한 것이라고 밝힌다. 주자는 '기杞'가 하夏나라를 이은 나라이고, '징徵'은 '증명하다(證)'와 같으며, '송宋'이 은殷나라의 후예 나라임을 설명한다. 공자는 이처럼 삼대(三代: 하, 은, 주)의 예禮를 모두 배웠고 그 뜻을 말할 수 있었지만, 각각의 예법이 지닌 한계 때문에 최종적으로 주나라의 예를 따랐음을 강조한다.

하나라의 예는 이미 고증考證할 수 없을 정도로 자료가 부족하여 현실에 적용하기 어려웠고(夏禮旣不可考證), 은나라의 예는 비록 은나라의 후예인 송나라에 존재했지만, 이미 당대의 법(當世之法)이 아니었으며(又非當世之法), 오직 주나라의 예만이 당시의 임금(時王)이 제정한 것(時王之制)이었고, 오늘날에도 사용되는 것(今日所用)이었으므로, 공자는 자신이 아직 높은 지위(位)를 얻지 못했으니(旣不得位), 그저 주나라의 예법을 따를 수밖에 없었다(則從周而已)고 설명한다.

주자는 이 단락이 제28장임을 밝히며, "이 장은 앞 장에서 아랫사람으로서 배반하지 않는(爲下不倍) 태도를 언급한 것을 이어받아 말하는 것이며, 역시 사람의 도리(人道)이다."라고 총괄한다. 이는 '아랫사람'인 공자가 당시의 통치 체제인 주나라의 예법을 따르는 것이, 자신의 신분에 맞는 올바른 행동임을 보여주는 예시로 해석된다.

현대적 해석
시대 적응성과 현실적 수용성

이 단락은 현대사회에서 '시대 적응성'과 '현실적 수용성(pragmatism)'의 중요성을 강조한다. 공자가 세 시대의 예법을 모두 배웠음에도 불구하고, 결국 '지금 사용되고 있는(今用之)' 주나라의 예법을 따랐다는 것은, 아무리 좋은 이상이나 과거의 전통이라도 현실의 맥락과 동떨어져 있다면 온전히 실현되기 어렵다는 실용적인 통찰을 준다. 이는 급변하는 현대사회에서 기업의 전략, 개인의 학습 방식, 조직의 문화 등이 과거의 성공 방식에만 얽매이지 않고 '현재'와 '미래'에 적합하게 진화해야 함을 시사한다.

"하나라의 예는 고증하기 어렵고, 은나라의 예는 당세의 법이 아니다."라는 공자의 판단은 '실효성 없는 전통과 시대에 뒤떨어진 관행'에 대한 비판으로 해석될 수 있다. 아무리 유서 깊은 전통이라도 그 본질적인 의미가 제대로 전해지지 않거나, 현재 사회의 요구와 동떨어져 있다면 그 가치를 온전히 발휘하기 어렵다는 것이다. 따라서 우리는 과거의 것을 무조건 답습하기보다 그 정신을 살리되 현재 상황에 맞게 '재해석하고 적용'하는 지혜 가 필요하다.

공자가 "자신이 지위(位)를 얻지 못했으니 주나라를 따를 뿐이다."라고 말한 것은 '자신의 역할과 권한을 인지하는 겸손함과 현실적 한계에 대한 수용'을 보여준다. 아무리 뛰어난 지혜와 이상을 가졌더라도, 주어진 상황과 역할의 제약을 벗어나 무리하게 이상을 추구하는 것은 혼란만 가중시킬 수 있다는 것이다. 이는 리더가 자신의 권한 밖의 일에 함부로 개입하지 않고, 현재 자신의 위치에서 할 수 있는 최선을 다하는 '분수分守에 맞는 행동'의 중요성을 강조한다. 동시에 '아랫사람으로서 윗사람을 배반하지 않는' 도리, 즉 '조직 내 질서와 규율을 존중하는 태도'가 사회적 안정에 기여함을 시사한다.

결론적으로, 이 단락은 '변화하는 시대 속에서 본질적인 가치를 잃지 않으면서도, 현실에 맞게 유연하게 적용하는 지혜와 자신의 위치와 역할에 충실하며 질서를 존중하는 태도'가 군자의 중요한 덕목임을 가르쳐준다.

일상의 중용 실천
'업계 표준'을 따르며 성장하는 개발자

신입 소프트웨어 개발자 곤진坤震 씨는 특정 프로그래밍 언어의 구식 문법을 고수하는 경향이 있었다. 그는 그것이 더 '정통적'이라고 생각했지만, 팀원들은 대부분 최신 버전의 문법과 프레임워크를 사용했다. 그의 코드는 종종 팀원들과 호환되지 않았고, 효율도 떨어졌다. 이는 마치 '당시의 임금이 제정한 법이 아닌 것(非當世之法)'을 고수하는 모습과 같았다.

그러던 중 그는 『중용』의 "오종주吾從周, 나는 주나라를 따르겠다"는 공자의 말씀을 접했다. 그는 자신이 아무리 '정통적'이라고 생각해도, '지금 사용되고 있는(今用之)' 최신 문법과 프레임워크가 팀 전체의 효율과 협업에 더 적합하다는 것을 깨달았다. 그는 자신이 아직 '높은 지위(位)를 얻지 못한' 신입 개발자로서, 팀의 '규율(周禮)'을 따르는 것이 마땅하다고 생각했다.

곤진 씨는 과거의 지식에 대한 집착을 버리고, 팀의 '업계 표준'을 배우고 익히는 데 집중했다. 그는 비록 자신이 개인적인 선호가 있었지만, 팀의 목표와 협업 효율을 위해 자신의 방식을 '아랫사람으로서 배반하지 않는(爲下不倍)' 겸손한 자세로 변화시켰다. 이러한 노력 덕분에 그는 빠르게 팀에 적응했고, 그의 코드는 팀의 다른 코드들과 완벽하게 통합될 수 있었다. 그는 팀의 성과에 크게 기여하며 동료들로부터 신뢰를 얻었고, 주니어 개발자로서 빠르게 성장할 수 있었다.

곤진 씨의 경험은 '현실을 수용하고 시대에 맞는 변화를 선택하는 지혜와 자신의 위치에 충실하며 조직의 질서를 존중하는 태도'가 어떻게 개인의 성장을 이끄는지를 보여주는 좋은 예시다.

나를 바꾸는 질문
나의 '변화 수용' 원칙

Q1 : 나의 삶이나 속한 공동체에서 '옛것을 고수하려다가 시대에 뒤떨어지거나 비효율적이라고 느꼈던 경험'이 있다면 무엇인가?

Q2 : 공자가 '지금 사용되고 있는 주나라를 따랐듯이', 나의 분야(학업, 직업, 취미 등)에서 '현재 가장 필요한 변화나 트렌드'는 무엇이라고 생각하나? 그 변화를 수용하기 위해 어떤 노력을 하고 있는가?

Q3 : 내가 어떤 조직에서 '아랫사람의 위치'에 있다면, '윗사람의 권위나 조직의 규칙에 따르는(爲下不倍)' 것이 왜 중요하다고 생각하는가? 그리고 그 안에서 나의 '주체성'을 어떻게 현명하게 발휘할 수 있을까?

이상적인 통치 원리

王天下有三重焉, 其寡過矣乎!
왕천하유삼중언, 기과과의호!

"천하를 다스리는 데 세 가지 중요한 일(三重)이 있으니,
그 과오를 줄일 수 있을 것이다!"

주자의 주석을 읽는
중용

주자는 여씨呂氏의 말을 인용하여 '삼중三重'을 "예禮를 의논하고 (議禮), 제도(制度)를 만들며(制度), 문자(文)를 상고하는(考文) 것"이라고 설명한다. 오직 천자天子만이 이를 행할 수 있으니, 그렇게 되면 나라가 다른 정치(不異政)를 하지 않고, 집안이 다른 풍속(不殊俗)을 따르지 않아 사람들이 과오를 줄일 수 있다고 덧붙인다. 이는 통치자가 사회의 근본 규범을 확립하는 것이 얼마나 중요한지를 보여준다.

주자는 과거와 현재의 예법 실천의 한계를 지적한다.

上焉者雖善無徵, 無徵不信, 不信民弗從. 상언자수선무징, 무징불신, 불신

민불종.

"이전 시대의 예법(上焉者)은 비록 선하지만 증명할 만한 자료가 없어(無徵) 믿을 수 없고, 믿을 수 없으니 백성들이 따르지 않는다."

(주자는 이를 '요순시대 이전의 하, 은나라 예법은 비록 좋았지만 고증이 어렵다'고 풀이한다.)

下焉者雖善不尊, 不尊不信, 不信民弗從. 하언자수선불존, 불존불신, 불신민불종.

"낮은 지위의 성인(下焉者)은 비록 선하지만 존귀한 지위에 있지 않아(不尊) 믿을 수 없고, 믿을 수 없으니 백성들이 따르지 않는다."

(주자는 이를 '공자가 비록 예에 통달했지만 존귀한 지위에 있지 않았다'고 풀이한다.)

이는 아무리 훌륭한 예법이나 인물이 있어도, 그것을 뒷받침할 '정당한 권위와 증명 가능한 근거'가 없으면 사회적으로 통용되기 어렵다는 현실적인 문제를 보여준다.

따라서 주자는 군자(여기서는 천하를 다스리는 통치자)의 도道, 즉 예禮를 의논하고 제도를 만들며 문자를 상고하는 일이 다음 여섯 가지 기준에 의해 검증되어야 한다고 강조한다.

本諸身 본저신 : 자신의 몸에 근본을 둔다. (덕을 갖추고 있어야 한다)

徵諸庶民 징저서민 : 백성들에게서 증험된다. (백성들이 믿고 따르는지 확인)

考諸三王而不繆 고저삼왕이불무 : 삼대(三王: 요, 순, 우)의 왕도에 비추어 어긋나지 않는다.

建諸天地而不悖 건저천지이불패 : 천지天地에 세워져도 어긋나지 않는다. (하늘의 도리와 어긋남이 없어야 한다)

質諸鬼神而無疑 질저귀신이무의 : 귀신鬼神에게 물어도 의심이 없다. (보이지 않는 영적 존재에게도 거리낌이 없을 정도로 정당함.)

百世以俟聖人而不惑 백세이사성인이불혹 : 백세 후의 성인聖人을 기다려도 미혹되지 않는다. (미래의 성인이 보더라도 틀림없다고 인정할 만함.)

주자는 '본저신'은 '그 덕을 갖추는 것(有其德也)'을, '징저서민'은 '백성이 믿고 따르는 것을 증명하는 것(驗其所信從也)'을 의미한다고 설명한다. '천지'는 도道를, '귀신'은 조화造化의 자취를 의미한다고 한다. 특히, "백 세 후의 성인을 기다려도 미혹되지 않는다"는 것은 "성인이 다시 나타나도 내 말을 바꾸지 않을 것이다."라고 하는 것과 같다고 강조하며, 이는 시대를 초월한 보편적 진리임을 의미한다.

주자는 "귀신에게 물어도 의심이 없다"는 것은 '하늘을 아는 것(知天)'이고, "백 세 후의 성인을 기다려도 미혹되지 않는다"는 것은 '사람을 아는 것(知人)'이라고 설명한다. 이러한 '지천지인知天知人'은 곧 '그 이치(理)를 아는 것'이다.

이러한 경지에 이른 군자는 다음과 같은 영향력을 가진다.

是故君子動而世爲天下道, 行而世爲天下法, 言而世爲天下則. 시고군자동이세위천하도, 행이세위천하법, 언이세위천하칙.

"그러므로 군자는 움직이면 대대로 천하의 도道가 되고, 행하면 대대로 천하의 법도(法)가 되며, 말하면 대대로 천하의 준칙(則)이 된다."

주자는 여기서 '동動'은 "말과 행동을 겸한다"는 뜻이고, '도道'는 "법칙과 준칙을 겸한다"는 뜻이라고 풀이하며, '법法'은 법도, '칙則'은 준칙이라고 설명한다. 이는 군자의 언행 하나하나가 시대와 세대를 초월하여 보편적인 모범이 됨을 강조한다.

나아가 "遠之則有望, 近之則不厭. 원지즉유망, 근지즉불염, 멀리서 보면 우러러보게 되고, 가까이서 보면 싫어하지 않는다"고 한다. 즉 군자의 덕은 거리와 관계없이 존경과 사랑을 받게 된다는 것이다.

마지막으로 『시경』 「주송周頌 진로振鷺」 편의 "在彼無惡, 在此無射; 庶幾夙夜, 以永終譽! 재피무오, 재차무역; 서기숙야, 이영종예!"를 인용한다. 이는 "저곳에 있을 때도 미움이 없고, 이곳에 있을 때도 싫어하지 않으며; 부디 아침저녁으로 노력하여, 영원히 명예를 마치기를!"이라는 뜻이다.

주자는 여기서 '사射'가 '싫어하다(厭)'는 뜻이라고 풀이한다. 주자는 군자가 이와 같이 하지 않으면 일찍이 천하에 명예를 얻을 수 없다고 말하며, '여기서 말하는 이것(此)'은 '본저신本諸身' 이하 여섯 가지 사항을 가리킨다고 덧붙인다.

현대적 해석
시대 초월 리더십의 검증과 영향력

이 단락은 현대사회에서 '시대 초월 리더십이 어떻게 검증되고 확산되는가'에 대한 심오한 통찰을 제공한다. '천하를 다스리는 세 가지 중요한 일(三重: 議禮, 制度, 考文)'은 오늘날 '국가 또는 대기업의 근본적인 정책 결정과 시스템 확립'에 비유될 수 있다. 이러한 중대한 결정은 반드시 '과오를 줄이는' 방향으로 나아가야 하며, 그 바탕에는 '권위와 덕성'을 겸비한 리더십이 필요하다.

과거의 훌륭한 예법이 '증명할 만한 자료가 없어(無徵) 따르기 어렵고', 낮은 지위의 성인이 아무리 훌륭해도 '존경받지 못해(不尊) 따르지 않는다'는 지적은, '리더십의 정당성과 신뢰성'이 얼마나 중요한지를 보여준다. 아무리 좋은 아이디어나 비전이라도 '합법적인 권한과 사회적 신뢰'를 얻지 못하면 실현되기 어렵다는 현실적인 교훈을 준다.

따라서 '군자의 도'가 여섯 가지 검증 기준을 통과해야 한다는 것은 '리더십의 다차원적 검증 프로세스'로 해석될 수 있다.

本諸身 본저신 : 리더의 '개인적 역량과 인격'에 기반하는가? (자기수양)

徵諸庶民 징저서민 : '대중의 지지와 사회적 공감'을 얻는가? (국민의 신뢰)

考諸三王而不繆 고저삼왕이불류 : '보편적인 원칙과 역사적 지혜'에 부합하는가? (시대불변의 가치)

建諸天地而不悖 건제천지이불패 : '자연의 섭리와 환경적 지속 가능성'에 어긋나지 않는가? (거시적 통찰)

質諸鬼神而無疑 질저귀신이무의 : '양심과 도덕적 순수성'에 부합하는가? (내면의 진정성, 투명성)

百世以俟聖人而不惑 백세이사성인이불혹 : '미래 시대와 후세의 평가'에서도 변치 않는 가치를 지니는가? (장기적 비전)

이러한 검증 과정을 통과한 리더십만이 '하늘을 알고 사람을 아는(知天知人)' 진정한 통찰력을 가질 수 있으며, 그들의 언행 하나하나가 '대대로 천하의 도, 법, 준칙이 되는(世爲天下道, 世爲天下法, 世爲天下則)' 시대를 초월하는 리더십으로 인정받게 된다.

"멀리서 보면 우러러보게 되고, 가까이서 보면 싫어하지 않는다"는 것은 '리더의 매력과 영향력의 보편성'을 의미한다. 이는 대외적으로는 존경받고, 대내적으로는 친밀하게 여겨지는, 균형 잡힌 리더십의 이상적인 모습이다. 『시경』의 구절처럼 "어디에서든 미움과 싫어함이 없고, 영원히 명예를 마친다"는 것은, 리더의 '진정성과 가치 기반의 행동'이 시대를 초월하여 존경받는 불멸의 유산이 될 수 있음을 강조한다.

일상의 중용 실천
윤리적 기업의 지속가능한 성장과 사회적 존경

한 스타트업 CEO 리태離兌 씨는 단순히 기업의 이윤 추구를 넘어, '사회적 책임'을 다하는 '윤리적 기업'을 만들고자 했다. 그는 자신의 경영철학이 '천하를 다스리는 세 가지 중요한 일'이라는 비장한 책임감을 가지고, 이 여섯 가지 검증 기준을 자신의 경영에 적용했다.

本諸身 본저신 : 리태 씨는 스스로의 인격을 수양 하고, 불투명한 거

래나 편법을 절대 사용하지 않는 원칙을 지켰다.

徵諸庶民 징저서민 : 그는 제품 출시 전, 고객들의 의견을 적극적으로 수렴하고, 고객들이 진정으로 필요로 하는 가치를 제공하여 대중의 신뢰를 얻었다.

考諸三王 고저삼왕 : 그의 경영철학은 전통적인 유교사상의 '인간중심' 가치와 맥을 같이하며, 보편적인 도덕 원리에 어긋나지 않도록 노력했다.

乾諸天地 건저천지 : 그의 기업은 친환경적인 생산 방식을 고수하고, 사회적 약자를 고용하는 등 환경과 사회의 지속 가능성에 기여했다.

質諸鬼神 질저귀신 : 그는 모든 의사결정에서 '양심에 거리낌이 없는지' 스스로에게 물었고, 투명한 경영과 공정한 분배를 통해 사심 없는 리더십을 보여주었다.

百世以俟聖人 백세이사성인 : 그는 "이 기업이 100년 후에도 존경받는 기업이 될 수 있을까?"라는 질문을 던지며, 단기적인 성과가 아닌 장기적인 관점에서 기업의 가치를 구축했다.

이러한 '여섯 가지 검증'을 통해 리태 씨의 기업은 단순한 성공을 넘어, '움직이면 대대로 천하의 도가 되고, 행하면 대대로 천하의 법도가 되며, 말하면 대대로 천하의 준칙이 되는' '사회적 모범'이 되었다.

그의 리더십은 '멀리서 보면 우러러보게 되고, 가까이서 보면 싫어하지 않는' 이상적인 모습을 보여주었다.

리태**離兌** 씨의 사례는 개인의 윤리적 책임감과 보편적 가치 추구가 어떻게 기업의 지속가능한 성장과 사회적 존경을 이끌어내는 '시대초월 리더십'으로 발현되는지를 보여주는 현대적 예시다.

나를 바꾸는 질문
나의 '가치 기반' 영향력 설계

Q1 : 리더의 위치에 있거나 어떤 중요한 일을 추진할 때, '예禮를 의논하고, 제도制度를 만들고, 문자(文)를 상고하는' 것과 같이 가장 중요하게 다루어야 할 '세 가지 일'은 무엇이라고 생각하는가?

Q2 : 나의 생각이나 행동, 그리고 리더십이 '하늘과 사람, 역사와 양심, 그리고 미래 세대'의 여섯 가지 기준에 비추어 볼 때, 현재 가장 부족하다고 느끼는 '검증 영역'은 무엇인가? 어떻게 보완하고 싶은가?

Q3 : 나의 언행이 '움직이면 대대로 천하의 도가 되고, 행하면 대대로 천하의 법도가 되며, 말하면 대대로 천하의 준칙이 되는 시대초월적인 영향력'을 발휘하기 위해, 오늘부터 어떤 '진정성 있는 실천'을 시작해 볼 수 있을까?

중용의 궁극

仲尼祖述堯舜, 憲章文武; 上律天時, 下襲水土.

중니조술요순, 헌장문무; 상률천시, 하습수토.

"공자는 요임금과 순임금의 도를 계승하고,
문왕과 무왕의 법도를 본받았다. 위로는 하늘의 때를 따르고,
아래로는 물과 흙의 성질을 본받았다."

주자의 주석으로 읽는
중용

주자는 "공자는 요순의 도를 본받고(祖述), 문왕 무왕의 법法을 본받았다(憲章)"고 설명한다.

이는 또한 자연의 섭리를 따르는 태도와도 연결된다. "上律天時, 下襲水土. 상율천시, 하습수토, 위로는 하늘의 때(天時)를 본받고(律), 아래로는 물과 흙(水土)을 따른다(襲)"고 말한다. 주자는 이 모든 것이 내면과 외부, 근본과 말단을 모두 아우르는 것(皆兼內外該本末而言也)이라고 설명한다.

다음 구절로 공자의 덕이 천지자연과 같음을 비유한다.

辟如天地之無不持載, 無不覆幬. 비여천지지무불지재, 무불부도.
"비유하자면 천지天地가 만물을 지탱하고 싣지 않음이 없고, 덮어주지 않음이 없는 것과 같다."

辟如四時之錯行, 如日月之代明. 비여사시지착행, 여일월지대명.
"비유하자면 사시四時가 교차하여 운행하고, 해와 달이 번갈아 밝게 비추는 것과 같다."

주자는 '착錯'이 '번갈아迭'라는 뜻이라고 풀이하며, 이 모든 것이 성인聖人의 덕德을 설명하는 것이라고 강조한다. 다음으로 '천지지대天地之大'의 궁극적인 의미를 제시한다.

萬物並育而不相害, 道並行而不相悖, 小德川流, 大德敦化, 此天地之所以爲大也. 만물병육이불상해, 도병행이불상패, 소덕천류, 대덕돈화, 차천지지소이위대야.
"만물이 함께 자라면서도 서로 해치지 않고, 모든 도리道가 함께 행해지면서도 서로 거스르지 않는 것은, 작은 덕小德이 냇물처럼 흐르고川流, 큰 덕大德이 두텁게 교화하기敦化 때문이다. 이것이 천지天地가 위대한 까닭이다."

주자는 '패悖'가 '어긋나다背'와 같다고 풀이한다. 주자는 이 구절을 더욱 심화하여 설명한다.

천지天地가 만물을 덮고 실으며, 만물이 그 사이에서 함께 자라면서도 서로 해치지 않는 것, 사시四時와 해와 달이 번갈아 운행하고 번갈아 밝게 비추면서도 서로 거스르지 않는 것이 모두 '소덕小德'의 '천류川流' 때문이라고 한다. 즉 해치지 않고(不害), 거스르지 않는 (不悖) 것은 '작은 덕이 냇물처럼 흐르기 때문'이다. (개별적인 이치와 규칙이 지속적으로 작용하여 질서를 유지함) 그리고 '만물이 함께 자라나고(並育) 도리가 함께 행해지는 것(並行)'은 '큰 덕이 두텁게 교화하기 때문(大德之敦化)'이다. (근원적인 덕성이 만물을 포용하고 조화롭게 변화시킴.)

주자는 '소덕小德'은 '전체의 부분(分)'이고, '대덕大德'은 '만 가지 사물의 근본(萬殊之本)'이라고 정의한다.

川流천류: 냇물이 흐르듯이 맥락이 분명하고 끊임없이 흘러가는 것.(脈絡分明而往不息也)

敦化돈화: 두텁게 교화하는 것으로, 근본이 성대하여 무궁하게 나오는 것.(根本盛大而出無窮也)

주자는 이 모든 것이 천지天地의 도道를 설명함으로써, 앞서 공자가 천지자연에 비유한 의미를 밝히는 것이라고 마무리 하였다.

현대적 해석
공존과 조화의 리더십, 그리고 미래 지향적 시스템

이 단락은 현대사회에서 '공존과 조화'의 리더십과 '미래 지향적 시스템'의 중요성을 강조한다. 공자가 요순의 이상을 계승하고 문무의 법을 본받으며, 나아가 하늘과 땅의 섭리를 따랐다는 것은, '과

거의 지혜를 존중하되, 현재에 맞게 적용하며, 자연의 보편적인 원리를 통해 미래를 설계하는 통합적 리더십'을 의미한다. 이는 전통과 혁신, 그리고 지속 가능성을 아우르는 지혜이다.

"천지가 만물을 싣고 덮으며, 사계절과 해와 달이 번갈아 운행하는 것"은 다양성을 포용하고 질서를 유지하는 시스템을 비유한다. 현대사회의 조직이나 공동체도 다양한 구성원들을 품고, 예측 가능한 규칙과 흐름 속에서 조화롭게 운영될 때 안정적으로 성장할 수 있다. 특히, '만물이 함께 자라면서도 서로 해치지 않고, 모든 도리가 함께 행해지면서도 서로 거스르지 않는 것(萬物並育而不相害, 道並行而不相悖)'은 지속 가능한 발전과 협력적 공존의 이상적인 모습을 제시한다. 극심한 경쟁과 대립이 만연한 오늘날, 중용은 서로의 다름을 인정하고 상호 보완하며 함께 성장하는 '시너지 효과'의 중요성을 역설한다. 이는 단순히 경쟁자를 이기는 것을 넘어, 공동의 목표를 향해 협력하고 상생하는 리더십 의 본질을 보여준다.

주자가 설명한 '소덕小德의 천류川流와 대덕大德의 돈화敦化'는 이러한 공존과 조화가 어떻게 가능한지를 설명한다.

小德川流 소덕천류 : '개별적인 원칙과 규율의 꾸준한 적용'을 의미한다. 조직 내의 작은 규칙, 개인 간의 에티켓, 업무 프로세스 등이 일관되게 지켜질 때, 시스템은 안정적으로 유지되고 불필요한 마찰을 줄일 수 있다. 이는 '디테일의 힘'을 보여준다.

大德敦化 대덕돈화 : '근원적인 가치와 비전의 강력한 교화력'을 의

미한다. 리더의 깊은 인품과 거대한 비전이 두텁게 작용하여 조직 전체를 긍정적으로 변화시키고, 모든 구성원이 각자의 잠재력을 최대한 발휘하여 함께 성장하도록 이끌 수 있다. 이는 '비전과 가치 중심 리더십'의 궁극적인 영향력이다.

결론적으로 이 단락은 "지극한 덕을 갖춘 리더(성인)가 천지자연의 섭리를 본받아, 개인의 작은 실천(小德)과 큰 비전(大德)을 조화롭게 발휘할 때, 모든 존재가 함께 번성하고(萬物並育), 모든 원리가 조화롭게 행해지는(道並行) 이상적인 공동체를 건설할 수 있다"는 메시지를 전달한다. 이는 현대사회가 추구해야 할 '공존과 번영'의 궁극적인 지향점이다.

일상의 중용 실천
생태계를 구축하는 플랫폼 기업의 성장

한 IT 플랫폼기업은 단순히 서비스를 제공하는 것을 넘어, 자사의 플랫폼을 중심으로 '만물병육萬物並育하고 도병행道並行하는 생태계'를 구축하는 것을 목표로 삼았다. CEO 감간坎艮 씨는 공자가 요순을 조술하고 문무를 헌장했듯이, 기존의 성공적인 플랫폼 모델을 학습하고(憲章) 동시에 '모두가 함께 성장하는' 본질적인 가치(祖述)를 추구했다.

그들은 '하늘의 때를 본받고, 물과 흙을 따르듯이', 시장의 변화(天時)를 민감하게 읽고, 사용자들의 기본적인 니즈(水土)를 충족시키는 데 집중했다.

萬物並育而不相害 만물병육이불상해 : 그들의 플랫폼 안에서 다양한 콘텐츠 제작자, 판매자, 그리고 소비자들이 서로 경쟁하면서도 상호보완적인 관계를 형성하도록 유도했다. 특정 주체가 다른 주체를 해치지 않고 함께 성장할 수 있는 시스템을 만들었다.

道並行而不相悖 도병행이불상패 : 플랫폼의 핵심가치(예: 투명성, 공정성, 사용자 중심)가 모든 정책과 기능에 일관되게 적용되도록 했다. 다양한 비즈니스 모델이 동시에 작동하면서도 이 기본 원칙을 거스르지 않도록 했다.

이러한 조화로운 성장은 '小德川流소덕천류와 大德敦化대덕돈화'의 결과였다.

小德川流 소덕천류 : 플랫폼의 작은 규칙(예: 커뮤니티 가이드라인, 피드백 시스템)들이 꾸준히 지켜지면서 혼란을 막고 질서를 유지했다.

大德敦化 대덕돈화 : 그의 '공존과 상생'이라는 큰 비전과 깊은 인품이 모든 구성원에게 전달되어, 그들이 자발적으로 선한 행동을 하고 협력하도록 두텁게 교화시켰다.

그 결과, 이 플랫폼은 단순히 거대한 규모를 넘어, '하늘이 위대한 까닭(天地之所以爲大)'처럼 '서로 해치지 않고 함께 번성하는' 이상적인 생태계를 구현하며 업계의 모범이 되었다.

감간坎艮 씨의 경험은 '개인의 리더십과 비전'이 어떻게 천지자연의 조화로운 덕을 본받아 사회 전체의 '공존과 번영'을 이끌어낼 수 있는지를 보여주는 현대적 예시다.

나를 바꾸는 질문
나의 '조화로운 생태계' 구상

Q1 : 내가 속한 공동체(직장, 학교, 가정 등)에서 '만물이 함께 자라면서도 서로 해치지 않고, 모든 도리가 함께 행해지면서도 서로 거스르지 않는(萬物並育而不相害, 道並行而不相悖)' 이상적인 모습을 만들고 싶은 영역은 무엇인가?

Q2 : 나의 삶에서 '작은 덕(小德)이 냇물처럼 흐르듯이(川流)' 꾸준히 실천하고 있는 '작은 규칙'이나 '습관'이 있다면 무엇인가? 그것이 당신의 일상에 어떤 질서를 가져다 주는가?

Q3 : 당신의 '큰 덕(大德)이 두텁게 교화하는(敦化)' 힘을 통해, 당신의 공동체나 주변에 어떤 '긍정적인 비전과 가치'를 심어주고 싶은가? 그것이 어떻게 '모두가 함께 번성'하는 데 기여할 것이라고 기대하나?

지극한 성인의 덕성

唯天下至聖, 爲能聰明睿知, 足以有臨也; 寬裕溫柔, 足以有容也;
유천하지성, 위능총명예지, 족이유림야; 관유온유, 족이유용야;

發强剛毅, 足以有斷也; 齊莊中正, 足以有敬也;
발강강의, 족이유단야; 제장중정, 족이유경야;

文理密察, 足以有別也. 溥博淵泉, 而時出之.
문리밀찰, 족이유별야. 보박연천, 이시출지.

"오직 천하의 지극한 성인만이 총명하고 예지가 있어 군림할 수 있고,
너그럽고 온화하여 포용할 수 있으며, 굳세고 강건하여 결단을 내릴 수 있고,
엄숙하고 공정하여 공경을 얻을 수 있으며,
문리와 조리가 치밀하고 밝아 능히 분별할 수 있다."

주자의 주석으로 읽는
중용

주자는 '聰明睿知 총명예지'를 '태어나면서부터 아는(生知) 자질'이라고 설명하고, '임臨'은 '윗자리에 거하여 아래를 다스리는 것(居上而臨下)'을 의미한다고 풀이한다. 즉 성인은 타고난 탁월한 지혜로

백성을 다스릴 수 있다는 것이다.

이어서 성인이 지닌 네 가지 덕성을 설명하며, 이들은 '인仁, 의義, 예禮, 지智'의 덕목과 연결된다.

寬裕溫柔, 足以有容也 관유온유, 족이유용야 : 너그럽고 여유롭고 온화하며 부드러워 능히 포용할 수 있다. (仁의 덕)

發强剛毅, 足以有執也 발강강의, 족이유집야 : 굳세고 강인하며 굳건하여 능히 지킬 수 있다. (義의 덕)

齊莊中正, 足以有敬也 제장중정, 족이유경야 : 가지런하고 장엄하며 중정하여 능히 공경심을 가질 수 있다. (禮의 덕)

文理密察, 足以有別也 문리밀찰, 족이유별야 : 문리와 조리가 치밀하고 밝아 능히 분별할 수 있다. (智의 덕)

주자는 '문文'은 문장, '리理'는 조리, '밀密'은 상세함, '찰察'은 명확하게 분별함이라고 풀이한다.

주자는 이 다섯 가지 덕이 "**溥博淵泉, 而時出之.** 보박연천, 이시출지, 넓고 깊으며 근원처럼 솟아나 때에 맞게 발현된다"고 설명한다. '보박溥博'은 '두루 미치고 넓은 것(周徧而廣闊)', '연천淵泉'은 '고요하고 깊으며 근본이 있는 것(靜深而有本)'을 의미한다. '출出'은 '발현된다'는 뜻이다.

이 다섯 가지 덕이 내면에 가득 쌓여 있고(充積於中), 상황에 따라 적절히 밖으로 발현된다는 것이다. 주자는 "넓고 깊은 것이 하늘과 같고, 근원처럼 솟아나는 것이 연못과 같다"고 비유한다.

이러한 성인의 덕이 외적으로 드러나는 효과를 설명한다.

見而民莫不敬, 言而民莫不信, 行而民莫不說. 현이민막불경, 언이민막불신, 행이민막불열.

"(성인의 모습이) 드러나면 백성들이 공경하지 않음이 없고, 말하면 백성들이 믿지 않음이 없으며, 행동하면 백성들이 기뻐하지 않음이 없다"

주자는 '현(見=現)'은 '나타나다(示)'와 같고, '열說'은 '기뻐하다(悅)'와 같다고 풀이하며, 이는 성인의 덕이 지극히 충만하고 성대하며, 그 발현이 마땅하기 때문이라고 설명한다.

궁극적으로 이러한 성인의 영향력은 다음과 같이 확장된다.

是以聲名洋溢乎中國, 施及蠻貊; 舟車所至, 人力所通; 天之所覆, 地之所載, 日月所照, 霜露所墜; 凡有血氣者, 莫不尊親, 故曰配天. 시이성명양일호중국, 이급만맥; 주거소지, 인력소통; 천지소부, 지지소재, 일월소추, 상로소대; 범유혈기자, 막부존친, 고왈배천.

"이로 인해 그 명성聲名이 중국 전역에 넘실넘실 퍼지고, 오랑캐에게까지 미치며; 배와 수레가 닿는 곳, 인력이 통하는 곳; 하늘이 덮어주는 곳, 땅이 싣는 곳, 해와 달이 비추는 곳, 서리와 이슬이 내리는 곳; 무릇 혈기 있는 자라면 모두 공경하고 친애하지 않음이 없으니, 그러므로 '하늘과 짝한다.'"

주자는 '배와 수레가 닿는 곳 이하'는 지극히 과장하여 말한 것(極言之)이며, '배천配天'은 그 덕이 미치는 바가 하늘처럼 광대하다는 의미라고 설명한다.

주자는 이 단락은 제31장으로, "承上章而言小德之川流, 亦天道
也. 승상장이언소덕지천류, 역천도야, 앞 장에서 말한 작은 덕(小德)이 냇물처
럼 흐르는 것(川流)을 이어받아 말하는 것이며, 또한 천도(天道)이다."
라고 총괄한다. 이는 성인의 지극한 덕이 천지자연의 질서처럼 보
편적으로 작용함을 강조한다.

현대적 해석
전인적 리더십과 지속가능한 글로벌 영향력

이 단락은 현대사회에서 '전인적 리더십'과 '지속 가능한 글로벌
영향력'의 이상적인 모습을 그려낸다. '지극한 성인(至聖)'이 갖춘 다
섯 가지 능력은 오늘날 리더에게 요구되는 '종합적인 역량'을 제시
한다.

총명함과 예로 능히 임한다 : '통찰력과 비전 제시 능력.' 복잡한 상
황을 꿰뚫어 보고 미래를 예측하여 조직을 올바른 방향으로 이끄는
지적 능력이다.
너그럽고 여유롭고 온화하며 부드러워 능히 포용한다 : '공감능력과 포
용성.' 다양한 배경과 의견을 가진 사람들을 이해하고 수용하며, 갈
등을 조화롭게 해결하는 정서적 지능이다.
굳세고 강인하며 굳건하여 능히 지킨다 : '실행력과 끈기.' 옳은 것을
판단하면 흔들림 없이 밀고 나가고, 어려움 속에서도 원칙을 굳건
히 지키는 강한 의지력이다.

가지런하고 장엄하며 중정하여 능히 공경심을 가진다 : '윤리적 자세와 존중의 태도.' 스스로를 단정하고 절제하며, 타인과 사회에 대해 겸손하고 공경하는 품격이다.

문리와 조리가 치밀하고 밝아 능히 분별한다 : '분석적 사고력과 판단력.' 복잡한 문제를 논리적으로 분석하고, 옳고 그름을 명확히 구분하여 합리적인 결정을 내리는 능력이다.

이러한 다섯 가지 덕이 "넓고 깊으며 근원처럼 솟아나 때에 맞게 발현된다"는 것은, 리더의 역량이 단순히 지식이나 기술에 머무르지 않고, 내면의 깊은 곳에서부터 우러나와 모든 상황에 유연하고 적절하게 적용됨을 의미한다. 이는 "겉으로 보이는 지식보다 내면의 지혜가 중요하다"는 통찰을 담고 있다.

성인의 모습이 '드러나면 백성들이 공경하고, 말하면 믿고, 행동하면 기뻐하는(見而民莫不敬, 言而民莫不信, 行而民莫不說)' 것은 리더의 진정성이 가져오는 강력한 신뢰와 영향력을 보여준다. 이는 PR이나 마케팅을 넘어, 리더의 존재 자체가 '살아 있는 브랜드'가 되어 사람들의 마음을 움직이는 것이다.

궁극적으로 성인의 명성이 중국을 넘어 오랑캐에게까지 미치고, 배와 수레가 닿는 곳, 인력이 통하는 곳, 천지가 덮고 싣는 곳 등 모든 곳에 이르러, 혈기 있는 자라면 모두 공경하고 친애하여 '하늘과 짝한다(配天)'는 것은 '지속 가능한 글로벌 리더십'의 최고 경지를 의미한다.

이는 특정 국가나 문화를 넘어 전 세계 인류에게 긍정적인 영향을 미치고, 자연과 우주의 질서에까지 기여하는 '인류애적인 리더십'을 상징한다. 성인의 덕은 시대를 초월하여 보편적 가치를 실현하며, 그 영향력이 하늘처럼 광대하다는 메시지를 전달한다.

일상의 중용 실천
글로벌 사회적 기업 창립자의 전인적 리더십

한 글로벌 사회적기업의 창립자인 진손震巽 대표는 개발도상국의 빈곤과 불평등문제 해결에 헌신했다. 그는 '지극한 성인(至聖)'이 갖춘 다섯 가지 덕목을 자신의 리더십에 구현하려 노력했다.

聰明睿知 총명예지 : 그는 복잡한 국제 개발 문제를 깊이 통찰하고, 혁신적인 해결책(예: 적정기술 보급)을 제시하여 국제사회의 인정을 받았다.

寬裕溫柔 관유온유 : 그는 다양한 문화적 배경을 가진 현지 주민들과 직원들을 이해하고 포용하며, 그들의 의견을 존중하여 신뢰를 얻었다.

發強剛毅 발강강의 : 수많은 실패와 좌절 속에서도, 그는 빈곤 퇴치라는 목표를 향해 흔들림 없이 나아가며 군건한 의지를 보여주었다.

齊莊中正 제장중정 : 그는 개인적인 이익을 추구하지 않고, 모든 사업 과정을 투명하게 공개하며, 윤리적인 원칙을 철저히 지켰다.

文理密察 문리밀찰 : 그는 복잡한 사회 문제를 데이터 기반으로 분석하고, 가장 효과적인 지원 방안을 치밀하게 설계하여 실행했다.

진손(震巽) 대표의 기업은 단순한 비영리 단체를 넘어, 전 세계 인류의 삶을 변화시키고 지속 가능한 발전을 이끄는 데 기여하며, 마치 '하늘과 짝한다(配天)'는 말을 듣게 되었다.

그의 사례는 '개인의 지극한 덕성이 어떻게 전 세계적인 영향력과 존경을 창출하고, 인류의 보편적 가치 실현에 기여하는지'를 보여주는 현대적 예시다.

나를 바꾸는 질문
나의 전인적 리더십 성장 계획

Q1 : '지극한 성인(至聖)'처럼 갖추고 싶은 다섯 가지 능력(총명예지, 관유온유, 발강강의, 제장중정, 문리밀찰) 중 현재 나에게 가장 필요하다고 느끼는 능력은 무엇인가?

Q2 : 나의 그 능력이 "넓고 깊으며 근원처럼 솟아나 때에 맞게 발현된다"는 의미를 바탕으로, 어떻게 하면 나의 재능이나 덕성이 내면에서 충만하여 외적으로 조화롭게 드러날 수 있을지 구체적인 방법을 생각해 보자.

Q3 : 궁극적으로 나의 리더십이 '중국을 넘어 오랑캐에게까지 미치고, 천지가 덮고 싣는 모든 곳에 이르러, 혈기 있는 자라면 모두 공경하고 친애하여 하늘과 짝하는(配天) 영향력'을 가지기를 바란다면, 나는 어떤 꿈이나 비전을 설정하고 싶은가?

지극한 성誠의 통치력

唯天下至誠, 爲能經綸天下之大經, 立天下之大本, 知天地之化育.
유천하지성, 위능경륜천하지대경, 입천하지대본, 지천지지화육.

"오직 천하에 지극한 성실함이 있는 사람만이 천하의 큰 줄기를 경륜하고, 천하의 큰 근본을 세우며, 천지가 만물을 낳고 기르는 작용을 알 수 있다."

주자의 주석으로 읽는
중용

'경經'과 '륜綸'은 모두 실을 다루는 일에 비유된다. '경經'은 실의 씨줄을 정리하여 나누는 것이고, '륜綸'은 날실을 엮어 합치는 것을 의미하며, 이는 혼란스러운 것을 정리하고 조화롭게 만드는 통치 행위를 비유한다.

주자는 각 개념을 다음과 같이 설명한다.

大經 대경 : 경經은 '떳떳하다, 변치 않는다'는 뜻으로, '오품五品의 인륜人倫', 즉 군신, 부자, 부부, 형제, 친구의 다섯 가지 인간관계 원칙을 말한다.

大本 대본 : 하늘로부터 부여받은 본성(所性)의 전체를 말한다.

주자는 성인聖人의 덕이 지극히 성실하고 거짓됨이 없기 때문에(極誠無妄), 인간관계(人倫)에 있어서 각자 마땅히 해야 할 바를 진실로 다하여, 모든 것이 천하 후세의 법도가 될 수 있으니, 이를 '경륜한다(經綸之)'고 한다. 또한, 본성(所性)의 전체全體에 털끝만큼의 인간적인 사사로움이나 거짓이 섞여 있지 않아, 천하의 도道가 천변만화하며 모두 여기에서 나오니, 이를 '세운다'고 설명한다.

마지막으로, 천지의 조화로운 생육에 대해서는, 그 지극히 성실하고 거짓됨이 없는 성인에게 말없이 통하는 바(默契)가 있으며, 이는 단순히 보고 들음으로 아는 지식(聞見之知)에 그치지 않는다고 한다.

이 모든 것이 "지극히 성실하고 거짓됨이 없는 상태에서 자연스럽게 발휘되는 공용功用이며, 어찌 어떤 사물에 의지하거나 집착한 후에야 비로소 가능하겠는가?" 하고 반문한다. 즉 성인의 이러한 능력은 외부의 어떤 것에 의존하는 것이 아니라 내면의 지극한 성실함에서 자연스럽게 우러나오는 것임을 강조하고 있다.

이어서 성인의 지극한 덕성을 세 가지 감탄사로 표현한다.

肫肫其仁! 준준기인! : 진실하고 간절하구나! 그 인仁함이여!

주자는 '준준肫肫'을 '간절하고 지극하다(懇至貌)'는 의미로, 이는 '경륜經綸'과 관련하여 설명된다. (인간관계를 진심으로 다스리는 인자함.)

淵淵其淵! 연연기연! : 깊고 그윽하구나! 그 깊이가 샘물과 같음이여!

주자는 '연연淵淵'을 '고요하고 깊은 모습(靜深貌)'으로, 이는 '근본을 세우는 것(立本)'과 관련하여 설명된다. (내면의 본성이 지극히 깊고 고요함)

浩浩其天! 호호기천! : 넓고 크구나! 그 하늘과 같음이여!

주자는 '호호浩浩'를 '광대한 모습(廣大貌)'으로, 이는 '화육을 아는 것(知化)'과 관련하여 설명된다. (천지의 조화를 아는 광대한 지혜)

주자는 "그 깊이와 그 하늘이, 단순히 비유되는 것을 넘어 실제와 같다"고 덧붙여 성인의 덕성이 천지자연과 거의 동일한 경지에 이름했음을 강조한다.

마지막으로 이러한 경지를 이해하는 존재에 대해 질문한다.

苟不固聰明聖知達天德者, 其孰能知之? 구불고총명성지달천덕자, 기숙능지지?

"진실로 총명하고 성인의 지혜(聖知)로 하늘의 덕에 통달한 자가 아니라면, 그 누가 능히 그것을 알겠는가?"

주자는 '고固'를 '실질적이다(實)'와 같다고 풀이하며, 정자程子의 말을 인용하여 "오직 성인만이 성인을 알 수 있다"고 덧붙인다. 이는 지극한 성誠의 경지가 오직 성인만이 이해하고 체득할 수 있는 최고 수준의 도임을 강조한다.

주자는 이 단락을 "**承上章而言大德之敦化, 亦天道也.** 승상장이언대덕지돈화, 역천도야, 앞 장에서 큰 덕(大德)이 두텁게 교화하는 것(敦化)을 이어받아 말하는 것이며, 역시 천도(天道)이다."라고 총괄한다. 또한, 앞 장이 지극한 성인(至聖)의 덕을 말했고, 이 장은 지극한 성실함(至誠)의 도를 말하지만, "지극한 성실함의 도는 지극한 성인이 아니면 알 수 없고, 지극한 성인의 덕은 지극한 성실함이 아니면 이룰 수 없으니, 둘은 별개의 것이 아니다."라고 정리한다. 이로써 『중용』편에서 말하는 성인과 천도天道의 지극한 경지(極致)는 여기에 이르러 더 이상 더할 것이 없다고 강조하며 이 장의 의미를 마무리한다.

현대적 해석
'비전가'의 인격과 시스템 설계의 정수

이 단락은 현대사회에서 '비전가(visionary)'의 인격과 '시스템 설계'의 정수를 '지극한 성실함(至誠)'이라는 키워드로 설명한다.

"오직 천하에 지극한 성실함만이 천하의 대경을 경륜하고, 대본을 세우며, 천지의 화육을 알 수 있다"는 것은, 최고 수준의 리더십은 '진정성'을 바탕으로 '사회 시스템을 설계'하고 '인간 본연의 가치를 확립'하며 '자연의 이치를 통찰'할 수 있음을 의미한다. 이는 단순한 권력이나 재능을 넘어, 리더의 '인격적 깊이'가 사회 전체에 미치는 창조적 영향력을 보여준다.

대경(大經: 인륜)을 경륜한다는 것은 사회적 관계와 가치를 재정립하는 리더십을 의미한다. 혼란스러운 현대 사회에서 인간관계의 본질(오륜)을 회복하고, 모든 개인이 마땅히 지켜야 할 윤리적 기준을 세우는 것이 이에 해당한다. "대본(大本: 본성)을 세운다"는 것은 '인간 본연의 선함과 잠재력을 발현시키는 리더십'을 의미한다. 조직 구성원 각자가 자신의 본성을 온전히 발휘하도록 돕고, 인간의 존엄성을 존중하는 근본 가치를 확립하는 것이 이에 해당한다. "천지의 화육을 안다"는 것은 자연의 섭리에 순응하고 환경을 보존하며,

지속 가능한 성장을 추구하는 통찰력'을 의미한다. 이는 ESG 경영, 순환경제 등 현대 사회의 중요한 아젠다와도 연결된다.

이러한 지극한 성실함의 공용은 "어떤 것에도 의존하지 않고 자연스럽게 발휘된다(夫焉有所倚?)"는 점에서 '진정한 자율성'과 '내면의 완전성'을 보여준다. 외부의 강요나 보상에 의해서가 아니라 내면의 진정성에서 우러나오는 리더십이 가장 강력하고 지속 가능하다.

성인의 덕성을 표현하는 '肫肫其仁 준준기인(진실하고 간절한 인함), 淵淵其淵 연연기연(깊고 그윽한 깊이), 浩浩其天 호호기천(넓고 큰 하늘)'은 현대 리더에게 요구되는 '공감적 인성, 사고의 깊이, 비전의 광대함'이라는 세 가지 핵심 특성을 시적으로 표현한 것이다.

이러한 특성들은 서로 연결되어 리더의 전체적인 인격을 형성하며, 그로부터 나오는 영향력은 '지극한 성인만이 알 수 있는(唯聖人能知聖人也)' 최고 수준의 통찰을 가능하게 한다. 결국, 지극한 성인과 지극한 성실함의 도는 둘이 아니다'라는 결론은, 최고의 리더십은 타고난 재능이나 지위가 아니라 '지극한 진정성'을 꾸준히 실천함으로써 완성됨을 강조한다.

일상의 중용 실천
창업자의 진정성이 만들어낸 기업 생태계

젊은 창업가인 손감巽坎 대표는 단순히 앱 개발을 넘어 '사람과 사람을 잇는 진정한 공동체'를 만들고자 했다. 그의 목표는 '천하의 대경(인간관계)을 경륜하고, 대본(인간 본성)을 세우며, 천지의 화육(기술과 사회의 조화로운 발전)을 아는 것'이었다. 그의 경영철학은 '지극한 성실함(至誠)'에 기반했다.

大經經綸 대경경륜 : 그는 앱을 통해 사용자들이 서로의 재능을 나누고 협력할 수 있는 시스템을 만들었다. 이는 단순히 기능을 제공하는 것을 넘어, 온라인 공동체 내에서 '군신유의, 붕우유신'과 같은 인간관계의 본질을 회복하려 노력한 것이다. 그의 진실한 소통 방식은 사용자들 간의 신뢰를 쌓고 건전한 문화를 만들었다.

大本樹立 대본 수립 : 그는 사용자들의 잠재력을 믿고, 자율적으로 콘텐츠를 생산하고 교류하도록 지원했다. 이는 각 사용자가 '자신의 본성을 다하도록(盡其性)' 돕는 것으로, 그들의 창의성과 자발성을 이끌어냈다. 그는 '인간의 사사로운 욕심'을 자극하는 대신, '인간 본연의 선함'을 기반으로 시스템을 설계했다.

天地化育 천지화육 : 이 대표는 앱 개발 과정에서 환경 친화적인 서버를 사용하고, 지역 사회의 디지털 교육 프로그램에 수익 일부를 기부하는 등 기술과 사회, 자연이 조화롭게 발전하는 방식을 추구했다. 그는 '기술 발전'이라는 인간의 노력이 '자연의 섭리'를 거스르지 않고 함께 '화육'할 수 있음을 통찰했다.

이러한 그의 리더십은 외부의 강요나 의존 없이 '진정한 성실함에서 자연스럽게 우러나오는(自然之功用)' 것이었다. 그의 '진실하고 간절한 인함(肫肫其仁)'은 사용자들에게 깊은 공감을 주었고, '깊고 그윽한 통찰력(淵淵其淵)'은 복잡한 문제 속에서도 명확한 방향을 제시했으며, '넓고 큰 비전(浩浩其天)'은 그의 플랫폼이 단순한 앱을 넘어 새로운 디지털 생태계를 창조할 수 있도록 했다.

손감 대표의 기업은 단지 성공적인 비즈니스 모델을 넘어, '인간의 진정한 본성을 회복하고, 사회적 관계를 조화롭게 하며, 자연과의 상생을 추구하는 천인합일'의 이상을 현대적으로 구현 하는 사례가 되었다.

그의 경험은 '지극한 성실함'이 어떻게 개인의 리더십을 넘어 사회 전체의 시스템을 긍정적으로 변화시키고, 새로운 가치를 창출할 수 있는지를 보여준다.

나를 바꾸는 질문
나의 '지극한 성실함'으로 세상에 기여하기

Q1 : 내가 몸담고 있는 공동체(직장, 가정, 친구 모임 등)에서 '천하의 대경(인간관계의 원칙)을 경륜하듯이' 재정립하거나 개선하고 싶은 관계의 본질은 무엇인가?

Q2 : 나의 '지극한 성실함(至誠)'을 통해 '천하의 대본(인간 본성)'을 세우는 것에 기여하고 싶다면, 어떤 방식으로 사람들의 잠재력을 이끌어내고 그들이 본연의 선함을 발휘하도록 돕고 싶은가?

Q3 : 천지의 조화로운 생육을 아는 것처럼, 나의 전문성이나 열정으로 사회나 환경의 균형과 발전에 기여하고 싶다면 어떤 구체적인 목표를 세울 수 있을까? 그리고 이러한 목표를 달성하기 위해 '지극한 성실함'은 어떻게 발휘되어야 할까?

은미함 속의 빛

❖

詩曰:「衣錦尙絅」, 惡其文之著也.
시왈 :「의금상경」, 오기문지저야.

故君子之道, 闇然而日章; 小人之道, 的然而日亡.
고군자지도, 암연이일장; 소인지도, 적연이일망.

君子之道, 淡而不厭, 簡而文, 溫而理, 知遠之近, 知風之自, 知微之顯.
군자지도, 담이불염, 간이문, 온이리, 지원지근, 지풍지자, 지미지현.

知風之自, 知微之顯, 則可以入德矣.
지풍지자, 지미지현, 즉가이입덕의.

"시왈: '비단옷을 입고 그 위에 홑옷을 덧입는다' 하였으니,
이는 그 화려한 무늬가 겉으로 드러나는 것을 꺼린 것이다.
군자의 도는 어두운 듯 보이지만 날로 드러나고,
소인의 도는 뚜렷이 보이지만 날로 사라진다.
군자의 도는 담백하면서도 싫증나지 않고, 간결하면서도 아름다우며,
온화하면서도 이치에 맞다.
멀리 있는 것이 가까운 것에서 시작됨을 알고,
바람이 어디서 불어오는지를 알며, 미세한 것에서 뚜렷한 것이 드러남을 안다.
바람이 어디서 불어오는지, 미세한 것에서 뚜렷한 것이 드러남을 알게 되면,
덕의 경지에 들어설 수 있다."

주자의 주석으로 읽는
중용

주자는 『시경』의 '의금상경'이라는 구절을 인용하며 해설을 시작한다. 이는 "비단옷(錦)을 입고 그 위에 홑겹 옷(絅)을 덧입는다"는 뜻이다.

공자는 이렇게 하는 이유를 "그 무늬가 너무 드러나는 것을 싫어했기 때문(惡其文之著也)"이라고 하였다. 즉 내면의 화려함을 겉으로 과시하기보다 절제하고 겸손하게 드러내려 했다는 것이다.

이 비유를 통해 주자는 군자와 소인의 도를 대조한다.

故君子之道, 闇然而日章. 고군자지도, 암연이일장.
"그러므로 군자君子의 도道는 은미하게 시작하지만 날마다 빛난다.(日章)"

주자는 '암闇'이 어둡고 숨겨져 있는 듯한 모습이라고 풀이하며, 이는 겉으로 과시하지 않고 내면의 수양에 힘쓰는 군자의 태도를 의미한다. 겉옷은 홑겹이지만(尙絅), 그 안에 입은 비단옷(錦)처럼 내면은 날마다 실질적으로 빛을 발한다는 것이다.

小人之道, 的然而日亡. 소인지도, 적연이일망.
"소인小人의 도道는 뚜렷하게 드러나지만 날마다 사라진다(日亡)."

주자는 '적연的然'이 밝고 뚜렷하게 드러나는 모습으로 풀이하며,

겉만 번지르르하고 실속이 없는 소인의 태도로서 겉으로만 화려하게 드러내려 하지만(暴於外), 이를 이어갈 실질적인 내용이 없으므로(無實以繼之) 날마다 그 덕이 사라져 없어진다고 하였다.

이어서 주자는 군자의 도(君子之道)가 지닌 미덕을 구체적으로 설명한다.

淡而不厭 담이불염 : 담담하지만 싫증나지 않는다. (겉은 홑겹 옷처럼 소박하지만, 그 내면의 아름다움은 싫증나지 않음.)

簡而文 간이문 : 간결하지만 조리(文)가 있다. (겉은 단순하지만, 그 안에 논리적이고 풍부한 내용이 있음.)

溫而理 온이리 : 온화하지만 조리(理)정연하다. (겉은 부드럽지만 그 안에 정연한 이치가 있음.)

주자는 이 세 가지(담, 간, 온)는 '홑겹 옷(絅)이 겉을 덮은 모습'이며, '싫증나지 않고 조리 정연한 것'은 '비단옷(錦)의 아름다움이 안에 있는 것'이라고 비유한다.

다음으로 군자가 지닌 세 가지 통찰력을 설명하며, 이는 '위기 지각(知所謹)'의 능력과 연결된다.

知遠之近 지원지근 : 멀리 있는 것이 가까운 데서 시작됨을 안다. (겉으로 보이는 먼 곳의 결과가 사실은 가까운 곳의 작은 원인에서 비롯됨)

知風之自 지풍지자 : 바람이 어디에서 불어오는지를 안다. (외적으로 드러나는 현상(風)이 사실은 내면(自)에서 비롯됨.)

知微之顯 지미지현 : 미세한 것이 뚜렷하게 드러남을 안다. (아주 작고 은미한 것이 결국 겉으로 분명히 나타나게 됨.) 주자는 군자가 '자신을 위하는

마음(爲己之心)'을 가지고 이 세 가지를 안다면, '삼갈 바를 알아서(知所謹) 덕으로 들어갈 수 있다'고 말한다. 즉 이 세 가지 통찰력은 자신의 언행과 마음가짐을 더욱 신중하게 만드는 근거가 된다.

마지막으로 주자는 아래 문단에서 인용한 시(詩)가 바로 '신독(謹獨)의 일'을 말하는 것이라고 예고하며, 이는 앞서 '보이지 않는 곳에서 삼가는' 신독의 중요성과 연결된다.

현대적 해석
내실 있는 성장과 진정한 영향력

이 단락은 현대사회에서 '내실 있는 성장과 진정한 영향력'의 중요성을 강조한다. '비단옷 위에 홑겹 옷을 덧입는(衣錦尙絅)' 비유는 '겸손한 리더십과 과시하지 않는 실력'을 의미한다. 겉으로 화려하게 자신을 드러내기보다 내면의 역량과 실력을 조용히 쌓아나갈 때 진정한 가치가 드러난다는 것이다.

군자의 도道 : '은은하지만 지속적인 영향력'을 가진다. "은미하게 시작하여 날마다 빛난다"는 것은, 단기적인 주목이나 인기에 연연하지 않고, 꾸준한 노력과 내면의 성장을 통해 점진적으로, 그러나 확고하게 자신의 가치와 영향력을 증명해 나가는 태도를 의미한다. 이는 '겉모습보다는 본질이 중요하며, 내공이 쌓이면 자연스럽게 빛을 발한다는 메시지다.

담담하지만 싫증나지 않고(淡而不厭) : 과장되지 않고 담백하지만, 시간이 지날수록 그 깊이와 진정성에 매력을 느끼게 됩니다. (예: 롱런하는 브랜드의 꾸준한 가치)

簡而文 간이문 : 불필요한 장식이 없지만, 그 핵심에는 명확한 논리와 체계가 있다. (예: 본질에 집중한 미니멀리즘 디자인)

溫而理 온이리 : 온화하지만 조리정연하다. 부드럽고 친근하지만, 그 안에는 흔들림 없는 원칙과 합리성이 있다. (예: 부드러운 카리스마를 가진 리더)

소인의 도道 : '일시적이고 피상적인 영향력'을 가진다. "적연이일망的然而日亡, 뚜렷하게 드러나지만 날마다 사라진다"는 것은, 겉으로 화려하게 자신을 과시하고 단기적인 성과만을 좇는 리더십은 결국 실속이 없어 오래가지 못하고 사라진다는 경고다. 이는 오늘날 '보여주기 식 행정', '성과 부풀리기' 등의 문제점과도 맞닿아 있다.

군자가 지닌 세 가지 통찰력은 현대 리더에게 필요한 '상황 판단력과 자기 성찰 능력'을 강조한다.

멀리 있는 것이 가까운 데서 시작됨을 안다(知遠之近) : 모든 거대한 결과는 사소한 원인에서 비롯됨을 이해하고, 작은 변화의 조짐을 놓치지 않는 통찰력이다.

바람이 어디에서 불어오는지를 안다(知風之自) : 외부로 드러나는 현상의 근원과 동기를 파악하여 본질적인 문제에 접근하는 능력이다.

미세한 것이 뚜렷하게 드러남을 안다(知微之顯) : 아무리 작은 생각이나 행동이라도 결국은 큰 결과로 이어짐을 알고, 내면의 미묘한 움직임까지 살피는 섬세한 자기인식을 의미한다.

이러한 통찰력은 리더가 자신의 언행을 '삼가고(謹)' 올바른 덕으로 나아가는(入德) 데 필수적이다. 결국 이 단락은 '겉치레를 버리고 내실을 다지며, 꾸준한 성찰을 통해 자신의 행동을 신중히 할 때, 진정한 영향력과 지속 가능한 성장을 이룰 수 있다'는 메시지를 전달한다.

일상의 중용 실천
화려한 유튜버와 묵묵한 장인의 대비

요즘 젊은 세대에게 인기 있는 한 유튜버는 '소인의 도(的然而日亡)'를 보여주는 전형적인 사례다. 그는 자극적이고 화려한 콘텐츠로 빠르게 유명세를 얻었지만, 시간이 갈수록 콘텐츠의 깊이가 부족해지고 논란에 휩싸이며 구독자들이 점차 떠나갔다. 겉은 번지르르했지만(的然), 내실(實)이 없어 그 영향력이 사라지고 만 것이다.

반면, 동네의 작은 공방에서 수십 년간 묵묵히 전통공예품을 만드는 리건離乾 씨는 '군자의 도(闇然而日章)'를 보여주었다. 그는 자신을 드러내려 하지 않고(闇然), 오직 작품의 완성도와 본질적인 아름다움에만 집중했다. 그의 작품은 유행을 따르지 않아 '담담했지만(淡) 볼수록 깊이가 느껴져 싫증나지 않았다(不厭).' 그의 작업 방식은 '간결했지만(簡)' 그 안에 전통의 맥락과 철학이 담겨 '조리(文)가 있었다.' 그는 누구에게나 '온화했지만(溫)' 작품에 대한 원칙은 '조리정연(理)'했다.

리건離乾 씨는 자신의 작은 습관 하나하나가 작품에 미치는 영향(知遠之近, 知微之顯)을 정확히 알고 있었고, 시대의 변화 속에서도 전통의 본질을 지키려 노력했다(知風之自). 겉으로 드러나는 화려함은 없었지만, 그의 작품과 정신은 시간이 흐를수록 더욱 빛을 발했고(日章), 많은 젊은 장인들이 그를 찾아와 배우기를 청했다.

리건離乾 씨의 사례는 겉치레가 아닌 내면의 깊이와 꾸준한 실천이 어떻게 진정한 가치와 지속적인 영향력을 만들어내는지를 보여주는 현대적 예시이다.

나를 바꾸는 질문
나의 '군자의 도' 실천

Q1: '소인의 도(的然而日亡)'처럼 겉으로 화려하게 드러나지만 결국 사라질 수밖에 없는 것이라고 생각하는 현대 사회의 트렌드나 가치관은 무엇인가?

Q2: '군자의 도(闇然而日章)'처럼 은은하게 시작하여 날마다 빛나는 나만의 '내실 있는 습관이나 성장 전략'이 있다면 무엇인가?

Q3: '담담하지만 싫증나지 않고, 간결하지만 조리가 있으며, 온화하지만 조리 정연한' 말과 행동을 통해, 나의 주변 사람들에게 어떤 '진정성 있는 영향력'을 미치고 싶은가? 그리고 그 영향력이 '날마다 빛나기(日章)' 위해 어떤 노력을 해볼 수 있을까?

내성불구와 성찰

故君子內省不疚, 無惡於志.
고군자내성불구 무오어지.

"그러므로 군자는 스스로 안을 살펴 부끄러움이 없으며,
뜻에 있어 미워함이 없다."

주자의 주석으로 읽는
중용

주자는 『시경』 「소아小雅 정월正月」편의 "潛雖伏矣, 亦孔之昭! 잠수복의, 역공지소!"라는 구절을 인용한다. 이는 "비록 (물속에) 잠겨 숨어 있을지라도, 또한 매우 뚜렷하게 드러난다!"는 뜻이다.

주자는 이 구절이 앞서 언급된 "모습이 은미한 곳보다 더 잘 드러나는 것은 없고, 기미가 미세한 것보다 더 잘 나타나는 것은 없다(莫見乎隱, 莫顯乎微)"는 의미를 이어받는다고 설명한다. 즉 아무리 감추려 해도 진실은 결국 드러나게 마련이라는 것이다.

이러한 이치 때문에 "故君子內省不疚, 無惡於志. 고군자내성불구, 무오어지, 군자는 안으로 살펴 거리낄 것이 없고, 마음에 미워함이 없다"

고 말한다. 주자는 '구疚'가 '병病'과 같고, '무악어지'는 '마음에 부끄러움이 없다'는 뜻과 같다고 풀이한다. 이것이 바로 군자가 '신독(謹獨)' 하는 일이라고 강조한다. 곧, 홀로 있을 때도 자신의 마음을 끊임없이 살피고 반성하여 부끄러움 없는 상태를 유지하는 것이다.

따라서 주자는 "君子之所不可及者, 其唯人之所不見乎. 군자지소불가급자, 기유인지소불견호, 군자에게 미치지 못할 것은 오직 남이 보지 못하는 곳에서의 (수양)뿐이다."라고 설명한다. 즉 군자는 남이 보지 않는 곳에서 더욱 철저하게 자신을 다스리므로, 일반인이 그 경지에 미치기 어렵다는 의미다.

이어서 『시경』「대아 억抑」편의 "相在爾室, 尚不愧于屋漏. 상재이실, 상불괴우옥루."라는 구절을 인용한다. 이는 "너의 방에 있을 때 (네 모습을) 살펴보면, 오히려 집 모퉁이(屋漏)에서도 부끄럽지 않다"는 뜻이다. 주자는 '상相'은 '보다(視)'와 같고, '옥루屋漏'는 '방의 서북쪽 모퉁이'로, 가장 은밀한 곳을 의미한다고 풀이한다. 이 시는 '보이지 않는 곳'에서 이루어지는 내면의 수양을 강조한다.

결론적으로 "故君子不動而敬, 不言而信. 고군자부동이경, 불언이신, 그러므로 군자는 움직이지 않아도 공경받고, 말하지 않아도 신뢰받는다".

주자는 이 구절이 앞서 말한 "군자가 경계하고 두려워하여 항상 그러하며, 말하거나 행동하기를 기다리지 않고도 공경과 신뢰를 얻는다"는 것을 이어받음이며, 이것은 그들이 '자신을 위하는 공功을 더욱 은밀하게(益加密矣)' 쌓았기 때문이라고 덧붙인다.

현대적 해석
내면의 일관성과 무언의 영향력

이 단락은 현대인에게 '내면의 일관성'과 '무언의 영향력'의 중요성을 강조한다. "잠겨 있어도 결국 뚜렷하게 드러난다"는 가르침은, 아무리 감추려 해도 우리의 진정한 인격과 태도는 결국 삶의 곳곳에서 드러나게 마련이라는 것을 상기시킨다. 이는 온라인상의 익명성 뒤에 숨어 부적절하게 행동하는 것이 결국 자신의 평판이나 내면을 좀먹게 됨을 경고하는 메시지로 해석될 수 있다.

"군자는 내면을 살펴 거리낄 것이 없고, 마음에 악함이 없다"는 것은 '자기 양심(Conscience)에 부끄럼 없는 삶'의 중요성을 강조한다. 이는 외부의 감시나 평가에만 의존하지 않고, 스스로의 윤리적 기준에 따라 행동하고 끊임없이 자신을 성찰하는 '주체적인 도덕성'을 의미한다. 아무도 보지 않는 '집 모퉁이(屋漏)'에서조차 자신을 삼가는 '신독愼獨'의 자세는, 겉과 속이 다른 '이중적인 자아'를 벗어나 '진정한 자아'를 실현하는 핵심적인 방법이다.

이러한 내면의 일관성과 순수함이 완성될 때, 군자는 '움직이지 않아도 공경받고(不動而敬), 말하지 않아도 신뢰받는(不言而信)' 무언의 영향력을 가지게 된다.

이는 현대 사회의 리더에게 요구되는 '진정한 카리스마와 신뢰 기반의 리더십'과 연결된다. 억지로 권위를 내세우거나 많은 말을 하지 않아도, 리더의 인격과 진정성이 빛나면 조직 구성원들은 자연스럽게 그를 존경하고 따르게 된다는 것이다. 이는 단순히 '말'이나 '행동'을 넘어, '존재 그 자체로 긍정적인 영향력을 발휘하는 경지'를 의미하며, 가장 높은 수준의 리더십 형태라 할 수 있다.

일상의 중용 실천
숨겨진 노력으로 인정받은 팀 리더

한 회사에 새로 부임한 팀 리더인 간태艮兌 팀장은 처음에는 그다지 눈에 띄지 않았다. 그는 화려한 언변으로 자신을 드러내거나, 과도하게 직원들에게 지시하지도 않았다. 겉으로 보기에는 평범해 보였다. 그러나 그의 진정한 리더십은 '잠겨 있어도 결국 뚜렷하게 드러나는(潛雖伏矣, 亦孔之昭!)' 방식으로 나타났다.

그는 매일 밤 퇴근 후, 팀원들의 업무 보고서를 꼼꼼히 검토하고, 개인별 역량과 관심사를 파악하며, 다음 날 팀원들에게 도움이 될 만한 자료를 미리 준비했다. 아무도 그가 이렇게까지 하는지 알지 못했지만, 그는 '내면을 살펴 거리낄 것이 없고, 마음에 악함이 없는(內省不疚, 無惡於志)' 상태로 자신을 갈고닦았다. '집 모퉁이(屋漏)'에서조차 스스로에게 부끄럽지 않도록 철저히 자신을 관리한 것이다.

이러한 '숨겨진 노력과 진정성'은 점차 팀원들에게 '무언의 영향력'으로 전달되었다. 굳이 명령하지 않아도 팀원들이 자발적으로 그의 지시를 따랐고, 그가 움직이면 팀원들이 먼저 길을 비켜주고 존경을 표했으며, 그가 별다른 말을 하지 않아도 팀원들은 그의 결정을 전적으로 신뢰했다. 팀원들은 "간태 팀장은 굳이 말하지 않아도 옳은 길을 아는 것 같다"고 입을 모았다.

결과적으로 간태 팀이 맡은 프로젝트는 연속해서 성공을 거두었고, 팀의 분위기는 활기 넘치고 생산적이었다.

간태 팀장의 경험은 겉으로 드러나지 않는 꾸준한 자기 수양과 내면의 진정성이 어떻게 움직이지 않아도 존경받고, 말하지 않아도 신뢰받는 진정한 리더십으로 발현될 수 있는지를 보여주는 현대적 예시다. 이는 리더십이 단순히 직위나 기술이 아니라 '인격'에서 비롯된 무언의 힘임을 강조한다.

나를 바꾸는 질문
내면의 등불 밝히기

Q1 : "잠겨 있어도 결국 뚜렷하게 드러난다(潛雖伏矣, 亦孔之昭!)"는 것을 깨닫게 해 준, '숨겨진 나의 모습'과 관련된 경험이 있다면 무엇인가? (예: 아무도 모르게 했던 선행이 알려진 경험, 혹은 반대로 드러나지 않으려던 약점이 드러난 경험 등.)

Q2 : '내면을 살펴 거리낄 것이 없고, 마음에 악함이 없는(內省不疚, 無惡於志)' 군자의 경지를 위해, '아무도 보지 않는 곳(屋漏)'에서 더욱 신경 쓰고 관리하고 싶은 당신의 '내면'이나 '습관'은 무엇인가?

Q3 : '움직이지 않아도 공경 받고, 말하지 않아도 신뢰받는(不動而敬, 不言而信) 무언의 영향력'을 가지기 위해, 오늘부터 어떤 '내면의 성실함'을 꾸준히 실천해 볼 수 있을까?

무언의 덕과 공경

❖

子曰:「詩云: 奏假無言, 時靡有爭. 君子之道, 費而隱.
자왈:「시운: 주격무언, 시미유쟁. 군자지도, 비이은.

"공자께서 말씀하셨다 :『시경』에 이르기를 '음악이 연주될 때 말이 없어도, 그 순간에는 다툼이 없다.' 하였다.
군자의 도는 넓고도 은미하여 눈에 잘 드러나지 않는다."

주자의 주석으로 읽는
중용

주자는『시경』「상송商頌 열조烈祖」편의 "奏假無言, 時靡有爭. 주격무언, 시미유쟁."이라는 구절을 인용하며 해설을 시작한다. 이는 "제사를 지낼 때 말없이 감격感格하면, 때에 따라 다툼이 없다"는 뜻이다. 주자는 '가假'가 '격格'과 같고, '주奏'는 '나아가다.'라는 의미라고 설명한다. 이는 앞선 문맥을 이어받아 그 효과를 설명하는 것으로, 신명神明에게 나아가 감응할 때 지극한 정성(誠敬)을 다하면, 구구한 말(言說)이 없어도 사람들이 스스로 감화된다(人自化之也)는 의미다. 이는 진심과 무언無言의 감화력이 얼마나 큰지를 보여준다.

그리고 주자는 이러한 무언의 감화력이 가져오는 효과를 설명한다. "是故君子不賞而民勸, 不怒而民威於鈇鉞. 시고군자불상이민권, 불노이민위어부월, 그러므로 군자는 상賞을 주지 않아도 백성들이 힘쓰고(民勸), 노여워하지 않아도 백성들이 도끼나 큰 도끼(鈇鉞)보다 더 위엄을 느낀다"고 설명한다.

주자는 '위威'가 '두려워하다(畏)'와 같고, '부鈇'는 '나무를 베거나 풀을 자르는 칼', '월鉞'은 '큰 도끼'를 의미한다고 풀이했다. 이는 성인의 덕이 너무나 지극하여 겉으로 드러나는 보상이나 처벌 없이도 백성들을 감화시키고 질서를 유지할 수 있음을 보여준다.

다음으로 『시경』 「주송周頌 열문烈文」편의 "不顯惟德! 百辟其刑之. 불현유덕! 백벽기형지"라는 구절을 인용한다. 이는 "드러나지 않는 오직 덕이여! 모든 제후(百辟)들이 그것을 본받는도다!"라는 뜻이다.

주자는 '불현不顯'이 제26장에서 설명했듯이 "어찌 드러나지 않겠는가."라는 뜻도 있지만, 여기서는 '깊고 그윽하며 현묘하게 멀리 있는 것(幽深玄遠)'을 의미한다고 설명한다. 이는 앞선 문맥을 이어받아 천자天子가 드러나지 않는 깊은 덕을 가지고 있으면, 제후들이 그것을 본받아 그 덕이 더욱 깊어지고 효과가 더욱 멀리까지 미친다(其德愈深而效愈遠矣)는 의미이다.

이러한 덕의 궁극적인 효과를 제시한다.

是故君子篤恭而天下平. 시고군자독공이천하평.
"그러므로 군자君子는 지극히 공경하면 천하가 평화로워진다."

주자는 '독篤'이 '두텁다'는 의미이며, '독공篤恭'은 '그 공경심을 밖으로 드러내지 않는 것'이라고 설명한다. 주자는 "지극히 공경하여 천하가 평화로워지는 것이 곧 성인聖人의 지극한 덕이 깊고 미묘하여, 자연스럽게 나타나는 감응이며, 중용의 지극한 공효(極功)"라고 강조한다.

현대적 해석
무언의 리더십과 진정성 있는 겸손

이 단락은 현대사회에서 '무언의 리더십과 진정성 있는 겸손'의 중요성을 강조한다.

"말없이 감격하면 다툼이 없다(奏假無言, 時靡有爭)"는 것은, 리더의 진정성 있는 태도와 내면의 성숙이 겉으로 드러나는 언변이나 강제적인 지시보다 훨씬 강력한 영향력을 발휘함을 보여준다. 굳이 많은 말을 하지 않아도, 리더의 진심이 느껴지면 팀원들은 자연스럽게 동의하고 따르게 된다는 것이다. 이는 '경청과 존중'에 기반한 소통의 중요성과도 연결된다.

"상賞을 주지 않아도 백성들이 힘쓰고, 노여워하지 않아도 백성들이 도끼나 큰 도끼보다 더 위엄을 느낀다(不賞而民勸, 不怒而民威於鈇鉞)"는 것은, '내재적 동기 부여와 도덕적 권위'의 힘을 보여준다. 외적인 보상이나 처벌 없이도, 리더의 깊은 덕성과 진정성이 직원들의 자발적인 노력(民勸)을 이끌어내고, 그 존경만으로도 강력한 규율을 형성한다는 것이다. 이는 강제성이 아닌 자발성을 이끌어내는 리더십의 이상적인 모습이다.

"드러나지 않는 오직 덕이여! 모든 제후들이 그것을 본받는도다(不顯惟德! 百辟其刑之)"는 것은, 겸손한 리더십의 파급력을 강조한다. 리더가 굳이 자신을 과시하지 않고(不顯) 묵묵히 내면의 덕성을 쌓아 나갈 때, 그 덕은 오히려 주변에 자연스럽게 확산되어 많은 이들이 본받게 된다는 것이다. 이는 오늘날 '조용한 리더십'이나 '서번트 리더십servant leadership'과도 연결되며, 진정한 영향력은 드러내려 하지 않을 때 더욱 강력해진다는 역설적인 진리를 담고 있다.

궁극적으로 '군자는 지극히 공경하면 천하가 평화로워진다(篤恭而天下平)'는 것은, '진정성 있는 겸손'이 가져오는 '최고의 평화와 조화'를 의미한다. 리더가 자신의 존재를 낮추고(篤恭), 타인과 자연, 그리고 보편적 가치에 대한 깊은 존경심을 가질 때, 그 에너지는 주변으로 퍼져나가 갈등을 해소하고 사회 전체의 조화를 이끌어낼 수 있다는 것이다. 이는 '내면의 지극한 겸손이 곧 외부 세계의 평화를 창조하는 힘'이 됨을 강조하며, 중용의 지극한 공효(極功)가 바로 여기에 있음을 보여준다.

일상의 중용 실천
겸손한 리더의 조직 혁신

한 대기업의 신임 본부장으로 임명된 정념靜念 씨는 부임 초, 강압적인 리더십으로 인해 침체되어 있던 조직 분위기를 보고 깊이 고

민한 끝에 자신의 카리스마나 강압적인 지시를 통해 '백성을 힘쓰게 하고 위엄을 보이려' 하지 않고, 중용의 '무언의 덕과 지극한 공경(篤恭)'을 실천하기로 했다.

그는 회의에서 자신의 의견을 먼저 내세우기보다, 팀원들의 이야기를 끝까지 경청하고, 그들의 작은 아이디어에도 진심으로 귀 기울였다. 그는 말없이 팀원들이 제안한 아이디어를 실질적인 프로젝트로 발전시킬 수 있도록 지원했고, 팀원들이 스스로 성과를 낼 수 있도록 뒤에서 묵묵히 도왔다. 굳이 '상을 주지 않아도(不賞)' 팀원들은 자신의 노력이 인정받는다는 생각에 자발적으로 업무에 힘썼고(民勸), 그가 '화를 내지 않아도(不怒)' 팀원들은 그의 진중한 태도에서 강력한 위엄(民威於鈇鉞)을 느꼈다.

정념 본부장은 자신의 성과나 공로를 굳이 드러내려 하지 않았다. 오히려 팀원들의 공을 먼저 인정하고, 그들을 전면에 내세웠다. 이러한 그의 겸손한 리더십은 다른 본부의 팀장들에게도 전해져, 그들 역시 정념 본부장의 리더십을 '본받기(刑之)' 시작했다. 그의 덕이 '드러나지 않게 퍼져나가(幽深玄遠)', 조직 전체에 긍정적인 영향을 미친 것이다.

결과적으로 정념 본부장이 이끄는 본부는 단기간에 가장 혁신적이고 성과가 뛰어난 본부로 자리매김했다. 팀원들의 만족도와 업무 몰입도는 타의 추종을 불허했다.

정념 본부장의 경험은 '지극한 공경(篤恭)'이 어떻게 조직 전체의 '평화(天下平)'를 가져오고, '무언의 리더십과 진정성 있는 겸손'이 궁극적으로 가장 강력한 '감화력'을 발휘하는지를 보여주는 현대적 예시다.

나를 바꾸는 질문
무언의 리더십 실천

Q1 : 리더의 위치에 있거나 어떤 공동체에 속해 있을 때, '말없이 감격하고 다툼이 없는(奏假無言, 時靡有爭)' 상황을 만들기 위해 어떤 노력을 해보고 싶은가?

Q2 : '상賞을 주지 않아도 백성들이 힘쓰고, 노여워하지 않아도 위엄을 느끼게 하는' 리더십을 위해, 당신은 '진정성과 내면의 공경심'을 어떻게 발휘하고 싶나? (예: 겉치레 없는 칭찬, 솔직한 인정, 작은 약속 지키기 등)

Q3 : "드러내지 않는 덕이여! 모든 제후들이 그것을 본받는다(不顯惟德! 百辟其刑之)"라는 가르침처럼 나의 어떤 숨겨진 선한 노력이나 겸손한 태도가 주변에 긍정적인 '무언의 영향력'을 미치고, 지극한 공경으로 천하를 평화롭게(篤恭而天下平) 만들 것이라고 기대하나?

성인의 드러남과 은미함 속의 빛

子曰:「詩云:『衣錦尙絅』, 惡其文之著也.

자왈:「시운:『의금상경』, 오기문지저야.

君子之道, 淡而不厭, 簡而文, 溫而理.

군자지도, 담이불염, 간이문, 온이리.

知遠之近, 知風之自, 知微之顯, 可與入德矣.

지원지근, 지풍지자, 지미지현, 가여입덕의.

"공자께서 말씀하셨다. 『시경』에 '비단옷을 입고 그 위에 홑옷을 덧입는다'
하였으니, 이는 그 화려한 무늬가 겉으로 드러나는 것을 꺼린 것이다.
군자의 도는 담백하되 싫증나지 않고, 간략하되 무늬가 있으며,
온화하되 조리가 있다. 먼 곳을 가까운 데서 알며,
큰 바람의 근원을 알며, 작은 징조로부터 드러남을 알 수 있다면,
비로소 덕(德)에 들어갈 수 있다."

주자의 주석으로 읽는

중용

이 장은 『중용』 전체의 대미를 장식하는 부분으로, 주자는 이 장

이 성인聖人의 덕德과 도道의 궁극적인 경지를 설명하며, 앞서 여러 장에서 다루었던 개념들을 종합하고 심화한다. 특히, '성誠과 명明'의 관계, 그리고 '인도人道가 천도天道와 합일되는 과정을 압축적으로 보여준다.

공자는 먼저 『시경』의 "衣錦尙絅 의금상경, 즉 비단옷 위에 홑겹 옷을 덧입는다"는 구절을 인용한다. 주자는 이 행위가 "그 무늬가 너무 드러나는 것을 싫어했기 때문(惡其文之著也)"이라고 설명한다. 이는 내면의 아름다움(비단)을 겉으로 과시하기보다 겸손하게 감추는(홑겹 옷) 태도를 의미한다. 이러한 비유를 통해 군자와 소인의 도를 대조한다.

君子之道, 闇然而日章. 군자지도, 암연이일상 : 군자의 도는 은미하게 시작하지만 날마다 빛난다. 군자는 겉으로 자신을 드러내지 않고(闇然) 묵묵히 내면의 덕을 수양하지만, 그 덕은 시간이 지날수록 점진적으로 빛을 발하여(日章) 세상에 드러난다는 것이다. 주자는 군자의 도가 담담하지만 싫증 나지 않고(淡而不厭), 간결하지만 조리 있으며(簡而文), 온화하지만 이치에 맞으며(溫而理), 세 가지 통찰력(知遠之近, 知風之自, 知微之顯)을 통해 덕으로 들어갈 수 있음을 말한다. 즉 겉모습은 소박해도 내면은 충실하여 깊은 매력과 합리성을 갖추고, 세상의 미묘한 이치를 꿰뚫어보는 지혜를 지닌다는 것이다.

小人之道, 的然而日亡. 소인지도, 적연이일망 : 소인의 도는 뚜렷하게 드러나지만 날마다 사라진다. 소인은 겉으로 화려하게 자신을 과시하고 단기적인 성과만을 좇지만, 내실이 없어 결국 그 영향력과 명성이 날마다 쇠퇴하여 사라진다는 것이다.

이어서『시경』"在彼無惡, 在此無射; 庶幾夙夜, 以永終譽! 재피무오, 재차무역; 서기숙야, 이영종예!"를 인용한다. "저곳에 있을 때도 미움이 없고, 이곳에 있을 때도 싫어하지 않으며; 부디 아침저녁으로 노력하여, 영원히 명예를 마치기를!"이라는 뜻이다.

주자는 이 시가 군자가 내면을 살펴 거리낄 것이 없고(內省不疚), 마음에 악함이 없는(無惡於志), 즉 '신독愼獨'을 통해 아무도 보지 않는 곳(屋漏)에서도 부끄럽지 않음(不愧于屋漏) 을 강조한다고 설명한다.

이러한 깊은 수양 덕분에 군자는 "不動而敬, 不言而信. 부동이경, 불언이신, 움직이지 않아도 공경 받고, 말하지 않아도 신뢰받는다."라고 한다. 이로써 군자는 윗자리에 있으면서 교만하지 않고(居上不驕), 아랫사람으로서도 배반하지 않으며(爲下不倍), 나라에 도가 있으면 말로써 흥하게 하고, 도가 없으면 침묵으로 자신을 보전하는 지혜를 갖춘다고 한다. 『시경』의 "旣明且哲, 以保其身. 기명차철, 이보기신, 이미 밝고 또 현명하여 그 몸을 보전한다"는 것이 이를 말한다고 한다.

마지막으로 시경 "奏假無言, 時靡有爭. 주격무언, 시미유쟁."을 인용한다. "제사를 지낼 때 말없이 감격하면, 때에 따라 다툼이 없다." 이러한 성인의 무언無言의 감화력으로 군자는 "不賞而民勸, 不怒而民威於鈇鉞. 불상이민권, 불노이민위어부월, 상을 주지 않아도 백성들이 힘쓰고, 노여워하지 않아도 백성들이 도끼나 큰 도끼보다 더 위엄을 느낀다"고 한다. 이는 성인의 덕이 내면에 지극하여 겉으로 드러나는 보상이나 처벌 없이도 백성들을 감화시키고 질서를 유지할 수 있음을 보여준다.

최고의 경지를 표현하기 위해 『시경』 "不顯惟德! 百辟其刑之. 불현유덕! 백벽기형지."를 인용한다.

"드러나지 않는 오직 덕이여! 모든 제후들이 그것을 본받는 도다!"

이는 천자의 덕이 깊고 미묘하여(幽深玄遠) 굳이 드러내지 않아도 모든 제후들이 이를 본받아 덕이 더욱 깊어지고 효과가 더욱 멀리 미치는 경지라고 설명한다. 궁극적으로 군자가 "篤恭而天下平 독공이천하평, 지극히 공경하면 천하가 평화로워진다"는 것은 성인의 지극한 덕이 자연스럽게 천하를 평정하는 중용의 지극한 공효(極功)임을 강조한다.

이 모든 것을 집약하는 마지막 구절에서 공자는 『시경』 "德輶如毛 덕유여모, 덕이 깃털처럼 가볍다"는 표현마저도 "비교 대상(倫)이 있어 묘함이 덜하다"고 말하며, "上天之載, 無聲無臭. 상천지재, 무성무취, 하늘의 일은 소리도 없고 냄새도 없다"는 경지에 이르러야 비로소 지극한 덕의 미묘함을 완벽히 형용할 수 있다고 한다.

소리나 냄새는 만물 중 가장 미묘한 것이지만, 그것조차 없다고 말하는 것은 성인의 덕이 인위적인 것과 완전히 분리되어 천지의 본연의 도(天道)와 합일된 궁극적인 진정성(至誠)을 의미한다.

현대적 해석
본질적 영향력과 완성된 리더십

이 『중용』의 마지막 장은 현대 사회의 리더와 모든 개인에게 '본질적 영향력과 완성된 리더십'의 궁극적인 모습 을 제시한다. 이는 겉으로 보이는 화려함이나 단기적인 성과를 넘어, 깊은 내면의 성실함과 덕성이 어떻게 시대를 초월하는 영향력을 만들어내는지에 대한 통찰을 제공한다.

겉치레를 벗어던진 진정성 : '비단옷 위에 홑겹 옷을 입는(衣錦尙絅)' 것은 '겸손한 리더십과 내실 있는 실력'을 상징한다. 자신의 능력을 과시하기보다 묵묵히 본분에 충실하고, 내면의 역량을 꾸준히 쌓아나갈 때 비로소 진정한 가치가 빛을 발한다. 이는 인기보다는 '존경', 유행보다는 '가치'를 추구하는 태도다.

은미하지만 지속적인 성장 : "군자의 도는 은미하게 시작하지만 날마다 빛난다(闇然而日章)"는 것은 지속 가능한 성장과 묵묵한 혁신을 의미한다. 화려한 스포트라이트 없이도 꾸준히 본질을 탐구하고 개선해 나갈 때, 그 진가는 시간이 지남에 따라 자연스럽게 드러나게 된다. 담담함 속의 깊이, 간결함 속의 품격, 온화함 속의 조리가 정연함은 진정한 리더십의 내적 품격을 보여준다.

내면의 순수함이 만드는 무언의 영향력 : "잠겨 있어도 결국 뚜렷하게 드러난다"(潛雖伏矣, 亦孔之昭)는 가르침은 '양심에 부끄럼 없는 삶과 자기 책임감'의 중요성을 강조한다. 아무도 보지 않는 곳에서도 자신을 다스리는 신독愼獨의 자세는 움직이지 않아도 공경 받고, 말하지 않아도 신뢰받는(不動而敬, 不言而信)' 무언의 권위를 부여한다. 이는 진정성 있는 소통과 내면의 일관성이 가장 강력한 리더십 도구임을 보여준다.

보상과 처벌을 넘어선 자발적 동기 부여 : 상賞을 주지 않아도 백성들이 힘쓰고, 노여워하지 않아도 도끼보다 위엄을 느끼게 하는(不賞而民勸, 不怒而民威於鈇鉞) 것은 내재적 동기 부여와 도덕적 권위의 궁극적인 힘을 의미한다. 리더의 깊은 덕성에서 우러나오는 진정한 영향력은 강제성 없이도 구성원들의 자발적인 참여와 헌신을 이끌어낸다. 이는 관계 지향적 리더십의 정수다.

하늘의 도를 닮은 지극한 덕 : "드러내지 않는 덕이여! 모든 제후들이 그것을 본받는 도다"(不顯惟德! 百辟其刑之)라는 구절은 겸손한 리더십의 파급력을 나타낸다. 리더가 자신을 과시하지 않고 묵묵히 도리를 행할 때, 그 덕은 오히려 더 넓고 깊게 퍼져나가 많은 이들이 본받게 된다. 궁극적으로 '소리도 없고 냄새도 없는 하늘의 일(上天之載, 無聲無臭)'처럼, 성인의 덕은 인위적인 노력 없이도 자연의 섭리처럼 모든 것을 조화롭게 만들고 완성하는 '무위(無爲)의 경지'에 이른다. 이는 '존재 자체로 세상을 이롭게 하는' 최고 수준의 리더십이다.

이 마지막 장은 『중용』이 제시하는 '덕'의 궁극적인 모습이 바로 '지극한 성실함(至誠)'이며, 이 성실함은 개인의 내면을 완성하는 것을 넘어, 타인과 사회, 나아가 우주 자연과 합일되어 끝없이 긍정적인 영향력을 발휘하는 '천인합일(天人合一)'의 경지에 이름을 보여준다. 이는 현대 사회의 리더들이 추구해야 할 가장 고차원적인 가치이자 목표이며, 진정한 인격의 완성이다.

나를 바꾸는 질문
나의 중용 완성 비전

Q1 : "군자의 도는 은미하게 시작하지만 날마다 빛나고, 소인의 도는 뚜렷하게 드러나지만 날마다 사라진다"는 가르침을 바탕으로, 나의 삶에서 '겉치레가 아닌 내실'을 다져서 꾸준히 빛을 발하고 싶은 한 가지 영역은 무엇인가?

Q2 : '내면을 살펴 거리낄 것이 없고, 마음에 악함이 없는' 상태로 나아가기 위해, 아무도 보지 않는 곳에서 가장 집중하고 싶은 자기 성찰 부분은 무엇인가? 그리고 이 노력이 '무언의 영향력'을 어떻게 키울 것이라고 생각하나?

Q3 : 궁극적으로 나의 리더십(혹은 삶의 태도)이 '소리도 없고 냄새도 없는 하늘의 일'처럼 자연스럽고 본질적인 영향력을 가지기를 바란다면, 나는 어떤 비전을 품고 어떤 '지극한 성실함'을 실천해나가야 하는가?

| 에필로그 |

나의 중용은 지금 어디에 있는가

 어둠 속을 걷는 듯했던 『중용』과의 여정을 이제 마칠 시간입니다. 처음에는 낯설고 멀게만 느껴졌던 고전 속 지혜들이, 우리의 삶과 마음을 꿰뚫는 예리한 통찰로 다가오지 않으셨나요?

 우리는 이 책을 통해 '하늘이 명한 본성(天命之謂性)'이라는 나만의 빛을 발견하고, 그 빛을 따라 '지극히 평범한 일상 속에서 올바른 길을 걷는 것(率性之謂道)'이 곧 도道임을 배웠습니다. 아무도 보지 않는 곳에서 스스로를 살피는 '신독愼獨'의 지혜는 외부로 보여지는 나보다 내면의 내가 얼마나 중요한지 일깨워 주었습니다. 감정의 폭풍 속에서도 '고요하게 중심(中)'을 잡고 '절도에 맞는 조화(和)'를 이루는 법을 배웠으며, 이것이 곧 천하의 근본이자 보편적인 도임을 깨달았습니다.

 또한 우리는 "중용은 지극히 높지만, 사람들이 오랫동안 실천하기 어렵다"는 공자의 탄식에 공감하면서도, "타고난 재능보다 꾸준한 노력(自强不息)이 더 중요하다"는 희망의 메시지를 얻었습니다. 어리석음과 비천함으로 인해 중용을 거스르고 자멸하는 소인의 길을 경계하며, '진정성(誠)'이라는 단단한 기반 위에서 '배우고, 묻고, 생각하고, 분별하고, 독실하게 행하는(博學之, 審問之, 愼思之, 明辨之, 篤行之)' 군자의 길을 걸어야 함을 다짐했습니다.

그리고 마침내 '지극한 성실함(至誠)'만이 나의 본성을 다하고, 다른 사람의 본성을 다하며, 나아가 만물의 본성을 다해 천지天地의 조화로운 생육을 돕고, 천지와 함께 셋이 될 수 있는(與天地參矣) 궁극의 경지에 이름을 알게 되었습니다. '소리 없고 냄새 없는 하늘의 도'처럼, 진정한 덕과 영향력은 겉으로 드러나는 과시가 아닌, 내면의 순수한 진정성에서 비롯되어 은미하게 시작하여 날마다 빛난다는 사실도요.

이 책은 당신의 손에 쥐어진 '내면의 나침반'입니다. 이 나침반은 당신이 서 있는 곳이 어디든, 어떤 상황에 처하든, 가장 올바른 '중용의 길'을 가리켜 줄 것입니다. 하지만 나침반은 그저 방향을 제시할 뿐 그 길을 걷는 것은 오롯이 당신의 몫입니다.

『중용』은 먼 옛날의 고리타분한 경전이 아닙니다. 이 시대, 이 순간을 살아가는 당신의 삶에서 "나의 중용은 지금 어디에 있는가?"라는 질문에 끊임없이 답하고, 그 답을 향해 한 걸음씩 나아가는 '살아 있는 실천'입니다. 때로는 '지나치거나(過) 미치지 못해(不及)' 넘어질 수도 있을 것입니다. 그러나 '내면을 살펴 거리낄 것이 없고, 마음에 악함이 없는(內省不疚, 無惡於志)' 군자의 자세로 다시 일어서, "진실로 이 도를 행할 수 있다면 아무리 어리석어도 밝아지고 아무리 나약해도 강해진다"는 믿음을 가지고 묵묵히 나아가기를 바랍니다.

당신이 가는 그 길이 곧 도道이며, 당신의 삶이 곧 세상의 본보기가 될 것입니다. 당신의 진정한 성실함이 자신을 이루고, 가족을 화목하게 하며, 조직을 변화시키고, 마침내 세상을 이롭게 하는 '천인합일'의 지극한 경지를 이루기를 간절히 응원합니다.

이 책을 덮는 지금, 당신의 내면 나침반은 어느 곳을 가리키고 있나요? 그 방향을 향해, 꾸준하고 성실하게 나아가시길.

중용

지은이	박찬근
발행일	2025년 9월 30일 초판 1쇄
펴낸이	양근모
펴낸곳	도서출판 청년정신
출판등록	1997년 12월 29일 제 10-1531호
주 소	경기도 파주시 경의로 1068, 602호
전 화	031) 957-1313 팩스 031) 624-6928
이메일	pricker@empas.com
ISBN	978-89-5861-253-7 (13320)

- 이 책은 저작권법에 의해 보호를 받는 저작물입니다.
- 이 책의 내용의 전부 또는 일부를 이용하시려면 반드시 저작권자와 도서출판 청년정신의 서면동의를 받아야 합니다.